中学化学教育新视野

U0603415

评价体系指引下的
高考化学命题改革与复习备考

杨梓生　吴菊华　赖增荣　著

上海教育出版社
SHANGHAI EDUCATIONAL
PUBLISHING HOUSE

把握高考改革要求　优化复习备考教学

（代前言）

教育部考试中心"中国高考评价体系"的发布，标志着高考考查内容与要求的重大变化。高考考查内容与要求的变化，必然要求学科教学行为方式与实施策略做出相应的调整。然而，从调研情况看，不少学校的高三化学备考复习教学，仍然沿袭"应试教育"的传统，高度强调死记硬背和题海战术。出现如此复习备考现状的重要原因，在于高考评价体系具有超越具体学科的抽象性和统摄性等特点，导致不少高中化学教师即便开展了高考评价体系的学习研究，也未能很好地加以把握。因此，有必要立足学科视角解析高考评价体系的内涵要求，助力教师准确理解与把握，从而改进复习备考教学方式，有效开展复习备考工作。

一、高考化学改革要求

为充分发挥高考的选才功能，教育部考试中心科学建构了指向高考核心功能、考查内容与考查要求的"一核四层四翼"高考评价体系，系统阐述高考"为什么考、考什么、怎么考"的问题，从而立足高考层面对"培养什么人、怎样培养人、为谁培养人"这一教育根本问题给出明晰的指向。其中，"一核"强调"立德树人、服务选才、引导教学"的高考核心功能，诠释高考"为什么考"的问题；"四层"涵盖"核心价值、学科素养、关键能力、必备知识"的高考考查内容，指明高考"考什么"的问题；"四翼"包含"基础性、综合性、应用性、创新性"的高考考查要求，指向高考"怎么考"的问题。

考查内容无疑是高考命题改革最为关键的内容，是基层教师关注的核心。评价体系建构了包含"政治立场和思想观念、世界观和方法论、道德品质和综合素质"的核心价值框架，凝练了包含"学习掌握、实践探索、思维方法"的学科素养要求,确立了包含"知识获取能力群、实践操作能力群和思维认知能力群"的关键能力系统,总括了高质量认识、分析与解决问题的必备知识体系。对于以物质及其变化为研究对象,旨在揭示物质及其变化的规律性和理论性认识,并促进社会可持续发展的化学学科,其高考改革提出怎样的具体要求呢?

结合化学学科特质和中学化学课程目标,参照"一核四层四翼"的高考评价体系,可将高考化学命题改革目标追求概括如下:以"核心价值"为引领,注重创设生活实践情境、学习探索情境,精心设置涉及化学物质及其运动变化的问题任务,要求学生在识别问题情境的基础上,应用物质及其变化的规律或原理去分析问题和解决问题,从而在"宏微结合""变化守恒"等思想观念指引下,基于问题解决过程与结果,评估学生证据推理、模型认知、科学探究与符号表征等能力素养状况以及科学态度、社会责任等个性品质与价值观念发展水平,评估学生通过中学化学课程的学习,是否建立起化学科学大概念,是否具备进一步学习与研究化学所必需的能力,是否形成与化学学科相关的正确情感态度价值观等。

二、化学复习备考策略

如何科学应对高考评价体系指引下的高考化学改革,有效开展高考化学复习备考工作,这是广大高中化学教师应当直面的一个重要问题。无疑,有效的高考化学复习备考,应以高考评价体系为行动指南,以高中化学课程标准为关键依据,以高考化学试题为重要参考,立足评价体系、课程标准和高考试题规定或体现的高考内容要求与考查方式,紧紧围绕高考化学改革的目标追求与命题达成策略、中学化学课程内容的高考考查要求,优化化学总复习备考方式与行动策略,有效提升复习备考质量。具体到复习备考教学实践,就是强调积极探索"基于情境、问题导向、深度思维、高度参与"的教学模式。

"基于情境"强调充分用好课程标准提供的可供选择的学习情境素材,创设日常生活、生产环保、化学史实、实验探究及学术探索等多样化情境,围绕教学情境开展相应的教学活动,从而充分发挥教学情境的功能价值,践行社会主义核心价值观、厚植爱国主义情怀,帮助学生正确认识并领悟化学学科的核心价值,落实好学科育人工作。"问题导向"强调教学要结合所选择的学习情境素材设置相关的问题任务,充分发挥问题任务对学习的激疑、定向、导引和评价等功能,以此引导学生有效开展基于情境与问题任务的情境活动。问题任务的设置,要有明晰的价值追求与目标导向,准确揭示知识产生、思维发展以及知识应用历程,促进学生形成正确价值观念、培育优良品质。"深度思维"强调中学化学教学将发展思维、促进深度学习作为核心追求。要实现这一核心追求,应在教学情境创设与问题任务规划基础上,引导学生在"宏微结合"与"变化守恒"学科思想观念的指导下,开展分类与概括、证据与推理、模型与解释、符号与表征等具有学科特质的学习活动,从而充分发展思维能力、培育态度责任。"高度参与"旨在充分发挥学生在学习过程中的主体性,从而发展学科思维、培育个性品质。这就要求高考化学复习备考教学时,要围绕教学情境与任务,组织学生开展小组合作、实验探究、讨论交流等多样化的问题解决活动,从而在发展学科思维的同时,培育学生勤于实践、善于合作、敢于质疑、勇于创新、求真务实的科学精神与个性品质,发展化学学科核心素养。

为增进教师们对高考化学改革目标追求、复习备考策略两方面的理解,本书安排了"高考改革回顾与展望""高考评价体系内涵要求及实践意义""评价体系指引下的高考化学命题改革""高考化学改革目标追求与达成策略""中学化学课程内容考查要求分析"和"评价体系指引下的复习备考"等六章内容,并结合近年高考试题进行具体、详细的分析。全书由杨梓生拟定写作框架并负责统稿、定稿工作。各部分内容编写情况为:杨梓生负责第一章、第三章、第四章,吴菊华负责第二章、第五章和第六章第一节与第二节(龙岩市高中化学专家工作室全体成员参与本节内容的研制),赖增荣负责第六章第三节。本书编撰过程得到龙岩市高中化学专家工作室的热心支持,出版过程得到上海教育出版社严岷、李玉婷两位编辑的大力帮助,在此对他们付出的辛劳表示衷心的感谢。

限于作者水平和能力,本书肯定存在许多不足之处,恳请广大读者批评指正。

杨梓生
2022 年 5 月

目录

Contents

第一章 高考改革回顾与展望

自 1977 年恢复高考以来,我国高考的改革与探索一直在路上。尤其近些年来,社会经济发展对人才培养提出了新的需求,我国由此加快了高考改革的步伐,广泛开展了新一轮高考综合改革。这一轮高考综合改革,以 2014 年国务院颁布的《关于深化考试招生制度改革的实施意见》为标志,系统地开展了"教—考—招"等领域的全景式改革。近年来,高考改革围绕以分类考试为抓手、以综合评价为支点、以多元录取为目标,进行了系列化的探索,并建构了高考评价体系,系统阐述了高考"为什么考、考什么、怎么考"等问题,并从教育考试层面回答了"培养什么人、怎样培养人、为谁培养人"的根本问题。2020 年,中共中央、国务院发布了《深化新时代教育评价改革总体方案》,建构了"改进结果评价,强化过程评价,探索增值评价,健全综合评价"的新时代教育评价改革核心思路与关键路径,指导着未来高考改革的目标与方向。

本章将回顾 2014 年以来我国高考综合改革的历程,并结合《关于深化考试招生制度改革的实施意见》《深化新时代教育评价改革总体方案》等指导高考改革的相关文件,分析近年高考改革的推进历程及其任务特点,总结介绍我国"十三五"时期高考内容改革取得的成果,并对"十四五"时期我国高考内容改革进行分析展望,以帮助教师们较为系统地认识我国高考改革的目标任务、内容要求及行动策略,深刻理解高考内容改革的总体要求和发展趋势,从而更好地开展教育教学活动,落实好立德树人根本任务,推进素质教育,促进学生德智体美劳全面发展。本章包括:

第一节 近年高考综合改革回顾

第二节 "十三五"高考内容改革成果

第三节 "十四五"高考内容改革展望

第一节　近年高考综合改革回顾

自 1977 年恢复高考至今已过去 40 余年。40 余年来,随着经济社会的全面改革,我国高考同步进行了深层次的改革,并根据形势发展的需要,不断转变考试评价观念、改革考试内容与要求,力求提高人才选拔的水平和效率。回顾我国 40 余年来的高考改革,具有如下四个显著的特点和变化[①]:一是招生制度的变化,我国高考从计划经济时代的统招统配,逐步建立起"学生上学自己缴纳部分培养费用、毕业后多数人自主择业"的机制;二是命题立意的变化,由知识为主的纸笔测试,逐步转向能力立意、素养立意;三是招生方式的变化,由过去的"一试定终生"、按分录取,逐步转化为"两依据、一参考"的招生模式;四是招生比例的变化,由极低的录取率(1977 年约为 5%),发展到绝大部分学生能够上大学(目前录取率达 80%)。

2014 年,国务院颁布了《关于深化考试招生制度改革的实施意见》(以下简称"《实施意见》"),标志着新一轮高考综合改革正式启动,着力于"教—考—招"等领域的全景式改革。《实施意见》提出了"2014 年启动、2017 年全面推进、2020 年基本形成"的考试招生制度改革整体规划,强调到 2020 年,基本建立具有中国特色的"分类考试、综合评价、多元录取"的现代教育考试招生制度,健全"促进公平、科学选材、监督有力"的考试招生机制体制。在这一考试招生改革蓝图指引下,教育部考试中心始终坚持"有利于推进素质教育、有利于促进教育公平、有利于科学选拔人才"的原则,积极稳妥、全面有力地推进高考改革[②]。回顾 2014 年来我国高考综合改革,总体上可划分为改革规划、方案细化、实践实

---

① 臧铁军.教育考试与评价[M].北京:中国青年出版社,2020:42-43

② 于涵.不忘初心　推进新高考改革　面向未来　构筑现代化考试[J].中国高教研究,2018(03):17-23

施、体系完善、纵深推进五个阶段。

一、高考综合改革的规划

党的十八大以来,为适应经济发展和社会生活需要,高考改革进入跨越式发展。2014 年国务院颁布的《实施意见》,提出了我国新时代高考改革的新安排、新思路,标志着我国高考制度开始系统性的改革。此次高考综合改革,凸显"以分类考试为抓手、以综合评价为支点、以多元录取为目标"的"教—考—招"协调互动、相互促进、相互支持的特点,致力解决考试招生存在的问题和不足,努力提升人才选拔的水平和效率,满足经济社会改革发展对人才选拔与培养的新要求。

《实施意见》强调,考试招生制度改革要坚守"坚持育人为本,遵循教育规律;着力完善规则,确保公平公正;提高选拔水平,体现科学高效;加强统筹谋划,积极稳妥推进"的基本原则,确立"招生计划分配方式、考试形式内容、招生录取机制、监督管理机制和高考综合改革试点"等五大改革任务。《实施意见》还对高考考试内容改革提出了明确的要求,强调考试命题要"依据高校人才选拔要求和国家课程标准,科学设计试题内容,增强基础性、综合性,着重考查学生独立思考和运用所学知识分析问题、解决问题的能力"。

二、高考改革方案的细化

为进一步落实《实施意见》,2014 年,教育部先后出台了《关于普通高中学业水平考试的实施意见》《关于加强和改进普通高中学生综合素质评价的意见》《关于进一步减少和规范高考加分项目和分值的意见》《关于进一步完善和规范高校自主招生考试试点工作的意见》等高考改革的配套文件。系列化文件的出台,进一步构建了高考改革的整体框架,细化了高考招生改革操作规程,为高考招生改革的实施提供了具体指导意见。

2017 年,国务院发布《关于印发国家教育事业发展"十三五"规划的通知》,提出进一步"加大高校考试招生制度改革实施力度、探索基于统一高考和高中学业水平考试成绩以及参考综合素质评价的多元录取机制、完善高中学业水平考试、深化高考内容改革"等方面的要求。2018 年,教育部印发《教育部 2018 年工作要点》,强调要积极稳妥推进考试招生制度改革,做好上海、浙江落实高考综合改革试点完善方案等工作,指导第二批试点省份开展高考改革试点工作;积极推进高中学业水平考试和综合素质评价等专项改革,为实施高考综合改革打下扎实基础。

三、高考综合改革的实施

2014 年，上海、浙江启动以"两依据、一参考"为核心的高考综合改革首批试点工作，强调把促进学生全面而有个性的发展作为改革的出发点和落脚点，着力推进素质教育，建构以招促考、以考促教、以教促学的系统性改革，实行合格性考试与等级性考试相结合、调整统一高考科目等改革，并从 2014 年秋季入学的高一年级学生开展实施。

2017 年，北京、天津、山东、海南等地加入高考综合改革的行列，成为第二批改革试点地区，并从 2017 年秋季入学的高一年级学生开展实施。两批改革试点地区，改革后统一高考科目为语数外三门（数学不分文理），学生再从政史地和理化生中选择三门课程参加学业水平等级考试（浙江为 7 选 3，除前面六个学科外，增加了包含通用技术和信息技术在内的技术科目）。

2018 年，在河北、辽宁、江苏、福建、湖南、湖北、广东和重庆等地进行第三批试点，并于 2018 年秋季高一年级开始实施。八个省市采取"3＋1＋2"模式，其中"3"为所有学生均应参加的语数外三门全国统考科目，"1"为学生自行选择的物理或历史科目，"2"为学生自行再选的化学、生物、政治和地理中的任两门科目。

这些试点地区，都采用"两依据、一参考"的考试招生模式，即依据高考成绩、普通高中学业水平考试成绩，参考综合素质评价信息，选拔综合素质优秀学生的招生录取模式。

四、高考评价体系的建立

在高考综合改革中，如何改革考试内容是关键。为落实中央精神，强化高考的育人功能和积极导向作用，教育部考试中心于 2015 年提出"以立德树人为核心，加强社会主义核心价值观、依法治国理念、中华优秀传统文化与创新能力的考查"的"一点四面"高考内容改革重点；2016 年，为进一步落实立德树人根本任务、完善高校人才选拔要求，教育部考试中心基于"一点四面"的考查改革重点，进一步建构"一体四层四翼"的高考评价体系；2017 年，将"一体四层四翼"高考评价体系修改为"一核四层四翼"的高考评价体系。[①]

----

① 杨学为.中国高考报告(2019)[M].北京:社会科学文献出版社,2019:38

经过进一步系统化、完善化,教育部考试中心于 2019 年 12 月正式发布"中国高考评价体系"。这一指导高考内容改革和命题工作的评价体系,主要包括"高考的核心功能、考查内容、考查要求和考查载体"四个方面,系统解决高考"为什么考、考什么、怎么考"等问题。无疑,"中国高考评价体系"从高考层面,对党的十八大提出的"培养什么人、怎样培养人、为谁培养人"的教育根本问题给出了系统性的回答。[①]

高考评价体系强化了高考由单纯的考试评价向立德树人重要载体和素质教育关键环节的教育功能转变,凸显了"价值引领、素养导向、能力为重、知识为基"的评价理念,强调"考查内容、考查要求、考查载体"融合一体的评价模式,从而为深化高考内容改革、促进命题质量提升、确保高校科学选才等提供长效机制,并为更好地落实立德树人根本任务、培养全面发展的社会主义建设者和接班人提供坚强保障。因此,高考评价体系的科学建构,不仅是解决教育评价指挥棒问题的重大举措,也是健全立德树人落实机制、促进全面发展育人目标达成的必经之路,对发展素质教育、国家科学选才、促进基础教育高质量发展具有十分重要的意义。[②]

五、高考综合改革的推进

自 2018 年 9 月全国教育大会以后,为改进育人方式,统筹推进高考改革与高中课程实施,扭转不科学的教育评价导向,从根本上解决教育指挥棒的问题,满足我国教育现代化和人才强国建设的需要,中共中央、国务院发布了一系列重要政策文件,共同指向高考综合改革的进一步深化。下面重点介绍与高中教育教学密切相关,直接关涉高考评价、高考内容和高考命题改革与实施,强化立德树人教育机制落实,构建德智体美劳全面发展评价要求的相关文件,以帮助教师们更好地了解我国高考综合改革的推进过程。

2019 年 6 月出台的《国务院办公厅关于新时代推进普通高中育人方式改革的指导意见》(简称《指导意见》),对高考综合改革提出进一步要求,强调要"完善综合素质评价、规范学业水平考试、深化考试命题改革、稳步推进高校招生改革"。《指导意见》强调:要强化综合素质评价"对促进学生全面发展的重要

---

① 教育部考试中心.中国高考评价体系[M].北京:人民教育出版社,2019:2

② 教育部考试中心.中国高考评价体系说明[M].北京:人民教育出版社,2020:7-9

导向作用"，要将学业水平考试成绩作为"学生毕业和升学的重要依据"，高考命题要"优化考试内容，突出立德树人导向，重点考查学生运用所学知识分析问题和解决问题的能力"，要逐步改变单纯以考试成绩评价录取的倾向，引导高中学校转变育人方式、发展素质教育。

2020年6月30日，中共中央全面深化改革委员会审议通过《深化新时代教育评价改革总体方案》（简称"《总体方案》"），提出"改进结果评价、强化过程评价、探索增值评价、健全综合评价"的教育改革评价新要求，这是一份落实2018年全国教育大会提出的"扭转不科学的教育评价导向"、指导教育评价改革的纲领性文件。《总体方案》提出要稳妥推进中高考改革，构建德智体美劳全面发展的考试内容体系，促进德智体美劳全面发展；加快完善初、高中学生综合素质档案建设和使用办法，逐步转变简单以考试成绩为唯一标准的招生模式。

2021年3月5日，第十三届全国人民代表大会第四次会议审查并通过了《中华人民共和国国民经济和社会发展第十四个五年规划和2035年远景目标纲要》，提出全面贯彻党的教育方针，坚持优先发展教育事业，坚持立德树人，构建高质量的教育体系，培养德智体美劳全面发展的社会主义建设者和接班人等方面的要求。这一文件的出台，再次强调要进一步推进高考综合改革，建立正确的考试评价导向，充分发挥考试评价对发展素质教育、落实立德树人根本任务的作用，促进我国教育的高质量发展。

《中国高考评价体系》《国务院办公厅关于新时代推进普通高中育人方式改革的指导意见》《深化新时代教育评价改革总体方案》等系列文件的出台，意味着国务院《关于深化考试招生制度改革的实施意见》在高考改革中正式落地，并对高考综合改革的未来指明了方向、提出了要求。毫无疑问，上述系列文件共同强调深化教育体制改革、扭转不科学的教育评价导向、深化高考内容和命题改革，强调健全立德树人培养机制、完善综合评价和多元录取机制、做好育好人与选好才工作，从而为建设教育强国、实现中华民族伟大复兴奠定人才基础、注入强大改革动力。[①]

---

① 中国高考报告学术委员会.中国高考报告(2021)[M].北京:新华出版社,2021:74

第二节　"十三五"高考内容改革成果

　　"十三五"期间的高考改革,以党和国家的教育方针政策为指导,以国务院 2014 年发布的《关于深化考试招生制度改革的实施意见》为纲领,系统推进 "教—考—招"的高考系统改革,并以分类考试为抓手、以综合评价为支点、以多元录取为目标推进高考综合性改革,取得了丰硕的成果。对于此轮新高考的综合改革,最大的亮点和社会关注点仍是考试内容的改革。总体上看,"十三五" 期间的高考内容改革,立足中国特色社会主义新时代以及党和国家事业发展对教育改革的新要求,以高校人才选拔要求和国家课程标准为依据,科学设计考试内容,创新试题形式,加强情境设计,突出立德树人导向,重点考查学生独立思考和运用所学知识分析问题、解决问题的能力。总体上看,"十三五"期间的高考内容改革,取得如下四个方面的主要成果。

一、凸显德育考查引导

　　党的十八大报告提出"把立德树人作为教育的根本任务",党的十九大报告更明确地提出"落实立德树人根本任务"。"十三五"期间的高考内容改革,以习近平新时代中国特色社会主义思想为根本指导,加强德育的考查和引导,强化立德树人落实机制,切实扭转"重智轻德"的不良导向,确保"为党育人,为国育才",科学选拔全面发展的社会主义建设者和接班人。

　　为此,高考在内容改革上强调,充分发挥学科育人价值,把立德树人贯穿到考试中。各学科要立足学科内容及学科特点,加大对社会主义核心价值观的考查力度,积极引导学生树立正确价值观;强化对思维品质的考查,促使学生在思考的基础上实现对价值观的认知内化;增加反映我国经济、政治、文化、社会、生态文明、科学技术等领域发展进步的内容,增加体现中华优秀传统文化、革命文化和社会主义先进文化的内容,坚定中国特色社会主义道路自信、理论自信、制度自信和文化自信。① 此外,近两年来,高考试题还注重加强党史、新中国史、改革开放史、社会主义发展史等内容的考查,引导学生厚植爱国主义情怀,树立正确的历史观、民族观、国家观,立志肩负实现中华民族伟大复兴中国梦的时代责任。

为落实上述考查要求,近年来高考注重创设学习情境、生活情境、社会情境和学术情境等,关注重大社会现实问题入题,考查学生的家国情怀、奋斗精神、责任担当与理想信念等。如化学高考,通过精选反映我国古代科技文明、近现代科技领域科研成果、化工生产工艺与生态环保、化学史实史料与新闻素材等的多样化试题情境素材,并精心设计问题任务,展示中国优秀传统文化,弘扬爱国主义精神,激发责任担当与使命感,秉承可持续发展战略和绿色化学理念,帮助学生形成勇于探索、追求真理的科学精神和实事求是、科学严谨的科学态度等,从而在"弘扬爱国主义、传递化学价值、渗透科学精神、激发学习兴趣"等方面凸显价值引领。②

二、强化全面考查要求

《关于深化考试招生制度改革的实施意见》等相关文件强调:高考应不断强化育人功能和积极导向作用。一方面,高考改革应落实"培养德智体美劳全面发展的社会主义建设者和接班人"的教育方针,助力高校选拔德智体美劳全面发展的新生,为国家输送高质量的复合型人才;另一方面,高考改革应坚持引导基础教育阶段的教育教学工作,建立健全立德树人落实机制,完善德智体美劳的育人体系,灵活调整教育教学方式方法,建立更高水平的全面培养体系。为此,"十三五"期间的高考内容改革,注重凸显德智体美劳全面考查的内容体系,并在强化德育考查、改进智育考查基础上,积极探索体、美、劳的考查,夯实全面成长基础,促进综合素养全面提升。

在强化德育方面,前面已经指出,高考注重考查学生的家国情怀、奋斗精神、责任担当和理想信念等方面;在改进智育考查方面,强调以信息提取与整理、语言表达与应用写作、批判性思维和辩证思维等为突破口,加强对学生独立

---

① 姜钢.发挥高考内容改革导向作用 助力推进教育评价改革[J].中国考试,2019(06):1-4

② 中国高考报告学术委员会.高考评价体系解读[M].北京:现代教育出版社,2021:85-86

思考、逻辑推理、信息加工、语言表达和交流等关键能力的考查；在体美劳方面，逐渐将健康观念和意识、审美能力和修养、劳动精神和实践等方面的内容纳入考查范围，并强调结合学科内容要求和纸笔测试特点，系统设计体美劳的考查目标、重点及要求。在此基础上，加强试题情境的设计，创设联系体育、美育、劳动的试题情境，在考查知识和能力的同时，科学、有效地把体育、美育、劳动教育等方面的价值观融合到考试内容中，引导学生增强健康意识、提升审美情趣、崇尚劳动精神等。

　　具体到高考命题的要求与策略上，教育部考试中心强调构建集考查内容、考查要求和试题情境为一体的全面发展考试评价体系，突出强调"以基础性涵盖五育整体性要求与全面发展，以综合性突出五育的相互关系与有机融合，以应用性体现五育的教育价值和引导作用，以创新性彰显五育的选拔功能和育才效能"①。如高考理科综合测试，通过"呈现既有美感又有科学意义的物质反应和结构，展示化学反应和物质的绚丽色彩和多姿形态，让学生体验化学之美"②；"以生产活动中的生物学原理和技术为切入点，考查学生分析和解决生产劳动实践中具体问题的能力，凸显科学进步在提高劳动效率、创新劳动方式中的价值，引导学生树立劳动观念"；"紧密结合生活中的体育运动，考查学生运用物理概念和规律解决实际运动中的相关问题，促进学生理解体育运动中蕴含的物理规律，引导学生积极参加体育运动，激发锻炼热情"③。

三、发挥情境载体价值

　　目前的高考，越来越重视创设真实情境、命制情境化试题，以更好地评估学生的能力素养水平。教育部考试中心强调，命题时应注重通过情境和情境活动来实现高考评价体系"四层"的考查内容和"四翼"的考查要求，实现考查内容、考查要求与情境素材相融合的一体化要求。同时，基于知识应用和产生的方式，教育部考试中心将情境分为与日常生活、生产实践密切相关的"生活实践情

---

　　①　林蕙青.全面推进高考内容改革　助力建设高质量教育体系［J］.中国考试，2021（01）：1－7

　　②　教育部考试中心.精选试题情境素材　深化高考内容改革——2019年高考化学试题评析［J］.中国考试，2019（07）：20－24

　　③　教育部考试中心.深化学科基础考查　发挥积极导向作用——2021年高考理科综合全国卷试题评析［J］.中国考试，2021（07）：82－87

境"和源于真实研究过程或实践探索过程、涵盖学习探索和学科探究过程相关问题的"学术探索情境"。各学科还应根据学科特点和考查要求,进一步细分学科情境。如化学学科,将试题情境进一步细化为日常生活情境、生产环保情境、学术探索情境、实验探究情境、化学史实情境等。丰富的试题情境不仅为实现试题内容创新提供了有力支撑,同时可通过学生在情境活动中的表现,很好地评估学生知识技能的掌握情况及素养能力的达成水平。

"十三五"期间,为充分发挥高考的核心价值引领,落实立德树人的根本任务,试题情境素材的创设受到越来越高的重视。高考试题命制时,通过精选与日常生活以及生产实践密切相关的情境素材、反映真实的研究过程或实际的探索过程的情境素材,引导学生运用相关知识解决生产生活实际问题或学习探索相关问题,可以充分发挥试题情境与情境活动的认知、明理、陶冶等功能,实现认知发展、文化传承、精神熏陶等目的,从而帮助学生丰富认识视野、增长知识见识,促进学生坚定理想信念、厚植爱国情怀、体认学科价值、激发学习兴趣,培植责任担当、提升综合素质。无疑,精心创设试题情境和精心安排情境活动,将能很好地落实"价值引领、素养导向、能力为重、知识为基"的命题追求,把立德树人根本任务落实到高考中。

研究者基于对近年高考试题的分析,总结了高考试题情境创设及其价值引领方面的如下特点:"精选前沿科技情境,通过精心设问突出核心素养导向,弘扬学生爱国精神;通过创设传统文化情境,传递正确价值观念,坚持立德树人为本;选择意义重大的学科发展史为背景,体现学科思维,展现教育独特的育人价值;通过设计与学生密切相关的社会生活情境,将理论联系实际,助力学生全面发展。"[①]

四、建构系统评价体系[②]

"十三五"期间,为落实《关于深化考试招生制度改革的实施意见》精神,深化新时代高考内容改革,完善立德树人落实机制,强化高考育人功能和导向作用,教育部考试中心组织专家研制了高考评价体系,并于2019年底正式发布。

---

① 严文法,杨雅楠,杨雅茹.2019年高考命题特点与启示——基于情境创设的视角[J].现代中小学教育,2020(04):32-36

② 教育部考试中心.中国高考评价体系[M].北京:人民教育出版社,2020:6-8

高考评价体系系统阐述了高考的核心功能、考查内容、考查要求和考查载体等四个方面。这一评价体系的创建,系统回答了高考"为什么考、考什么、怎么考",从根本上解决了教育评价指挥棒问题,为高考命题与评价工作提供了理论支撑和实践指南,并为新时代高考内容改革持续深化和教育领域综合改革纵深推进提供了重要保障。

高考评价体系的主要内涵为"一核四层四翼",由体现高考核心功能的"一核"、高考考查内容的"四层"和高考考查要求的"四翼"三个部分组成。评价体系确立了"立德树人、服务选才、引导教学"的高考核心功能("一核"),回答了高考"为什么考"的问题;建构了"核心价值、学科素养、关键能力、必备知识"的高考考查内容("四层"),回答了高考"考什么"的问题;划分了"基础性、综合性、应用性、创新性"的高考考查要求("四翼"),回答了高考"怎么考"的问题。此外,高考评价体系还规定了高考的考查载体——情境,以承载"四层"的考查内容和"四翼"的考查要求,达成"一核"的高考核心功能。

高考评价体系的建构,体现了高考及其改革的方向性、时代性、民族性和公共性的特点,是核心价值为引领、突出考查目标内容与要求内在关联的系统性评价体系,反映了教育功能创新、评价理念创新和评价模式创新等特点。这一评价体系的科学建构,从根本上解决了教育评价指挥棒的问题,同时指向立德树人根本任务的落实机制、德智体美劳全面发展的育人目标等。无疑,高考评价体系的创建,是对中国特色教育评价理论的丰富和发展,将很好地引领新时代高考内容改革,促进高考命题质量的进一步提升。

为充分发挥高考评价体系在指导高考命题、开展试题评价、引导教育教学等方面的作用,教育部考试中心通过出版《中国高考评价体系》《中国高考评价体系说明》等著作,对"一核四层四翼"进行更为系统的阐述,帮助高考命题、研究与管理人员以及基层学校师生更好地理解与把握。

总之,"十三五"期间的高考内容改革,注重根据学科内容和特点,优化试题素材的呈现和设问,把立德树人贯穿到考试中,将理想信念、爱国主义情怀、品德修养、知识见识、奋斗精神、综合素质等方面的要求有机融入试题中;注重根据人才选拔需求和高中课程要求,通过基础性、综合性、应用性和创新性的四个评价基本维度,综合评测学生知识掌握、能力培养、素养发展及价值观念形成等方面的情况与水平。这样的高考内容改革,凸显了"价值引领、素养导向、能力为重、知识为基"的评价理念，很好地反映高考"立德树人、服务选才、导向教学"的核心功能，不仅有利于选拔拥护中国共产党领导和社会主义制度、立志为中国特色社会主义奋斗终生的综合素质较高的有用人才，而且有助于发挥高考"指挥棒"作用，发展素质教育，促进学生德智体美劳全面发展，从而将立德树人根本任务落到实处。

第三节 "十四五"高考内容改革展望

高考改革是一项系统性、持续性的工程,需要根据时代发展需求、多方协同攻关,才能做好此项工作。在未来较长的一段时间里,如何在巩固"十三五"高考改革取得成果的基础上,根据《中共中央关于制定国民经济和社会发展第十四个五年规划和 2035 年远景目标的建议》提出的建设我国高质量教育体系的需要,在更高水平上系统推进高考改革,是必须深入研究与有效破解的问题。为积极稳妥推进高考改革、健全立德树人机制、构建德智体全面发展的考试内容体系,中共中央、国务院于 2020 年 10 月发布《深化新时代教育评价改革总体方案》(简称"《总体方案》"),指引高考改革,切实提升高考服务国家选才的作用。无疑,"十四五"期间的高考,将以《总体方案》为指导思想、以高考评价体系为行动框架,从更高水平推进内容改革,助力建设高质量的教育体系。

一、《总体方案》简介①

2018 年 9 月,习近平总书记在全国教育大会上指出,要健全立德树人落实机制,坚决扭转不科学的"唯分数、唯升学、唯文凭、唯论文、唯帽子"的教育评价导向,构建符合中国实际、具有世界水平的评价体系。根据这样的评价改革要求以及我国"两个一百年"的奋斗目标,中共中央、国务院发布了《总体方案》,坚持以立德树人为主线,以破"五唯"为导向,以五类主体为抓手,着力做到政策系统集成、举措破立结合、改革协同推进,提出了分两个阶段深化新时代教育评价改革的目标,并最终于 2035 年左右形成富有时代特征、彰显中国特色、体现世界水平的教育评价体系。

《总体方案》建构了"改进结果评价,强化过程评价,探索增值评价,健全综

---

① 秦春华、姜佳玥.深化考试招生制度改革 推进新时代教育评价改革[J].中国考试,2020(12):10 - 13

合评价"的教育评价改革核心思路与关键路径；强调坚持把立德树人成效作为根本标准，加快完善各级各类学校评价标准，坚决克服重智育轻德育、重分数轻素质等片面办学行为，促进学生身心健康、全面发展；要求普通高中主要评价学生全面发展的培养情况，突出实施学生综合素质评价、开展学生发展指导、优化教学资源配置、有序推进选课走班、规范招生办学行为等内容。

《总体方案》还着眼促进德智体美劳全面发展，重点强调"树立科学成才观念、完善德育评价、强化体育评价、改进美育评价、加强劳动教育评价、严格学业标准、深化考试招生制度改革"等 7 项改革任务。7 项改革任务，体现坚持以德为先、能力为重、全面发展的要求，引导学生坚定理想信念、厚植爱国主义情怀、加强品德修养、增长知识见识、培养奋斗精神、增强综合素质；引导学生养成良好思想道德、心理素质和行为习惯，传承红色基因，增强"四个自信"，立志听党话、跟党走，立志扎根人民、奉献国家。

总体上看，《总体方案》具有如下五个方面的亮点：一是提出了"改进结果评价，强化过程评价，探索增值评价，健全综合评价"等"四个评价"；二是提出稳步推进中高考改革、构建德智体美劳全面发展的考试内容体系、改变相对固化的试题形式、增强试题开放性等考试命题具体要求；三是对综合素质评价提出了具体的要求，强调逐步转变简单以考试成绩为唯一标准的招生模式；四是提出完善高等职业教育"文化素质＋职业技能"的考试招生办法；五是提出加强科研创新能力和实践能力考查的研究生考试招生改革要求。

《总体方案》的出台，对完善立德树人体制机制、扭转不科学的教学评价导向、树立正确的教育发展观和科学的人才成长观具有重要意义。同时，《总体方案》为深化新时代教育评价改革描绘了具体的蓝图，为构建符合中国实际、具有世界水平的评价体系指明了方向。高考作为教育评价的一种重要手段和方式，如何科学改革以充分发挥其教育评价的"指挥棒"作用，必然要以《总体方案》为根本遵循，坚持正确政治方向和问题导向，开展系统性、整体性、协同性的改革。

二、对未来高考内容改革的展望

《总体方案》提出要构建引导学生德智体美劳全面发展的高考内容体系，从而充分发挥好高考"指挥棒"的正向引领作用，这一要求为"十四五"时期高考内容改革指明了方向。很显然，《总体方案》强调，"十四五"期间的高考内容改革，应立足高考"立德树人、服务选才、引导教学"的核心功能，深入探索高考考试内容与试题形式的改革,注重完善德育评价、强化体育评价、改进美育评价、加强劳动教育评价,努力构建引导学生德智体美劳全面发展、集"考查内容、考查要求、考查载体"三位于一体的评价体系。具体要求为[①]:

1. 健全立德树人落实机制

"十四五"期间的高考内容改革,必须在"十三五"高考改革基础上,筑牢立德树人落实机制,落实好为党育人、为国选才的重要使命。一方面,高考内容改革要坚持正确的政治方向和价值取向,抓住育人的关键和本质,贯彻德育为先、五育并举、全面发展的考查要求;另一方面,要强化对学生理想信念、爱国主义、品德修养、知识见识、奋斗精神、综合素质等方面的考查,培育和引导学生践行社会主义核心价值观。此外,各学科还应紧密结合学科特点,深入探索人文学科融合思想教育、家国认同、责任担当、情怀人格等的考查,自然科学渗透求真务实、实事求是、勇于探索、追求真理等的考查的高考命题机制与行动策略。只有健全立德树人落实机制,高考才能更好地选拔德智体美劳全面发展的社会主义建设者和接班人,为建设高质量教育体系发挥方向引领作用。

2. 完善高考全面评价体系

"十四五"时期的高考内容改革,要进一步研究完善高考的评价体系,凸显德智体美劳全面发展的要求,并在高考试题中得以有效地考查。这就强调:一要结合学科特点、挖掘育人素材,科学设计考查内容,确保实现对德智体美劳的全面评价;二要"以基础性涵盖五育整体要求与全面发展,以综合性突出五育的相互交织与有机融合,以应用性体现五育的教育价值和引导作用,以创新性彰显五育的选拔功能和育才效能",从而将"五育"的考查和引导融入"四翼"的考查要求;三要创设紧密联系生产生活的试题情境,融合"体美劳"的相关场景(如联系体育活动与体育比赛、提供文艺作品与自然生态、创设劳动情景和劳动场面等),优化试题问题任务的设计,从而实现考查内容、考查要求和试题情境的有效融合,实现有效提升关键能力考查的同时,进一步凸显核心价值引领、强化体美劳的考查与引导。

3. 落实高考综合评价理念

为落实德智体美劳全面综合考查的要求,"十四五"期间将进一步加强命题

①　林蕙青.全面推进高考内容改革 助力建设高质量教育体系[J].中国考试,2021(01):1－7

理论与技术的研究探索,凸显考查目标、考查要求和试题情境的综合性,落实高考综合评价理念,实现人才的科学选拔。在考查目标的综合性上,注重以学科知识为分析问题、解决问题的工具,综合考查学生学科核心素养与关键能力;在考查要求的综合性上,注重统整基础性、综合性、应用性和创新性的要求,落实多元化考查目标;在试题情境的综合性上,注重创设多样化情境,通过文本、图像、表格、装置、流程等多种形式呈现,综合考查学生信息获取与加工、新信息与已有知识整合、综合运用知识分析和解决问题的能力。最终,实现在特定情境与问题下,综合考查核心价值、学科素养、关键能力和必备知识的综合目标要求,达成对德智体美劳的全面考查。

此外,"十四五"时期高考内容改革,还需要对高考评价体系进一步细化分解,以期更加有效地落实。一要加强对"核心价值、学科素养、关键能力、必备知识"考查内容的整体设计,进一步具体化相应的考核内容与要求,形成覆盖德智体美劳全面发展要求的考试内容体系;二要立足"基础性、综合性、应用性、创新性"考查要求的综合考虑,进一步细化命题机制和行动策略,以突出学科主干内容、灵活运用知识分析问题与解决问题的能力、创新思维与实践能力的考查;三是进一步细化试题情境素材分类及功能价值追求的研究,设置不同复杂程度的试题情境与任务,从而更好地落实"四层"考查内容和"四翼"考查要求,达成评价体系提出的"立德树人、服务选才、引导教学"的高考核心功能追求。[①]

总之,"十四五"时期的高考内容改革,将坚持正确政治方向和问题导向,立足"为党育人、为国育才"的要求,强化落实"以全面融入的形式落实立德树人,引导全面发展;以融合贯通的形式考查关键能力,服务科学选才;以相融相通的形式对标课程标准,引导教育教学"[②]。

[①] 关丹丹,韩宁,章建石.立足"四个评价"、服务"五类主体"进一步深化高考评价改革[J].中国考试,2021(03):1-8

[②] 孙海波.把握新时代改革方法论 以系统观念全面协调推进高考改革[J].中国考试,2021(07):1-6

第二章 评价体系内涵要求及实践意义

　　为全面落实国务院颁布的《关于深化考试招生制度改革的实施意见》,教育部考试中心组织专家开展了深入调研和理论研究,并于2020年初正式向社会颁布《中国高考评价体系》及《中国高考评价体系说明》。作为深化新时代高考内容改革与命题工作理论支撑和实践指南的高考评价体系,充分体现了党的教育方针和国家选才意志,明确了高考内容改革的方向、着力点和实践要求,为高考命题标准的制定、高考命题模型的建立、高考试题编制的要求和高考试题质量的评价等提供了重要依据和关键标尺。同时,高考评价体系对基础教育具有很好的反拨与导向作用,对高中育人方式改革、发展素质教育、促进德智体美劳全面发展指明了目标追求和行动指南。因此,广大一线教师、教学研究人员、高考命题人员、考试评价机构等深入开展高考评价体系的学习与研究,具有十分重要的意义。

　　本章将从高考评价体系的研制背景、目标追求、主要内容、学习研究与实践意义等方面进行分析阐述,旨在帮助广大教师更好地理解高考评价体系,把握高考内容改革的目标与方向。同时,指导教师深入开展学习研究,能够利用高考评价体系指导高中教育教学、试题评价研究等相关工作。本章包括:

　　第一节　高考评价体系研制背景及目标追求

　　第二节　高考评价体系的主要内容

　　第三节　学习研究评价体系的意义

第一节 高考评价体系研制背景及目标追求

高考评价体系提出了"一核四层四翼"的高考评价要求,充分体现了中国特色社会主义进入新时代国家对人才选拔的标准与要求,反映了国家对基础教育尤其是高中阶段教育的顶层设计与目标追求。因此,广大教师深入开展高考评价体系的学习与研究,对把握高考改革目标方向、优化高中教育教学工作具有十分重要的意义。开展高考评价体系的学习研究,首要任务是明确研制、出台高考评价体系的时代背景以及高考评价体系建构的目标追求。

一、评价体系研制的时代背景

自 1977 年恢复高考制度后的 40 余年,为满足国家和社会经济发展对人才的需求,我国高考持续不断地进行着改革。尤其是 2014 年,国务院出台了《关于深化考试招生制度改革的实施意见》,对高考提出了招生制度、考试内容等全方位、系统性的要求。为落实实施意见的相关要求,需要构建科学、全面、有效的高考评价体系,以满足时代对评价改革、人才选拔和课程改革等方面的需求。

1. 评价改革的需求

自"十三五"以来,我国"启动了恢复高考以来最系统、最全面、最深刻的高考改革"[①],并取得富有成效的成绩。但是,目前的考试评价仍然存在不少问题与不足,如"唯分数""唯升学"现象依然严重,"考什么就教什么"现象十分突出,"重智轻德"现象普遍存在。要解决这些问题,必须深入开展高考改革探索,建立科学的高考评价体系,扭转不科学的考试评价制度。正如习近平总书记在2018 年全国教育大会上所强调的,"要深化教育体制改革,健全立德树人落实机制,扭转不科学的教育评价导向,坚决克服唯分数、唯升学、唯文凭、唯帽子的顽

---

① 于涵,郑益慧,程力,任子朝.高考评价体系的实践功能探析[J].中国考试,2019(12):1-6

瘴痼疾,从根本上解决教育评价指挥棒问题"。

党的十九大报告进一步提出"全面贯彻党的教育方针,落实立德树人根本任务"的要求,高考作为连接基础教育和高等教育的桥梁,需要发挥其在立德树人上的导向作用。唯有如此,才能更好地引导教育教学落实"以德为先、五育并举、全面发展"的要求,培养更高水平的人才。要在高考评价中科学设置考查目标、确立考查内容、优化试题设计等,从而依据教育测量理论和技术将立德树人融入高考中,实现高考评价目标与课程教学目标的有效统一,就需要重构高考评价体系,通过优化高考目标追求、科学确定考试内容、改进命题测量技术等,将高考打造成为立德树人的重要载体,发挥高考对基础教育的导向作用。

2. 新型人才的需求

随着改革开放的持续深入、经济社会的不断发展,我国综合国力和国际地位得到了不断的提升,并在国际事务中发挥着越来越重要的作用。在国际竞争越来越激烈的全球化、信息化和知识经济时代,如何有效提升我国在国际舞台中的核心竞争力,充分发挥我国在国际事务中的重要作用,并为更好地解决人类问题贡献中国智慧和方案? 毫无疑问,这需要大批知识结构合理、综合素质高强的新时代各类专业人才。这样的专业人才,不仅会求知、会创造、会奉献、会合作等,而且具有全球视野,具备开展国际对话以及跨文化沟通的能力。具有大批这样的时代人才,才能适应现代社会的需要,才能更好地为经济社会发展做出突出贡献,才能更好地深度参与全球治理体系的改革与建设,从而为全面建设小康社会、实现"两个一百年"奋斗目标提供强有力的人才支撑。

无疑,知识结构合理、综合素质高强、具有国际视野的专业人才,需要依托高校来培养。目前,为满足创新驱动发展战略的需求、为实现中华民族的伟大复兴,我国需要全面提升高等教育的人才培养质量,从而培育出创新型、复合型、应用型等多样化的人才。显然,高等教育的起点始于高考,高考科目的设置、考试内容的选取、考查要求的建立等,直接影响大学新生的素养水平,并对高等教育人才培养质量产生深远的影响。因此,面对新形势、新任务、新挑战,应立足党和国家事业发展对高等教育人才选拔的要求,改进与完善考试招生制度和人才选拔标准,以适应新形势下经济社会发展对多样化人才的要求,从而为高校把好入口关,助力高等教育多样化人才的培养,提升人才培养的质量。

3. 课程改革的需求

为适应我国经济、科技的迅猛发展和社会生活的深刻变化,面对我国新时代社会主要矛盾的转化,面对新时代对提高全体国民素质和人才培养质量的新要求等,教育部于 2013 年启动了普通高中课程方案和课程标准的修订工作,并于 2017 年正式颁布。新的高中课程方案强调普通高中"要进一步提升学生综合素质,着力发展核心素养,使学生具有理想信念和社会责任感,具有科学文化素养和终生学习能力,具有自主发展能力和沟通合作能力"①。在此基础上,各学科基于学科本质和育人价值,凝练了包含正确价值观念、必备品格和关键能力在内的学科核心素养,强调高中学科教学应以发展学科核心素养为主旨,倡导基于学科核心素养的评价。课程标准还强调,要开展以评价学生学科核心素养发展状况和学业质量标准达成程度为主的学业水平考试,深入开展"以核心素养为测试宗旨,以真实情境为测试载体,以实际问题为测试任务,以学科知识为解决问题的工具"的考试命题研究②。引领各学科高考命题实现从"知识考查为本"向"素养考查为本"的转变,需要建立一个纲领性的评价体系作为统领,以利于命题者把握学科命题标准,提升命题质量,有效检测学生的素养发展水平和学业达标程度,从而利于高校选拔合格新生,落实"维护和增强全国统一高考在人才选拔中的核心地位"的要求。

为更好地贯彻党的教育方针,落实立德树人根本任务,促进学生德智体美劳全面发展;为更好地满足经济社会发展和我国人才战略需求,为高校更好地选拔培养对象;为更好地引导高中课程教学,发展素质教育,培养学生正确价值观念、必备品格和关键能力,需要创建全面落实党的教育方针、符合我国国情、促进素质教育、有利于人才选拔的高考评价体系,以落实国务院《关于深化考试招生制度改革的实施意见》精神。为此,教育部考试中心组织专家开展了为期三年的系统而规范的研究,立足高考"为什么考、考什么、怎么考"三个方面,构建了高考评价体系。这一评价体系的创建,有利于健全全面深化高考内容改革的长效机制,有利于高考的全局性改革,并从教育考试层面系统地回答了"培养

---

① 中华人民共和国教育部制定.普通高中化学课程标准(2017 年版)[M].北京:人民教育出版社,2018:3

② 中华人民共和国教育部制定.普通高中化学课程标准(2017 年版)[M].北京:人民教育出版社,2018:78 - 79

什么人、怎样培养人、为谁培养人"的根本问题①。

二、评价体系建构的基本追求

前面指出,2014 年国务院《关于深化考试招生制度改革的实施意见》要求进一步深化高考内容改革,并力争于 2020 年基本建立具有中国特色的现代教育招生考试制度。习近平总书记也多次在讲话中强调,要深化教育体制改革,健全立德树人落实机制,扭转不科学的教育评价导向,从根本上解决教育评价"指挥棒"问题;要维护和增强高考在人才选拔培养中的核心地位,努力建构德智体美劳全面培养的教育体系,形成更高水平的人才培养体系。此外,教育部于 2017 年底颁布了普通高中课程方案和各学科课程标准,强调"以社会主义核心价值观统领课程改革,推动人才培养模式改革创新,培养德智体美劳全面发展的社会主义建设者和接班人"②,并凝练了学科核心素养以明示相应课程学习后应达成的正确价值观念、必备品格和关键能力等,研制了用于检测学生在课程学习后核心素养应达成水平的学业质量标准等,以促进教、学、考有机衔接、形成合力等。为落实好上述几个方面,需要建立科学的评价体系,充分发挥高考在人才培养、人才选拔中的"指挥棒"作用,落实好为党育人、为国育才的目标任务。因此,作为指导高考改革的高考评价体系,必须以党的教育方针为根本遵循,立足国家和社会发展对人才的需求来确定其内容,从而为高考命题与试题评价等提供清晰、可操作的行动指南。因此,高考评价体系至少应能揭示如下四个方面。

1. 明晰高考目标追求

目标是行动的指南。先有明确的目标,才能为行动对象的确定和行动策略的制定提供清晰的导向。因此,高考评价体系要准确揭示高考的目标追求,即回答高考"为什么考"的问题。只有明确高考的目标追求,高考的命题与评价才能很好地围绕这一目标去展开。显然,这是高考评价体系首先要明示的问题。而高考目标追求的确定,需要综合体现党的教育方针,立足我国基本国情和社会发展人才需求,从而引导高考命题、高中教育落实好立德树人、促进德智体美

---

① 张开,单旭峰,巫阳朔,等.高考评价体系的研制解读[J].中国考试,2019(12):13-19
② 中华人民共和国教育部制定.普通高中化学课程标准(2017 年版)[M].北京:人民教育出版社,2018:2

劳全面发展等工作。为此,高考评价体系确立了"立德树人、服务选才、引导教学"的高考核心目标追求,体现了高考在人才选拔培养的核心地位和关键作用,全方位、系统地阐述高考"为什么考"的问题①。

2. 体现高考考查内容

要达成高考的目标追求,就需要解决高考"考什么"的问题。即关注哪些方面作为高考考查内容,才能实现高考考查目标。显然,高考考查内容是为高考目标达成服务的,因而高考内容改革被认为是高考改革的重点、难点与关键。高考评价体系研制组根据高考的目标追求,结合高校人才选拔要求和国家课程标准,确立了"价值引领、素养导向、能力为重、知识为基"的评价理念,并将高考应考查的素质教育目标凝练为"核心价值、学科素养、关键能力、必备知识"等紧密关联、有机统一的"四层"考查内容②。"四层"考查内容,很好地体现立德树人根本任务,准确反映高校选才的标准要求,并引导高中学校做好发展素质教育、促进全面发展的教育教学等工作。

3. 揭示高考考查要求

高考评价体系在明晰高考"为什么考""考什么"两个方面的基础上,还应回答高考"怎么考"的问题,以有效指导高考命题实现对素质教育目标进行评价,将高考内容改革的要求落地落实,从而达成高考的目标追求。为此,高考评价体系基于人才选拔的层次性要求和基础教育培养目标,根据各学科的共性特点,提出了"基础性、综合性、应用性、创新性"等"四翼"考查要求,以规定高考内容的考查要求、评价学生的素质达成程度以及评估高考试题的命制质量等。很明显,"四翼"是联结"四层"考查内容和高考命题行动的纽带,是落实高考服务选才、引导教学等目标追求的着力点和有效抓手,是评价学生素质和高考试题质量的基本维度和关键指标。③

4. 指明考查载体应用

在明确"考什么"和"怎么考"即明确考试内容和考查要求基础上,高考命题还需选择合适的载体来加以呈现,确保"考查内容—考查要求—考查载体"三个

---

① 教育部考试中心.中国高考评价体系[M].北京:人民教育出版社,2019:6
② 教育部考试中心.中国高考评价体系[M].北京:人民教育出版社,2019:6
③ 教育部考试中心.中国高考评价体系[M].北京:人民教育出版社,2019:28

方面的自洽匹配。唯有如此,才能实现高考目标、体现试题追求,以有效达成学生素养水平的科学评估评价,有利于高校的选拔。为此,高考评价体系创造性地提出了考查载体——试题情境,并基于知识应用和产生方式,提出了"生产实践情境"和"学习探索情境"。此外,基于情境的复杂程度、情境学习认识活动对知识和能力的需求,划分为"简单的情境活动"和"复杂的情境活动"。高考命题时,通过设计生活实践情境、学习探索情境,并合理确定情境素材内容、选择相应复杂程度的情境活动,就可以实现对不同内容、不同水平学科核心素养的考查。①

教育部考试中心的专家们正是立足教育评价改革要求、新型专业人才选拔和高中课程改革要求等方面,从高考目标追求、高考考查内容和考查要求以及考查载体等四个层面,系统建构了高考评价体系,全方位解决高考"为什么考、考什么、怎么考"等问题,从而为深化高考内容改革、促进命题质量提升、确保高校科学选才等提供长效机制,并为更好地落实立德树人根本任务、培养全面发展的社会主义建设者和接班人提供坚强保障。

---

① 教育部考试中心.中国高考评价体系说明[M].北京:人民教育出版社,2020:35-37

第二节　高考评价体系的主要内容

高考评价体系作为深化新时代高考内容改革的理论支撑和行动指南,是致力于高考改革方向、着力点和要求等方面的研究从而建构起来的内容十分丰富的理论框架。这一高考评价理论框架,包含了高考的核心功能、考查内容、考查要求和考查载体等四部分主要内容,为高考命题标准的制定提供了重要依据,为试题质量评价、考试目标达成和考生素养水平诊断提供了衡量标尺,并从教育考试层面回答了"培养什么人、怎样培养人、为谁培养人"的根本问题。

图 2-1　评价体系主要内容

高考评价体系理论框架的基本内涵为"一核四层四翼",其主要内容如图 2-1 所示。这一理论体系包括高考核心功能、考查内容和考查要求三个方面,系统回答了高考"为什么考、考什么、怎么考"等三个关键问题,深刻揭示了"价值引领、素养导向、能力为重、知识为基"的高考评价理念。同时,高考评价体系还规定了高考的考查载体——试题情境,以此承载考查内容、实现考查要求,从而构建"考查内容、考查要求、考查载体"三位一体的素质评价系统,是中国特色教育评价理论的丰富与发展。[①] 这一评价体系的建构,从根本上解决了教育评价"指挥棒"的问题,对推进教育公平、发展素质教育、建设教育强国、服务国家选才、推进教育综合改革等方面发挥了重要作用。立足高考视角,这一评价体系为我国高考评价改革的目标与方向、高考命题标准的内容与要求、试题命制的路径与策略等指明了方向。其主要内容包含如下四个方面:

---

① 　教育部考试中心.中国高考评价体系[M].北京:人民教育出版社,2019:6

一、"一核":高考核心功能

高考评价体系将"立德树人、服务选才、引导教学"确立为高考的核心功能,回答了高考"为什么考"的问题。高考这一核心功能的提出,强调高考应将立德树人作为根本任务,注重对理想信念、爱国主义情怀、品德修养、知识见识、奋斗精神、综合素质等方面的考查,确保高考坚持正确的政治方向,彰显高考的育人功能和价值导向作用;"服务选才"是高考的基本功能,强调高考充分依据教育测量理论与技术,通过精准制定考查目标、精心选择考查内容、注重优化考查形式、合理选择命题素材、科学设计考查任务等,提升选拔水平,为不同类型的高校选拔符合要求的新生,促进人才合理配置与科学分流,从而提升我国高等教育的质量和创新人才的培养水平;而"引导教学"则揭示了高考对基础教育的反拨功能,强调高考应发挥正确的导向作用,引导高中教育依据国家课程标准、遵循教育教学规律,培养学生树立正确的价值观念、积极践行社会主义核心价值观、增强四个自信、夯实知识基础、培育关键能力、发展核心素养等。

高考核心功能的"立德树人、服务选才、引导教学"三个方面,不是孤立的、静止的,而是相互联系、相互作用的,三者具有如图 2-2 所示[①]的关系。其中,"立德树人"决定高考的前行方向和价值取向,对人才选拔标准和教育教学追求发挥着统领作用,强调高考要选拔具有较高政治

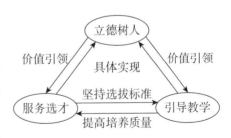

图 2-2 核心功能的内在关系

觉悟、高尚道德情操的德智体美劳全面发展的合格新生,强调学科教学要发挥育人优势、形成合力,全面系统地将立德树人根本任务落到实处。"服务选才"和"引导教学"是高考落实立德树人根本任务的基本手段,人才选拔的标准与选拔方式为基础教育教学指明了目标与努力方向,而高质量的基础教育教学则为培养全面发展的高质量人才、为高校选拔全面发展的合格新生奠定了坚实的基础。两者共同作用,促进基础教育与高等教育协同发展,确保立德树人根本任务落到实处。

---

① 教育部考试中心.中国高考评价体系说明[M].北京:人民教育出版社,2020:20

二、"四层":高考的考查内容

高考评价体系从"核心价值、学科素养、关键能力、必备知识"四个维度,界定了高考的考查内容,回答了各学科高考"考什么"的问题。这一考试内容体系的界定,顺应时代现实要求和课程改革要求,发展了过去"知识和能力"两个维度考查的框架,凸显了"价值引领、素养导向、能力为重、知识为基"的新型高考评价理念,创造性地将考试评价与学科育人的新要求有机融合起来,为学科高考命题标准的制定指明了核心要素和共同追求,并为基础教育的目标追求指明了方向和应达成的素质标准。

1. 核心价值①

"核心价值"是学生良好政治素质、道德品质和思想方法的综合体现,是学生面对现实问题情境时表现出来的情感态度和价值观。高考评价体系将"核心价值"分解为如表 2-1 所示的 3 个一级指标、10 个二级指标。这一考查内容维度的提出,为高考如何坚持以德为先、落实立德树人提供了操作指南,强调高考命题时应在坚定理想信念、厚植爱国主义情怀、加强品德修养、增长知识见识、发扬奋斗精神、提升综合素质等六个方面下功夫,以落实"为党育人、为国育才"的课程教学追求,也为教育"培养什么人""怎样培养人"以及高校选拔"什么样的才"提出明确具体的要求。

表 2-1

一级指标	内涵及其要求(二级指标)
政治立场和思想观念	即将进入高校的学习者应当具备的正确政治立场、态度和基本观念。包括理想信念、爱国主义情怀、以人民为中心的思想和法治意识等基本要求。
世界观和方法论	即将进入高校的学习者应当掌握的马克思主义世界观和方法论。包括辩证唯物论、唯物辩证法和唯物史观的基本观点和方法论要求。
道德品质和综合素质	即将进入高校的学习者应当具备的社会主义道德情操、意志品质和精神情怀。包括品德修养、奋斗精神、责任担当、健康情感、劳动精神。

① 教育部考试中心.中国高考评价体系[M].北京:人民教育出版社,2019:13-17

2. 学科素养①

"学科素养"是个体面对生活实践或学术探索情境问题时,在正确的思想价值观念指导下,合理运用学科思维方法和相关能力高质量地认识问题、分析问题和解决问题的综合品质。高考评价体系在融合高中课程标准和高校人才选拔相关素养要求基础上,立足易于表达、可以测评的视角,提出如图 2-3 所示的 3 个一级指标和 9

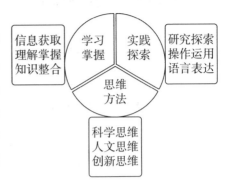

图 2-3 学科素养指标体系

个二级指标的学科素养内涵体系。这一学科素养体系的提出,为高考命题如何测评学科素养、日常教学如何培养学科素养提供了操作依据和行动策略。

"学习掌握"是指个体面对具体情境与任务时,有效输入、编码、储存相关信息的综合品质,是认知加工和行动输出的前提和基础,它强调学习者能够有效获取新信息,并在理解新信息的基础上将其纳入原有认知结构中形成新的知识块以满足解决问题的需要;"实践探索"包括认知操作、行动操作两个方面,是个体能够基于情境与问题解决的需要,有效整合相应的知识与能力、调用相应的技术方法开展相关行动操作以解决问题的综合品质,它是完成认知学习和实践的关键环节,是信息输入与认知加工的必然结果;"思维方法"是指学习者独立思考和探索创新的内在认知品质,是个体高质量解决真实情境下各种问题的基础,是信息时代所必备的核心认知品质、适应未来学习和终身发展所必备的关键素养,是思维的品质、方式和能力的综合。

3. 关键能力②

高考评价体系中的"关键能力",将 2017 年 9 月中共中央办公厅、国务院办公厅印发的《关于深化教育体制机制改革的意见》提出的关键能力学科化,并根据支撑终身发展、顺应时代需求、满足高校学习等需要,将其界定为学习者面对与学科相关的问题情境时,高质量认识、分析与解决问题所必须具备的能力。这一能力包括知识获取能力群、实践操作能力群和思维认知能力群等。具体内

---

① 教育部考试中心.中国高考评价体系[M].北京:人民教育出版社,2019:18-21
② 教育部考试中心.中国高考评价体系[M].北京:人民教育出版社,2019:23-26

涵、能力类型与行为表现如表 2 - 2。

表 2 - 2

	内涵与类型	行为表现
知识获取能力群	以认识世界为核心,是个体认识世界、学会学习所必备的关键能力。主要包括语言解码、符号理解、阅读理解、信息搜索、信息整理等能力。	能阅读和理解文本与符号,能从情境中有效提取信息;能准确概括和描述现象的特征及其相互关系并发现问题;能透过现象看本质;能对知识进行结构化理解,形成知识网络。
实践操作能力群	以解决实际问题为核心,是理论联系实际所必备的能力基础。主要包括实验设计、数据处理、信息转化、动手操作、应用写作、语言表达等能力。	能根据目的设计方案并操作,科学收集、处理并解释数据;能根据目标和条件,设计或选择最佳方案;能对给定方案评价论证;能根据结果修正和改进方案;能准确表达看法、合作解决问题。
思维认知能力群	涵盖各种关键思维能力,是激发个体好奇心与想象力、塑造创新人格所必备的能力基础。主要包括形象思维、抽象思维、归纳概括、演绎推理、批判性思维、辩证思维等能力。	能独立思考,发表独立、有创造性的看法;能多视角观察、思考同一问题;能灵活、创造性地运用不同方法解决问题;能敏锐发现情境中关键事实的特征和问题;能运用所学知识解决新问题、得出新结论,并反思和验证结论的可靠性。

4. 必备知识[①]

高考评价体系所指的必备知识,是个体高质量地认识、分析与解决所面对的生活实践、学习探索等情境与问题所必须具备的人文社会科学与自然科学的基本事实、基本概念、基本技术与基本原理等所构成的基本知识体系,是由陈述性知识和程序性知识构成的、个体应对情境所必须具备的各种复杂的产生式系统。它和关键能力一样,为学科核心素养的形成与发展奠定重要基础和必要支撑。

虽然高考评价体系所指的必备知识包含了基本事实、基本概念、基本技术与基本原理等知识,但它指向的"是学生掌握对应学科能力的所需知识,而非教学中

---

① 教育部考试中心.中国高考评价体系[M].北京:人民教育出版社,2019:26 - 27

所熟悉的知识"[①]，更加注重整合性、应用性以及与高校学习、终生发展的衔接性。

从近年高考试题可知，评价体系强调的"必备知识"和过去高考考查的知识内容相比，具有如下两个方面的重要不同[②]：一是注重吸纳、更新自然科学与人文科学领域的新研究、新认识和新成果；二是考查方式有所变化，减少静态知识的直接考查，而是将考查的重点放在能力和素养的培养过程中所必须具备的可迁移的知识上。

高考评价体系强调的"四层"考查内容并不是孤立的，它们具有如图2-4[③]所示的关系。具体来说，就是"四层"考查内容是"明确且连贯的"：一是"四层"内容具有明晰的界限。核心价值属于思想观念，而必备知识则以程序性、陈述性知识形态呈现。学科核心素养与关键能力虽然共性很多，但核心素养强调以核心价值为指导，在复杂情境中解决复杂问题所需的综合性能力的表现。二是"四层"有连贯的内在联系。核心价值是学科素养、关键能力和必备知识的统领，学科素养则连接核心价值与关键能力，是面对情境问题时，在正确价值观念指引下，必备知识和关键能力的运用表现。关键能力是形成学科素养的前提，而必备知识的积累是形成关键能力和学科素养的基础。

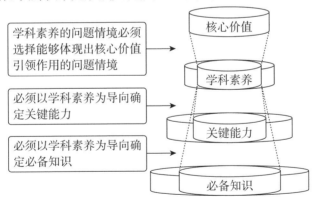

图 2-4　"四层"考查内容及其关系

①　中国高考报告学术委员会.高考评价体系解读(2021)[M].北京:现代教育出版社，2021:47

②　中国高考报告学术委员会.高考评价体系解读(2021)[M].北京:现代教育出版社，2021:163

③　教育部考试中心.中国高考评价体系说明[M].北京:人民教育出版社，2020:30

三、"四翼":高考的考查要求①

立足于素质教育应达成的内容表现和形式表现、国家发展所需人才的能力素养特征,高考评价体系提出了包含"基础性、综合性、应用性、创新性"四个方面的考查要求,回答了"怎么考"的问题,是确定高考考查要求的根本依据。"四翼"的高考考查要求,一方面体现了高校对人才选拔的要求,是落实高考"服务选才"功能的着力点;另一方面也体现了素质教育培养目标的要求,是发挥高考"引导教学"功能的有效抓手。

1. 基础性:强调基础扎实

高考评价时,通过选择生活实践和学术探索情境中最基本的问题情境并创设问题任务,要求学生调用学科基本概念、基本原理、基本技能和思维方法去分析、解决问题,从而检测学生的学科基础知识是否扎实牢靠、是否为未来学习打下坚实的基础。因此,高考评价体系中的基础性,实际上包含学科内容的基本性和通用性、问题情境的典型性和简单性两个层面的含义。关注高考基础性原则,强调关注学生对学科的主干知识和核心知识的掌握情况,其教学导向是引导学生重视基础、夯实双基、掌握学科思想方法等,从而为能力提升和素养发展奠基。

2. 综合性:强调融会贯通

高考评价体系中的综合性,体现学科内容的综合性和问题情境的复杂性两个方面。高考评价时,要求选择包含多项关联活动的复杂问题情境作为载体,要求学生调用多个知识、开展多种活动去分析与解决问题任务,以考查知识、能力、素养等的整合能力和综合应用水平。综合性的考查要求,在于强调学生形成更加系统的知识结构体系和更加完备的能力结构网络,能够站在全局、整体的高度分析问题并融会贯通地解决问题,是检测学生必备知识掌握情况、关键能力发展水平和学科素养达成层次的有效手段。

3. 应用性:强调学以致用

应用性检测的核心,是学生灵活运用知识分析、解决实际问题的能力和素养达成水平。命题时,注重创设紧密联系实际、紧扣时代发展、凸显知识应用的问题情境,设置与生产生活、科技进步、能源环境、社会发展密切相关的现实问

---

① 教育部考试中心.中国高考评价体系说明[M].北京:人民教育出版社,2020:32-35

题,以此考查学生知识迁移应用、理论联系实际的水平。同时,这样的试题情境与问题任务,能很好地体现学科知识的应用价值,发挥着核心价值引领、强化责任担当的作用。因此,从考查目标看,应用性的考查要求,突出对学生思维认识能力、科学态度和社会责任等素养的测量与评价。

4. 创新性:强调创新意识和创新思维

创新性是高考选拔功能的重要体现。高考评价体系中的创新性,具有内容创新、形式创新、方法创新和思维创新四个方面。高考评价时,通过创设开放性的生活实践或学术探索问题情境,要求学生在开放性情境中创造性地解决问题、形成创造性的结果和结论,从而考查学生敏锐发现旧事物缺陷与捕捉新事物萌芽、进行新颖推测和设想并进行周密论证、探索新方法并积极主动解决问题等能力。从考查内容和要求看,期望学生通过独立思考、创新思维,基于所呈现的问题情境,"发现新问题、找到新规律、得出新结论"等。无疑,创新性的考查要求,对学生批判性思维和创新性思维提出新的要求。

不难发现,高考评价体系的"四翼"是连接"四层"与高考命题实践的纽带,"四层"的考试内容是通过"四翼"的考查要求实现有效地考查。正是这种关联性,使得"四翼"的考查要求不仅是评价学生素养高低的基本维度,同时也是评价试题质量高低的重要指标。命题时,必然需要通过创设适宜的试题情境,设置相应的问题任务来体现"四翼"的考查要求,才能有效检测不同学生的能力素养水平,才能更好地对不同水平、各有所长的学生有效区分,从而促进人才的合理配置和分流,满足不同层次高校人才选拔的需求。

四、情境:高考的考查载体[①]

为体现"四层"考查内容与"四翼"考查要求,高考评价体系创造性地提出了考查载体——试题情境。高考评价体系中的情境即为通常所称的"问题情境",是以文字或符号的方式描述的真实问题背景。"问题情境"是以问题或任务为中心构成的活动场域,是实现"价值引领、素养导向、能力为重、知识为基"等方面综合考查的重要载体,是高考命题创新的重要手段。为更好地指导高考命题,高考评价体系基于知识应用和产生方式,将情境划分为"生活实践情境"和"学术探索情境"。这两类情境对应的素材内容与考查目标具有一定的差异,具

---

①　教育部考试中心.中国高考评价体系说明[M].北京:人民教育出版社,2020:35 - 42

体如表2-3：

表2-3

	素材内容特点	考查目标要求
生活实践情境	与日常生活和工业生产密切相关，包含日常生活中常见的现象和生产实践场景与工艺等	主要考查利用所学知识解释日常生活现象、解决生产实践中问题的能力
学术探索情境	源于真实的研究过程或实际的探索过程，常以科学研究文献、实验研究报告等呈现	在解释论证、推论预测、方案设计与评估评价等活动中考查逻辑思维、批判性思维、创新性思维等

情境的复杂性，决定着情境活动的复杂性。所谓"情境活动"，是指人们在情境中所进行的解决问题或完成任务的活动。根据问题情境以及解决问题、完成任务相关活动的复杂程度，高考评价体系将情境活动划分为简单的情境活动和复杂的情境活动。对于简单的情境活动，个体在面对问题任务时，只需调动某一知识点或某种基本能力便可解决；而复杂的情境活动则因情境与任务的复杂性，需要学生开展多个认知活动才能解决对应的问题。显然，这两种情境活动的考查目标要素也是有明显差异的，具体对比情况如表2-4：

表2-4

	认知类型	考查重点	命题要求及题型
简单情境活动	单一的认知活动	单一知识点或某种基本能力	调用单一的知识技能或能力解决问题；基础性试题
复杂情境活动	复杂的认知活动	综合运用知识与技能应对复杂内容的水平	综合运用学科知识与技能开展多样化的认识活动，解决陌生复杂的综合问题；综合性、应用性或创新性问题

随着教学改革和考试评价改革的推进，情境的选择、加工与使用越来越受关注，注重考查内容、考查要求与考查载体的有机融合，实现对考生知识掌握、能力发展和素养水平等多方面的科学评价。在高考命题过程中，注重根据考查

目标与考查要求,更加科学、更加合理地创设试题情境,并合理调控简单情境和复杂情境、简单情境活动和复杂情境活动的比例;注重创设科学新颖的试题情境,让考生在真实情境下结合问题任务,运用所学知识与能力开展情境识别与分析活动,并根据解答过程与结果评价学生的价值观念、学科素养、关键能力和必备知识的掌握程度和综合水平。当然,试题情境的设置,应遵循真实性、丰富性、简洁性和适切性等原则,要克服凭空设想、主观臆造、脱离学生认知水平等方面的问题。

高考评价体系中的"一核四层四翼"和考试载体——试题情境之间是一个各要素彼此关联、相互影响的内在系统。"一核"回答了高考"为什么考"的问题,统领高考内容改革的方向;"四层"和"四翼",分别回答了"考什么"和"怎么考"的问题,两者彼此照应、密切相关;而试题情境作为考查载体,将"四层"的考查内容和"四翼"的考查要求有机融合。命题时,通过创设适宜的情境、设置相应的试题(如基础性为主、综合性为主、应用性为主以及创新性为主的各类试题),驱动学生在正确的价值观念指引下开展对应的情境活动,从而考查学生调用知识分析问题、解决问题的能力,实现对学生能力素养等水平的客观真实评价。因此,高考评价体系的"一核四层四翼"和考试载体,构成了高考试题及其考查要求的内在系统,很好地反映"价值引领、素养导向、能力为重、知识为基"的命题理念和"考查内容、考查要求、考查载体融合一体"的评价要求。

第三节 学习研究评价体系的意义

前面分析指出,教育部考试中心根据党的教育方针和立德树人根本任务,根据国家和社会发展对人才选拔的要求,充分发挥高考在人才培养中的"指挥棒"作用,科学建构了内涵十分丰富的"一核四层四翼"高考评价体系(主要内容要求如图2-5)。

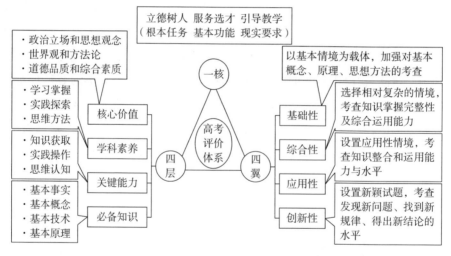

图2-5 高考评价体系主要内容要求

认真对比分析,可以发现与过去的高考考试大纲或考试说明相比,高考评价体系的建构,体现了新时代背景下高考的三方面创新①:在教育功能上,实现由单纯的考试评价向立德树人重要载体和素质教育关键环节转变;在评价理念上,实现由"知识立意""能力立意"评价向"价值引领、素养导向、能力为重、知识

---

① 中国高考报告学术委员会.高考评价体系解读(2021)[M].北京:现代教育出版社,2021:163

为基"综合评价转变;在评价模式上,实现由"考查内容"的一维评价向"考查内容、考查要求、考查载体"三位一体的评价转变。

高考评价体系深刻阐述了高考的核心功能、考查内容和考查要求等方面,建立健全了全面深化高考内容改革的长效机制,对高考内容改革具有全局性的指导意义,对高考命题与高考评价具有可操作的实践意义,对指导基础教育课程教学也有很好的反拨作用。因此,广大一线教师及教研人员等深入开展高考评价体系的研究,准确把握评价体系的实质内涵与相关要求,对建构教育教学行动策略等具有非常重要的意义。

一、有利于把握高考改革方向

"一核四层四翼"的高考评价体系,立足高考"为什么考、考什么、怎么考"三个方面,系统总括了高考的核心功能、考查内容与考查要求等,从而为高考内容改革和命题工作奠定了坚实的理论基础,提供了可操作的实践指南。无疑,全面深入地开展高考评价体系的学习与研究,对准确把握高考改革方向具有十分重要的意义。通过高考评价体系的研究,对高考改革方向至少能明确如下几方面:

1. 高考改革旨在更好地落实立德树人根本任务

高考是体现国家意志、落实为国选才的最重要考试,必须以习近平新时代中国特色社会主义思想为指导,全面贯彻党的教育方针,落实好立德树人这一根本任务。因此,高考评价体系将"立德树人"作为高考的第一个核心目标,并通过考查内容中的"核心价值"来细化落实,以强化理想信念、爱国主义情怀、品德修养、知识见识、奋斗精神、综合素质等的考查,从而彰显高考的育人功能。

2. 高考改革努力追求人才选拔与人才培养相统一

高考评价体系同时将"服务选才"和"引导教学"作为核心目标来追求,并努力发挥高考的"指挥棒"作用,实现人才选拔和人才培养相统一。为此,高考评价体系依据高校人才选拔要求和国家课程标准,确立了"价值引领、素养导向、能力为重、知识为基"的高考评价理念指导高考改革。这一理念不仅抽提概括了各类高校人才选拔的共性需求,同时也是普通高中课程教学的目标定位,强调在立德树人的价值引领下,利用人才选拔标准导引高中育人方式的改革,从而进一步提升育人质量,更好地服务于高校人才选拔。

3. 高考改革的重点难点在于高考内容改革

要落实好高考"立德树人、服务选才、引导教学"的核心目标追求,高考改革必须以党的教育方针、国家和社会发展对人才的需求为指导思想和根本参照,确立高考内容和考查要求。为此,高考必须改革过去仅对知识和能力两个维度的考查,建立"价值引领、素养导向、能力为重、知识为基"的评价理念,并实现以核心价值为统领的考查内容要求。基于此,高考评价体系确立了"核心价值、学科素养、关键能力、必备知识"的"四层"考查内容,从而实现高校选拔人才要求和国家课程标准的有机结合,并统一在选人和育人的根本任务上。在确立高考核心功能和考查内容基础上,提出基础性、综合性、应用性和创新性的"四翼"考查要求,实现高校人才选拔需求和基础教育培养目标的统一。

二、有利于把握人才选拔标准

高考的目的,旨在为不同类型的高校选拔出符合要求的新生,并通过高校的进一步培养,从而为国家输送一批批合格人才。为此,高考评价体系将"服务选才"作为基本功能来追求。高校应选拔怎样的新生呢?这涉及人才选拔标准的问题。认真研究高考评价体系,可以清晰地看到,合格人才具有如下三个基本特点:

1. 具有优良的德性品质

高考评价体系将"核心价值"作为考查的重要内容,并将其作为统领"四层"考查内容的关键。因而,选拔标准十分关注个体的德性品质。分析高考评价体系"核心价值"的指标内容,可以发现所选拔的人才必须拥有正确的政治方向和价值取向、高尚的道德情操和优秀的意志品质。具体包含坚定的理想信念和爱国主义情怀、正确的世界观和方法论、积极践行社会主义核心价值观、勇于奋斗的精神、强烈的责任担当意识等。这一要求是立足我国特定历史、文化和国情,落实立德树人的教育根本任务而提出的,是对合格建设者和接班人的根本要求,是对"培养什么人"的重要回答。

2. 具有较高的学科素养

高考的人才选拔要求,应与国家和社会对人才的需求相一致,即要突出实践能力、创新精神等的需求。随着全球化、信息化时代与知识社会的到来,需要人才具有合理的知识结构和较高的能力素养水平,从而在面对生产生活、学习探索等现实问题情境与复杂任务时,能够在正确价值观念指导下,合理运用科学的思维方法,有效组织整合学科相关知识,调用相关学科能力,高质量地认识问题、分析问题与解决问题;能够对有关社会热点问题做出正确的价值判断,积极参与有关问题的社会决策。因此,合格人才必须具备较高的学科素养,以适应社会生活和终身发展。

3. 具有良好的综合素质

复合型人才是建设创新型国家的重要保障,是实现把我国建设成为社会主义现代化强国奋斗目标所必需的人才支撑。为此,高考评价体系十分关注对学生综合素质的考查。高考评价体系在强调注重能力和素养考查的同时,加强对体美劳的考查和引导,促进全面发展;不仅强调严谨求实、逻辑实证的科学思维,同时强调历史的、辩证的、审美的、系统的人文思维,并强调开放的、创造性的思维方式,实现对多样性思维的追求,强调理性应对社会经济、文化科技、生态环境等方面的伦理问题与伦理冲突,积极承担社会责任、维护公共利益,关注并参与人类命运共同体的构建等。这些方面的高考评价体系要求,实际上是对复合型人才、创新型国家建设的要求,凸显新型人才观的现实需求。

三、有利于把握高考命题原则

要落实高考评价体系所倡导的“价值引领、素养导向、能力为重、知识为基”的命题理念,落实“考查内容、考查要求、考查载体”的“三位一体”评价要求,高考命题必须建立相应的运作机制,优化命题原则,更好地发挥高考试题的评价功能,以利于人才选拔、落实立德树人根本任务。结合高考评价体系的研究,可知高考命题遵循如下四个方面的原则。

1. 坚持德育为先,突出价值引领

高考评价体系的“一核四层四翼”,将落实“立德树人”作为高考的一个核心目标追求,并将“核心价值”作为关键统领“四层”的考查内容,这就强调高考命题应坚持立德树人,以核心价值为统领,确保高考坚持正确的政治方向和价值取向,凸显高考承载“坚持立德树人,加强社会主义核心价值观教育”和“增强学生社会责任感”的育人功能和政治使命。具体到高考命题,核心价值的引领,在于结合学科内容特点和课程目标,发挥试题情境素材的德育渗透功能,引导学生在问题分析与解决的知识运用过程中,逐步形成正确价值观念、厚植爱国主义情怀、积极践行社会主义核心价值观、形成正确的世界观和方法论、养成严谨求实的科学态度、积极承担社会责任、秉承可持续发展意识、建立生态文明观、关注并参与人类命运共同体构建等,确保选拔出来的即将进入高校学习的学习者具有良好的政治素质和道德品质、正确的世界观和方法论,从而成为合格的社会主义建设者和接班人。

2. 坚持素养导向,突出关键能力

面对全球化、信息化与知识社会的新形势、新任务和新挑战,需要越来越多样化的高素质人才。而高考作为选拔人才的重要考试,其考查内容势必要以学科素养为导向、关键能力为重点,通过优化试题情境与问题任务,科学检测学生的核心素养和关键能力的发展程度和综合水平。这既是新时代高考内容改革的必然趋势,也是高校选拔人才的核心追求。这就要求高考命题时,聚焦思维过程和思维质量的考查,并将信息获取、理解辨析、证据推理、模型认知、论证解释、科学探究、表达交流、批判性思维等相关能力素养作为重点内容来加以突出体现,以此检测学生面对生产实践或学术探索情境时,在正确价值观念指引下,灵活运用学科知识、思想方法等认识问题、分析问题与解决问题的综合品质和素养水平。

3. 坚持全面发展,强调综合素质

为选拔德才兼备、全面发展的优秀人才,以适应国家和社会发展对复合型高素质人才的需求,高考命题将越来越重视综合素质的考查。一是通过选择凸显研究对象的整体性和完整性的真实复杂的生产生活、学术探索情境素材,强调学生综合运用多方知识与技能开展较为复杂的活动以解决相关问题,以此实现对知识融合程度、能力复合水平的考查,全面检测学生的综合素质情况。二是利用全球公共性热点事件作为情境素材,引导学生深入思考当代社会经济、文化、科技、环保等方面的伦理问题与伦理冲突,深入思考青年人的历史使命、责任担当与价值选择,关注并参与人类命运共同体的构建。三是结合学科特点,精选相关素材,在学科考试中融入"五育"尤其是体、美、劳等方面的考查,体现"五育"的有机融合与全面发展的要求。这些方面,近年高考命题开展了积极探索,同时也是未来高考继续探索和努力坚持的方向。

4. 坚持协调统一,突出检测实效

评价体系提出考查内容、考查要求和考查载体"三位一体"的评价,强调问题情境与"四层"内容和"四翼"要求协调统一,有效评测学生学科素养与关键能力水平,利于高校人才的选拔。为此,高考命题时,要根据学科特点,选择不同的情境素材,设置不同层级的情境活动来考查学生"四层"内容的表现水平、"四翼"考查要求的达成程度。如以简单层次的问题情境,要求学生调用单一的知识或技能解决问题,以考查构成学科素养的必备知识与关键能力,体现"基础性"的考查要求;或以综合层面的问题情境,要求学生在正确思想观念引领下,综合运用多种知识与技能解决问题,综合考查"四层"的内容,体现"综合性"的考查要求;或通过设置生产实践或学术探索问题情境,要求学生在"核心价值"指引下,综合多种知识与技能解决实践探索中的应用性问题,考查"四层"知识,体现"应用性"的考查要求;或设置开放性的问题情境,要求学生在"核心价值"引领下,创造性地解决问题,形成创造性结果或结论,落实"四层"内容的考查,体现"创新性"的考查要求。

四、有利于指导教育教学活动

高考评价体系从落实立德树人根本任务出发,将课程改革理念体现在考查内容、考查要求、考查载体之中,并将学生核心素养水平以及全面发展状况作为评价关键,对教育教学具有很好的引导作用,体现了高考"引导教学"的功能。为此,深入研究高考评价体系,立足"一核四层四翼"的内涵体系及具体要求,对中学教师把握所任教课程"教什么、怎么教、教到什么层次"、让学生"学什么、怎么学、学到什么水平"等有很好的指引作用,有利于指引教师积极开展教育教学实践的探索,落实立德树人根本任务,发展素质教育,促进学生德智体美劳全面发展。

1. 以发展学科核心素养为主旨

高考评价体系突出考查内容的整体设计,将"核心价值、学科素养、关键能力、必备知识"作为四个维度的考查内容,这和课程标准所倡导的课程培养目标——发展学生核心素养相一致。为使教、学、评活动在立德树人根本任务指引下协同一致、相辅相成,正确发展高考"引导教学"的功能,实现"教考和谐"的局面,推动教育教学发展,需要在日常教学中充分发挥课程的整体育人功能,充分挖掘学科课程的育人价值,引导学生通过课程学习,逐步形成正确的价值观念,提升综合运用知识解决实际问题的能力、适应终生学习和未来发展的能力,培养学生良好的道德品质和健全的人格,进一步提升综合素质。简言之,就是教师要把握学科育人价值、优化教育教学过程、培育学科核心素养,从而将立德树人根本任务落到实处。

2. 深入开展"素养为本"的教学

根据高考评价体系所强调的考查内容、考查要求和考查载体"三位一体"的评价要求,凸显情境实现"价值引领、素养导向、能力为重、知识为基"综合考查的载体价值,以及情境活动预期达成"四翼"层次水平的对应关系,强调中学教学要积极探索"基于情境、问题导向、深度思维、高度参与"的教育教学模式。即教学时,注重选择贴近时代、贴近社会、贴近生活的素材作为教学情境,凸显情境的现实意义和价值引领作用。在此基础上,结合课程内容和情境素材设置教学问题与学习任务,引导学生立足学科视角审视情境与问题,调用学科知识、应用学科思维开展富有学科特质的认知加工活动,并在独立思考、交流讨论、小组合作基础上解决相关问题,逐步掌握学科知识、发展相关能力、培育必备品格并建立正确的价值观念,从而有效发展学生的学科核心素养。

3. 扎实做好学业评价活动

为评估学生学科核心素养发展水平和达成情况,应结合课程学习进阶,根据阶段性学科核心素养发展要求,合理制定阶段性学业质量标准,开展学业水平评价活动。教学与评价时,应根据学习内容与素养要求,精心选择试题情境,为学生解决真实情境下不同复杂程度的问题提供表现机会,以此诊断素养发展水平及阶段性学业质量标准的达成情况,并为教学改进提供决策依据。构建以学科核心素养为导向的测试框架,应注意情境的设计、知识的应用、问题的提出与解决均应有利于实现对学生核心素养的诊断,并遵循"以核心素养测试为宗旨,以真实情境为测试载体,以实际问题为测试任务,以学科知识为解决问题的工具"[①]的命题原则,从而有效评估素养发展状况和学业达成水平。

此外,系统深入地开展高考评价体系的研究,还有利于促进教师的专业发展。具体表现在如下相关方面:

(1) 根据高考评价体系的核心功能,需要教师加强高考评价体系如何有效落实立德树人根本任务的研究,深入把握立德树人与课程目标的关系,以及如何优化教学与考试命题策略,以服务立德树人核心功能的落实等;

(2) 根据"核心价值、学科素养、关键能力、必备知识"的"四层"高考考查内

---

① 中华人民共和国教育部制定.普通高中化学课程标准(2017 年版 2020 年修订) [M].北京:人民教育出版社,2020:78-79

容,要求教师深入研究学科可从哪些方面建构学科核心价值体系、学科提出哪些方面的核心素养、为何提出这些方面的核心素养,以及"四层"的考查内容如何在命题(试题)中很好地得以体现;

(3)要求教师深入研究日常考试评价与命题过程中,如何精选试题情境素材、创设问题任务,从而体现"基础性、综合性、应用性、创新性"等考查要求,实现"考查目标、考查内容、考查要求、考查载体"等方面的一致协同、匹配自洽;

(4)要求教师深入研究日常教学过程中,如何根据"四层"的考查内容,扎实开展"素养为本"的教学、落实"教—学—评"一体化的要求,以培育学生正确的价值观念、必备品格和关键能力,有效培育与发展学生的学科核心素养,等等。

上述这些方面,要求教师结合高考试题的研究,领悟高考试题如何体现"价值引领、素养导向、能力为重、知识为基"的评价理念;需要教师加强学科(课程)研究,从而增进课程理解,准确把握学科育人价值;强调教师加强教育教学理论等的研究,提升"素养为本"的教学规划能力和教学执行水平。因此,深入开展高考评价体系的研究,深入理解高考改革的内容要求,必将有利于促进教师的专业发展。

第三章 评价体系指引下的高考化学命题改革

　　高考评价体系立足高考"为什么考、考什么、怎么考"等问题,提出了"一核四层四翼"的评价体系。这一评价体系围绕高考的目标追求、考查内容和考查要求等关键性问题,构建了高考改革的理论框架,为深化新时代高考内容改革提供了理论支撑与实践指南,为高考命题改革实践提供了决策依据和行动框架。显然,高考评价体系是立足于人才选拔的共性需求和中学课程教学的共同目标建构的,是一个引领性、公共性的理论体系与实践框架。因此,所有学科的高考命题改革均应深入贯彻落实。

　　然而,不同的学科具有不同的学科特质,学科的课程目标、研究方法、考查内容与考查要求也有较大的差异。所以,高考命题时,还应立足学科特质对高考评价体系作进一步细化,建构符合学科内容特点、体现学科考查要求、易于学科命题实践的学科评价体系。唯有如此,才能更好地开展学科命题实践,确保学科命题改革遵循正确方向并有效落实。为此,研究学科命题改革、探索学科命题策略、评价学科试题质量、指导学科教育教学,有必要将高考评价体系还原到具体学科,重构突出学科特点和考查要求的学科高考命题总体框架。本章将结合近年高考化学试题,探讨高考化学命题改革的内容与要求。具体内容包括:

第一节　高考化学命题改革的总体要求
第二节　高考化学考查内容的建构
第三节　高考化学考查要求的分析
第四节　高考化学考查载体的选择与应用

第一节　高考化学命题改革的总体要求

　　化学学科的高考命题改革,必须以高考评价体系为根本遵循。也就是说,高考化学命题改革的核心目标追求,应体现国家立德树人教育根本任务、高校对合格人才化学素养的要求,并能充分反映中学化学课程目标及育人追求。基于此,高考化学命题改革应体现坚持"价值引领"、落实"全面检测"、助力"素质教育"的总体要求。具体来说,就是强调高考化学应有效融合理想信念、爱国主义、品德修养、奋斗精神等方面的考查,强化"四个自信",践行社会主义核心价值观等,凸显正确的价值引领;强调高考化学应"确保课程标准的统领地位",覆盖知识与技能、过程与方法、情感态度与价值观等"三维目标",全面落实课程标准要求;强调高考化学应强化核心价值引领下的综合运用知识分析、解决问题能力的考查,凸显学科思维、创新意识与实践能力的要求,引领中学化学教学从"教知识到提素养、解题到解决问题、做题到做人做事"的转变,导向"素养为本"的教学。

一、坚持价值引领

　　坚持德育为先、凸显价值引领,是高考"立德树人"核心功能的重要体现。这就强调,高考化学命题改革必须始终坚持正确的政治方向和价值取向,坚持落实立德树人根本任务的正确导向,发展素质教育,促进学生德智体美劳全面发展。具体来说,就是要发挥高考化学的选人育人功能,引导学生积极践行社会主义核心价值观、坚定理想信念、厚植爱国主义情怀、加强品德修养、培养奋斗精神、增进"四个自信";促进学生形成正确的价值观和方法论,增进对学科本质和学科价值的认识,关注有关社会热点问题,深刻理解"科学·技术·社会·环境"等方面的相互关系;能对社会热点问题做出正确的价值判断,积极参与社会决策,强化责任意识和担当意识。高考化学命题,将党的教育方针和立德树人根本任务在高考化学的命题立意、素材选择、题型安排、问题设置等方面得以充分体现和有效落实,从而不断增强高考化学的育人功能和积极导向作用,将学生培养成为具有坚定理想信念和爱国主义情怀、具有责任意识和担当精神的全面发展的社会主义建设者和接班人。当然,试题的"价值引领"功能,绝对不是简单的"穿鞋戴帽"或提供一堆资料给学生,而是需要命题者努力挖掘,实现在深入事物实质理解基础上进行正确的价值引领,确保这一命题追求能够在情境、问题中有机地融合渗透。①

例 3-1(2018-北京-7) 我国科研人员提出了由 CO_2 与 CH_4 转化为高附加值产品 CH_3COOH 的催化反应历程,该历程示意图如图 3-1。下列说法不正确的是(   )。

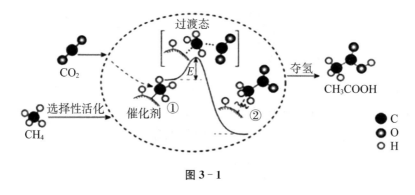

图 3-1

A. 生成 CH_3COOH 总反应的原子利用率为 100%

B. $CH_4 \longrightarrow CH_3COOH$ 过程中,有 C—H 键发生断裂

C. ①→②放出能量并形成了 C—C 键

D. 该催化剂可有效提高反应物的平衡转化率

【答案】 D

【解析】 目前,化石燃料燃烧释放 CO_2 加剧温室效应问题越来越受到全球的重视。我国作为负责任的发展中大国,从建设人类命运共同体的高度出发,提出"二氧化碳排放力争于 2030 年前达到峰值,努力争取 2060 年前实现碳中和"的目标和愿景。本题通过呈现我国科研工作者研究 CO_2 与 CH_4 转化为 CH_3COOH、实现资源综合利用和废物回收利用的催化反应历程创设生产环保情境,不仅有利于

① 冯彦国,等.高考命题改革背景下的化学教学中的关键问题[M].北京:中国青年出版社,2020:25

学生拓展科学视野,认识我国科技创新及取得的成果,同时能引导学生正确认识化学对人类发展和社会进步的巨大贡献,认识化学学科的价值。

试题要求学生在"宏微结合""变化平衡"等学科思想方法指导下,结合微观变化过程历程的观察与分析,运用化学知识分析与推断变化过程中的化学键断裂与生成、能量变化、催化剂对平衡的影响以及反应的原子利用率等问题,实现在考查学生解决陌生情境的实际问题能力的同时,感受化学科学在解决能源与环境问题中发挥的重要作用,有利于引导学生立足面向社会、面向时代的大视野,培养社会责任感和勇于担当精神,从而很好地凸显高考化学坚持"价值引领"的育人导向。

二、落实全面检测

高考是为高校选拔合格人才的选拔性考试。面对社会和经济的发展,迫切需要综合素质高的复合型人才。因此,为满足时代对人才发展的需求,高考化学应落实全面检测,选拔出综合素质较高的合格学生。这就强调化学高考要认真落实"价值引领、素养导向、能力为重、知识为基"的评价理念,不仅要关注对学生化学学科知识掌握情况的考查,更要关注学生在真实情境中运用化学知识解决现实问题过程中表现出来的能力水平、价值取向以及综合素养的考查。具体来说,就是要检测学生在正确价值引领下,立足化学视角审视真实情境中的现实问题,开展分类与概括、证据与推理、模型与解释、符号与表征等富有学科特质的分析问题与解决问题活动的能力素养水平,从而实现"核心价值、学科素养、关键能力和必备知识"等方面的全面检测,以此甄别学生是否具备进一步学习与终生发展的学科素质及创新精神和实践能力等,使高考选拔出的人才更加符合高校的需求,满足社会与经济发展对人才的新要求。

例 3-2(2021-全国甲-28)　二氧化碳催化加氢制甲醇,有利于减少温室气体二氧化碳。回答下列问题:

(1) 二氧化碳加氢制甲醇的总反应可表示为:

$$CO_2(g)+3H_2(g)\Longrightarrow CH_3OH(g)+H_2O(g)$$

该反应一般认为通过如下步骤来实现:

① $CO_2(g)+H_2(g)\Longrightarrow CO(g)+H_2O(g)$　　$\Delta H_1=+41\ kJ\cdot mol^{-1}$

② $CO(g)+2H_2(g)\Longrightarrow CH_3OH(g)$　　$\Delta H_2=-90\ kJ\cdot mol^{-1}$

总反应的 $\Delta H=$＿＿＿＿＿＿$kJ\cdot mol^{-1}$;若反应①为慢反应,图 3-2 中能体现

上述反应能量变化的是_____（填标号），判断的理由是_____。

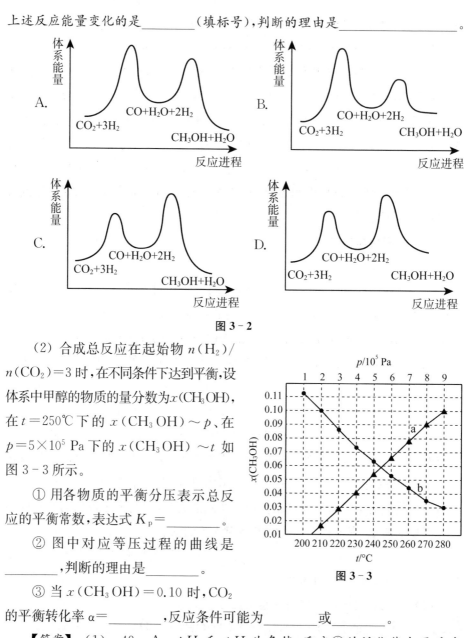

图 3－2

（2）合成总反应在起始物 $n(H_2)/n(CO_2)=3$ 时，在不同条件下达到平衡，设体系中甲醇的物质的量分数为 $x(CH_3OH)$，在 $t=250℃$ 下的 $x(CH_3OH)\sim p$、在 $p=5×10^5$ Pa 下的 $x(CH_3OH)\sim t$ 如图 3－3 所示。

① 用各物质的平衡分压表示总反应的平衡常数，表达式 $K_p=$_____。

② 图中对应等压过程的曲线是_____，判断的理由是_____。

③ 当 $x(CH_3OH)=0.10$ 时，CO_2 的平衡转化率 $\alpha=$_____，反应条件可能为_____或_____。

【答案】（1）－49　A　ΔH_1 和 ΔH 为负值，反应①的活化能大于反应②的活化能　（2）① $\dfrac{p(H_2O)\cdot p(CH_3OH)}{p^3(H_2)\cdot p(CO_2)}$　②b　总反应 $\Delta H<0$，升高温度时平衡向逆反应方向移动，甲醇物质的量分数变小　③33.3%　$5×10^5$ Pa，210℃

9×10^5 Pa,250℃

【解析】　为实现我国在 2030 年前碳达峰、2060 年前碳中和的目标,我国科技工作者在二氧化碳温室气体的转化与利用、新能源开发方面做了大量工作。本试题以当下"碳中和""碳达峰"热点为背景创设二氧化碳催化加氢制取甲醇、实现资源综合利用和废物回收利用的生产环保情境,展现我国科学家在绿色发展和清洁能源开发利用领域的创新成果,试题情境素材本身具有重要的教育价值。试题以二氧化碳催化加氢制取甲醇的反应过程为载体,强调学生调用化学反应与能量、化学平衡等相关知识解决陌生、复杂情境中的反应热、平衡常数计算、转化率计算及化学平衡移动判断等相关问题,突出信息获取与加工、逻辑论证与推理、符号表征等能力的考查,体现必备知识、关键能力、学科素养以及核心价值的考查,从而更好地为高校选拔合格人才。

三、助力素质教育

高考评价体系强调发挥高考对基础教育的反拨作用,有效引导基础教育注重学生素质的综合提升和全面发展,从而为高校输送合格新生、为国家培育高素质人才。这就强调,高考化学命题应优化情境素材的选择和问题任务的设置,从而有效检测学生的化学学科核心素养发展水平,强调高考考查内容的全面性和考查要求的层次性,注重知识与能力考查的同时,进一步深化对价值观念、体美劳等方面的考查与引领,形成德智体美劳全面发展的考试内容与要求体系。

具体到高考化学命题操作层面,注重基于化学学科特质和化学课程目标,精心创设试题情境、优化问题任务设计,有效融合爱国主义、科学精神、品德修养、责任担当、综合素质等方面的考查,凸显化学学科核心价值、社会主义核心价值观的引领与培育;重视以化学知识为工具,重点考查学生在宏微结合、变化守恒等化学学科思想指引下,开展基于证据推理、模型认知、科学探究、符号表征等分析与解决问题的素养与能力,实现从"知识立意"转向"素养立意"。

这样的高考化学考查体系,必将引导中学化学教学以发展学生化学学科核心素养为主旨,重视开展"素养为本"的教学,充分发挥化学课程的育人功能,从而不仅帮助学生建构较为完整的化学知识体系,同时注重强化化学学科观念和思想方法的培养,提升学生化学研究与实践的能力,并在化学教学中让学生厚植爱国主义情怀,形成正确价值观念,建立实事求是的科学态度,养成独立思考、敢于质疑和勇于创新的精神,激发为中华民族伟大复兴而奋斗的责任感和使命感。其根本在于发展素质教育,培育学生正确的价值观念,发展终身学习能力,促进学生的全面、可持续发展。

例 3-3(2019-全国 I-28,节选) 水煤气变换 $CO(g)+H_2O(g)\rightleftharpoons CO_2(g)+H_2(g)$ 是重要的化工过程,主要用于合成氨、制氢以及合成气加工等领域中。回答下列问题:

(1) Shibata 曾做过下列实验:

① 使纯 H_2 缓慢地通过处于 721℃下的过量氧化钴 CoO(s),氧化钴部分被还原为金属钴 Co(s),平衡后气体中氢气的物质的量分数为 0.025 0。

② 在同一温度下用 CO 还原 CoO(s),平衡后气体中 CO 的物质的量分数为 0.019 2。

根据上述实验结果判断,还原 CoO(s) 为 Co(s) 的倾向是 CO _____ H_2(选填"大于"或"小于")。

(2) 721℃时,在密闭容器中将等物质的量的 CO(g) 和 $H_2O(g)$ 混合,采用适当的催化剂进行反应,则平衡体系中 H_2 的物质的量分数为 _____(填标号)。

A. <0.25   B. 0.25   C. 0.25~0.50   D. 0.50

E. >0.50

(3) 我国学者结合实验与计算机模拟结果,研究了金催化剂表面上水煤气变换的反应历程,如图 3-4 所示,其中吸附在金催化剂表面上的物种用·标注。

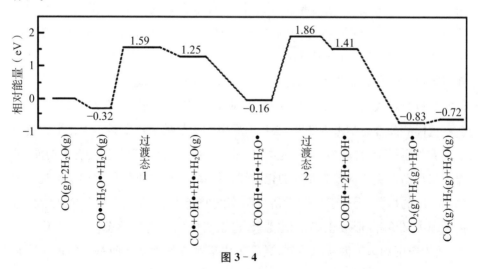

图 3-4

可知水煤气变化的 ΔH _____ 0(选填"大于""等于"或"小于"),该历程中最大能垒(活化能)$E_\text{正}=$ _____ eV,写出该步骤的化学方程式 _____
_____。

【答案】　(1)大于　(2)C　(3)小于　2.02

$COOH \cdot + H \cdot + H_2O \cdot === COOH \cdot + 2H \cdot + OH \cdot$ 或 $H_2O \cdot === H \cdot + OH \cdot$

【解析】　试题创设研究水煤气变化反应的学术探索情境,介绍国内外学者对该反应历程研究的相关情况并解决相关化学问题,有利于学生体验化学对科研及生产的指导,领悟我国科学家的研究成果,增强科技成就感和民族自豪感,体会化学对人类进步与发展贡献的核心价值。试题呈现的真实情境与复杂陌生的问题任务,强调学生准确把握信息,在宏微结合、变化平衡思想指导下,调用化学知识开展分析与推测、归纳与论证等活动,体现对"宏观辨识与微观探析""变化观念与平衡思想""证据推理与模型认知"等学科核心素养的考查。这样的试题,对化学教学具有很好的导向作用,强调中学化学教学不能仅仅关注学生知识的习得,更应发展学生的学科思维,重视知识的应用,从而提升学生真实情境下分析问题、解决问题的能力。

总之,为更好地落实高考"立德树人、服务选才、引导教学"的核心追求,近年来的高考化学命题改革,注重以高考评价体系为指导思想,立足学科特点,优化命题策略,坚持"价值引领"、落实"全面检测"、助力"素质教育"的改革总体要求。这样的高考化学命题改革方向,很好地贯彻落实"价值引领、素养导向、能力为重、知识为基"的评价理念,有效解决教育评价"指挥棒"的问题,并对健全立德树人落实机制、推动素质教育的发展、切实助力国家的科学选才、促进基础教育的高质量发展具有十分重要的意义。

第二节　高考化学考查内容的建构

　　高考评价体系根据高校人才选拔要求和普通高中学科课程标准,强调高考应突出"核心价值、学科素养、关键能力、必备知识"四个层面内容的考查。"核心价值"强调高校合格新生应当具备的良好政治素质、道德品质和科学思想方法的综合,是个体在面对现实问题情境应当表现出的正确的情感态度和价值观的综合;"学科素养"是指在正确价值观念指导下,合理运用科学思维方法、有效整合学科知识、运用相关能力以高质量地解决生活实践或学习探索情境相关问题的综合品质;"关键能力"是学习者为适应时代要求并支撑其终身发展的能力,是个体高质量地认识、分析与解决真实情境中现实问题的能力;"必备知识"由陈述性知识和程序性知识构成,是应对情境所必须具备的各种复杂的产生式系统,是个体分析、解决现实情境问题所必须具备的知识。

　　高考评价体系还立足基础教育课程的综合要求,建构了主要包含"政治立场和思想观念、世界观和方法论、道德品质和综合素质"3 个一级指标和 10 个二级指标的核心价值体系,凝练了主要包含"学习掌握、实践探索、思维方法"3 个一级指标和 9 个二级指标的学科素养要求,确立了包含以认识世界为核心的知识获取能力群、以解决实际问题为核心的实践操作能力群和涵盖各种关键思维能力的思维认知能力群的关键能力系统,总括了高质量认识、分析与解决问题所必需的,由人文社会科学和自然科学各学科的基本事实、基本概念、基本技术与基本原理组成的必备知识体系。高考化学基于化学学科特点和课程目标要求,并根据"四层"的考查内容建构了主要包含化学核心价值、化学学科思想、化学关键能力和化学必备知识四个方面的考查内容系统。

一、化学核心价值

　　《普通高中化学课程标准(2017 年版 2020 年修订)》指出:化学是创造物质的科学,它与经济发展、社会文明的关系密切,在促进人类文明可持续发展中发挥着日益重要的作用。化学课程及其学习,不仅对传承科学文化、培养高素质人才具有不可替代的作用,而且有利于学生较为深刻地理解"化学·技术·社会·环境"之间的相互关系,了解我国科技进步及取得的重大成果,认识化学对社会发展的重大贡献,关注人类面临的与化学有关的社会问题,强化社会责任意识,积极参与有关化学问题的社会决策,形成简约适度与绿色低碳的生活方式,培养创新精神和实践能力等。因此,高考化学注重选择真实情境、设置实际问题,引导学生通过情境素材的阅读和问题任务的解答,在阅读与解答过程中获得情感与认知体验,以实现核心价值的考查与引领,落实"坚定立场思想、弘扬化学价值、强化理性精神、激励实践探索"四个方面的价值引领。

例 3 - 4(2020 - 全国Ⅱ-9)　二氧化碳的过量排放可对海洋生物的生存环境造成很大影响,其原理如图 3 - 5 所示。下列叙述错误的是(　　　)。

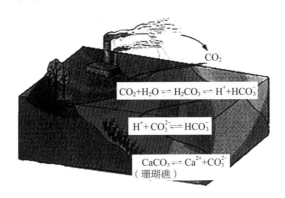

图 3 - 5

A. 海水酸化能引起 HCO_3^- 浓度增大、CO_3^{2-} 浓度减小

B. 海水酸化能促进 $CaCO_3$ 的溶解,导致珊瑚礁减少

C. CO_2 能引起海水酸化,其原理为 $HCO_3^- \rightleftharpoons H^+ + CO_3^{2-}$

D. 使用太阳能、氢能等新能源可改善珊瑚的生存环境

【答案】　C

【解析】　试题提供 CO_2 影响海洋环境的图示素材创设生产环保情境,要求学生通过情境素材的阅读,认识到人类活动对环境生态的影响,从而辩证认识人类生产活动对环境和社会可能带来的问题,进而增进学生保护环境、合理利用资源的可持续发展意识,形成绿色低碳的生活方式,强化社会责任等,从而充分发挥化学学科的育人价值。试题基于上述情境设置相关问题,要求学生在提

取情境中有关信息的基础上,根据CO_2的性质、H_2CO_3电离等知识,立足微观和平衡视角,分析海水体系中各种离子浓度的变化情况,从化学学科层面认识到CO_2影响海洋生物生存环境的原因,对控制排放CO_2以减缓海洋环境影响进行分析与推断,进而认识到化学科学在环境保护中的重要作用,认识到开发利用新能源的重要性,感悟化学技术对人类社会发展的重大贡献和与可持续发展的关系,传递化学学科的应用价值。

二、化学学科思想

高考评价体系将"学科素养"作为第二层面的考查内容,并强调它是指在正确价值观念指导下,合理运用科学思维方法、有效整合学科知识、运用相关能力以高质量地解决生活实践或学习探索情境相关问题的综合品质。为和"关键能力"加以区分,这里重点谈谈高考关于化学学科思想的考查。《普通高中化学课程标准(2017 年版 2020 年修订)》指出:"化学是在原子、分子水平上研究物质的组成、结构、性质、转化及其应用的基础学科。"高中化学的学习,强调从微观层面理解物质的组成、结构和性质等的联系,建立"结构决定性质"的思想观念;认同物质运动变化的客观性,理解化学反应的条件性和规律性,能运用化学符号表征物质及其变化;能从内因和外因、定性和定量等角度分析物质的化学变化,形成对化学反应的系统性认识;能用对立统一、联系发展和动态平衡的观点考察化学反应,等等。因此,高考化学重视"宏微结合""变化平衡"等化学学科最为本质的学科思想的考查。

例 3-5(2019-全国 I-10) 固体界面上强酸的吸附和离解是多相化学在环境、催化、材料科学等领域研究的重要课题。图 3-6 为少量 HCl 气体分子在 253 K 冰表面吸附和溶解过程的示意图,下列叙述错误的是(   )。

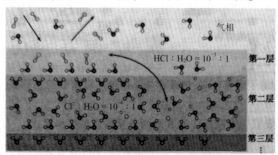

图 3-6

A. 冰表面第一层中,HCl 以分子形式存在

B. 冰表面第二层中,H^+ 浓度为 5×10^{-3} mol·L^{-1}(设冰的密度为 0.9 g·cm^{-3})

C. 冰表面第三层中冰的氢键网络结构保持不变

D. 冰表面各层之间,均存在可逆反应 $HCl \rightleftharpoons H^+ + Cl^-$

【答案】 D

【解析】 试题呈现 HCl 分子在冰表面吸附和溶解过程的示意图,创设学术探索情境,要求学生面对陌生、简单的问题情境,在"宏微结合"和"变化平衡"学科思想指导下,对 HCl 在冰中存在形态、电离情况、化学键等情况进行分析,实现化学计量、物质组成与结构等相关知识的基础性和综合性的考查。解答的关键在于抓住微粒在水溶液中行为的图示分析,从而对 HCl 分子存在情况(存在于气相和冰中第一、第二层)、HCl 电离产生的 H^+ 和 Cl^- 的存在情况(存在于冰的第一、第二层)和 H_2O 的存在情况(存在于气相和冰的三层),并结合 HCl 在冰的第一、第二层中与 H_2O 分子个数比计算 H^+ 的浓度及其电离情况(在第一和第二层存在电离)。此外,由于 HCl 并未进入冰的第三层,故对冰的氢键网络结构不产生影响。

三、化学关键能力

《普通高中化学课程标准(2017 年版 2020 年修订)》强调,化学教学要设计真实情境下不同复杂和陌生程度的问题,引导学生开展分类与概括、证据与推理、模型与解释、符号与表征等具有学科特质的学习活动以解决问题,从而培育与发展学生的化学学科核心素养。结合高考评价体系要求所确立的知识获取能力群、实践操作能力群和思维认知能力群的关键能力系统,高考化学命题时,注重创设真实的问题情境和相关的问题任务,考查学生在学科思想方法指引下,开展物质及其运动变化的本质与规律等研究的证据推理(能基于证据对物质的组成、结构及其变化提出可能的假设,通过分析推理加以证实或证伪;通过分析、推理等方法,认识研究对象的本质特征、构成要素的相互关系等)、模型认知(基于研究对象的构成要素及其相互关系的理解,建立认知模型,并能运用模型解释化学现象,揭示现象的本质与规律等)、科学探究(能发现和提出有探究价值的问题,能从问题和假设出发,依据探究目的设计方案并开展探究等)及符号表征(能理解表征物质及其运动变化的化学符号的意义,并能正确运用相关

化学符号表征物质及其运动变化等)等方面的化学关键能力。

例 3-6(2018-全国Ⅱ-27)　CH_4-CO_2 的催化重整不仅可以得到合成气(CO 和 H_2),还对温室气体的减排具有重要意义。回答下列问题:

(1) CH_4-CO_2 催化重整反应为:$CH_4(g)+CO_2(g)\Longrightarrow2CO(g)+2H_2(g)$。

已知:$C(s)+2H_2(g)\Longrightarrow CH_4(g)\quad\Delta H=-75\ kJ\cdot mol^{-1}$

$C(s)+O_2(g)\Longrightarrow CO_2(g)\quad\Delta H=-394\ kJ\cdot mol^{-1}$

$C(s)+\dfrac{1}{2}O_2\Longrightarrow CO(g)\quad\Delta H=-111\ kJ\cdot mol^{-1}$

该催化重整反应的 $\Delta H=$ _____。有利于提高 CH_4 平衡转化率的条件是 _____(填标号)。

A. 高温低压　　B. 低温高压　　C. 高温高压　　　D. 低温低压

某温度下,在体积为 2 L 的容器中加入 2 mol CH_4、1 mol CO_2 以及催化剂进行重整反应,达到平衡时 CO_2 的转化率是 50%,其平衡常数为 _____ $mol^2\cdot L^{-2}$。

(2) 反应中催化剂活性会因积碳反应[$CH_4(g)\Longrightarrow C(s)+2H_2(g)$]而降低,同时存在的消碳反应[$CO_2(g)+C(s)\Longrightarrow2CO(g)$]则使积碳量减少。相关数据如下表:

		积碳反应	消碳反应
ΔH/(kJ·mol^{-1})		75	172
活化能/ (kJ·mol^{-1})	催化剂 X	33	91
	催化剂 Y	43	72

① 由上表判断,催化剂 X _____ Y (选填"优于"或"劣于"),理由是 _____。在反应进料气组成、压强及反应时间相同的情况下,某催化剂表面的积碳量随温度的变化关系如图 3-7 所示。升高温度时,下列关于积碳反应、消碳反应的平衡常数(K)和速率(v)的叙述正确的是

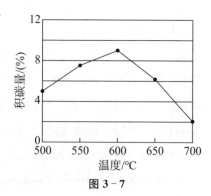

图 3-7

_____（填标号）。

A. $K_积$、$K_消$均增加

B. $v_积$减小、$v_消$增加

C. $K_积$减小、$K_消$增加

D. $v_消$增加的倍数比 $v_积$增加的倍数大

② 在一定温度下,测得某催化剂上沉积碳的生成速率方程为 $v=k \cdot p(CH_4) \cdot [p(CO_2)]^{-0.5}$（$k$ 为速率常数）。在 $p(CH_4)$ 一定时,不同 $p(CO_2)$ 下积碳量随时间的变化趋势如图 3-8 所示,则 $p_a(CO_2)$、$p_b(CO_2)$、$p_c(CO_2)$ 从大到小的顺序为_____。

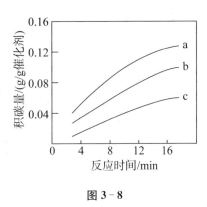

图 3-8

【答案】 (1)+247 A 1/3 (2)①劣于 催化剂 X 与催化剂 Y 相比较,积碳反应时,活化能低,反应速率快,消碳反应时,活化能高,反应速率慢,综合考虑,催化剂 X 较催化剂 Y 更利于积碳反应,不利于消碳反应,会降低催化剂活性 A、D ②$p_c(CO_2)>p_b(CO_2)>p_a(CO_2)$

【解析】 试题呈现 CH_4-CO_2 催化重整实现资源综合利用和废物回收利用的生产环保情境,要求学生通过热化学方程式、图表、公式等的阅读,结合已有知识分析、解决问题。其中,问题(1)要求利用盖斯定律、平衡常数计算式等化学模型,开展反应热和平衡常数的计算,并对有利于提高 CH_4 平衡转化率的措施进行判断;问题(2)①要求结合积碳、消碳两个反应的焓变和两种催化剂活化能等事实,对催化剂催化效果进行分析判断,并根据催化剂表面积碳量随温度变化关系图示对消碳、积碳反应平衡常数和反应速率进行分析判断,体现在"变化平衡"思想指导下证据推理能力的考查;而(2)②则要求利用速率方程这一模型,结合反应时间与积碳量变化趋势,推断三个不同条件下 $p(CO_2)$ 的大小关系,体现"变化平衡"思想指导下模型认知能力的考查。

四、化学必备知识

高考评价体系强调,必备知识是学生高质量认识、分析与解决问题所必需的,包含由人文社会科学和自然科学各学科的基本事实、基本概念、基本技术与基本原理组成的知识体系。立足化学课程目标和学科知识特点,高考化学考查的必备知识可以概括为化学理论性知识、元素化合物知识和化学技能性知识三个部分：(1)化学理论性知识：主要包含揭示物质组成与结构的原理性知识和反映物质运动变化的原理性知识。这些内容是化学课程的关键与核心内容，是指导与深化元素化合物学习的理论性工具，对深化化学学科本质认识具有非常重要的意义，是高考考查的重点。(2)元素化合物知识：包括无机化合物及有机化合物两个部分。它们不仅是化学研究的重要对象与内容，还是建构和发展化学原理性知识的关键载体，在课程体系中具有重要的地位，是中学化学课程体系中的重要组成内容，也是高考化学考查的重要内容。(3)化学技能性知识：包括研究化学物质的技能(如化学实验研究与科学探究的相关技能)，表征物质及其反应的技能(如化学结构简式、化学方程式、离子方程式等书写技能)，以及物质制备与合成、分离与提纯等相关技能，它们都是高考化学考查的重要内容。

例 3-7(2019-全国 I-26) 硼酸(H_3BO_3)是一种重要的化工原料，广泛应用于玻璃、医药、肥料等工业。一种以硼镁矿(含 $Mg_2B_2O_5 \cdot H_2O$、SiO_2 及少量 Fe_2O_3、Al_2O_3)为原料生产硼酸及轻质氧化镁的工艺流程如图 3-9：

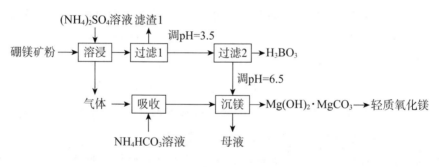

图 3-9

回答下列问题：

(1) 在 95℃"溶浸"硼镁矿粉，产生的气体在"吸收"中反应的化学方程式为_____。

(2) "滤渣 1"的主要成分有_____。为检验"过滤 1"后的滤液中是否含有 Fe^{3+} 离子，可选用的化学试剂是_____。

(3) 根据 H_3BO_3 的解离反应：$H_3BO_3 + H_2O \rightleftharpoons H^+ + B(OH_4)^-$，$K_a = 5.81 \times 10^{-10}$，可判断 H_3BO_3 是_____酸；在"过滤 2"前，将溶液 pH 调节至 3.5，目的是_____。

(4) 在"沉镁"中生成 $Mg(OH)_2 \cdot MgCO_3$ 沉淀的离子方程式为

_____，母液经加热后可返回_____工序循环使用。由碱式碳酸镁制备轻质氧化镁的方法是_____。

【答案】 $(1)NH_4HCO_3 + NH_3 = (NH_4)_2CO_3$ $(2)SiO_2$、Fe_2O_3、Al_2O_3 KSCN (3)一元弱 转化为 H_3BO_3，促进析出 $(4)2Mg^{2+} + 3CO_3^{2-} + 2H_2O$ $= Mg(OH)_2 \cdot MgCO_3 \downarrow + 2HCO_3^-$〔或 $2Mg^{2+} + 2CO_3^{2-} + H_2O =$ $Mg(OH)_2 \cdot MgCO_3 \downarrow + CO_2 \uparrow$〕 溶浸 高温焙烧

【解析】 基于真实情境的复杂问题，需要学生运用多方面知识、从多角度审视生产环保情境或学术探索情境中的问题，从而全面地、创造性地予以解决，是"素养取向"高考命题的根本追求和具体体现。以本题为例，试题创设用硼镁矿为原料制备硼酸及轻质氧化镁的工艺流程的生产环保情境，要求用化学方程式表示用碳酸氢铵吸收硼镁矿粉溶浸产生气体、用离子方程式表示在"沉镁"中产生沉淀过程等，体现对表征物质变化技能性知识的考查；要求结合 K_a 判断硼酸是强酸还是弱酸、调节溶液 pH 等实现对概念原理性知识的考查；分析滤渣的主要成分、检验 Fe^{3+} 可选用试剂、母液经加热后可循环利用、碱式碳酸镁制氧化镁的方法等，需要调用相关物质的性质及其反应等知识，体现对元素化合物知识的考查。因此，包括本题在内的化工流程图题，实际上都强调综合应用多方面知识解决问题，从而实现在多模块知识的背景下，考查学生综合运用知识和能力的水平，凸显高考综合性、应用性乃至创造性的考查要求。

第三节　高考化学考查要求的分析

高考评价体系提出了基础性、综合性、应用性和创新性的"四翼"考查要求。这一考查要求系统,不仅回答了高考"怎么考"的问题,而且揭示了人才的基本特征和选拔的目标追求,同时还是对高中素质教育的目标与发展水平的系统诠释。因此,深入开展化学高考中"四翼"考查要求的研究,对把握高考命题策略、评价高考试题质量、指引高中化学教学都具有非常重要的价值。本节将结合近年高考化学试题,剖析高考"四翼"考查要求相关的特征及命题策略,以指导一线化学教师开展试题评价、命题实践和教育教学等工作。

一、基础性:强调基础扎实

高考评价体系中的"基础性",强调创设基本层面的问题情境,要求学生调用单一的知识或技能解决问题,从而考查构成学科素养基础的必备知识和基础能力,凸显必备知识和基础能力对培育学科核心素养的重要性,并为解决真实情境中的复杂问题的关键能力培养和创新实践打下坚实的基础。

对于化学学科而言,基础性表现为高考通过创设日常生活情境,传统文化情境或较为简单的生产环保、实验探究、学术探索等情境,并通过设置较为基础的问题任务,以此考查学生对化学原理性知识、元素化合物知识和化学技能性知识等的理解与掌握,诊测学生对化学必备知识的掌握情况,导向中学教学必须注重夯实基础,并为学生进入高校继续学习和走向社会奠定必备的知识基础和本领。

显然,体现基础性要求的试题,考查的要求比较直白,难度总体较小,学生容易作答,常在选择题或一些填空题中出现。对于凸显能力、素养等综合考查的选拔性考试,设置基础性考查的试题还是很有必要的,这有利于学生在考试过程中拿到基本分,并能导向高中教学夯实基础,落实好学科主干知识和核心知识的教学,从而为学科核心素养的培育奠定基础。

例 3-8(2021-全国甲-10) 下列叙述正确的是( )。

A. 甲醇既可发生取代反应也可发生加成反应

B. 用饱和碳酸氢钠溶液可以鉴别乙酸和乙醇

C. 烷烃的沸点高低取决于碳原子数的多少

D. 戊二烯与环戊烷互为同分异构体

【答案】 B

【解析】 试题以常见的简单有机物为背景,考查学生对有机物的结构与性质、有机物鉴别及同分异构体等相关基础知识的掌握情况。四个选项分别考查一个对应的考点,解答的关键在于学生能够正确回忆、提取必修模块有机化学基础知识,进而对相关选项做出分析判断,体现化学高考"基础性"的考查要求。

二、综合性:强调融会贯通

关于"综合性",高考评价体系强调创设综合层面的问题情境,要求学生在正确价值观念指引下,综合运用多种知识或技能解决实际问题,从而实现对"四层"考查内容的多个或全部内容的综合考查,以此检测学生对学科知识体系掌握的完整性及综合运用知识的能力及水平。

对于高考化学中的综合性,包括四个方面的含义[①]:一是强调灵活运用必修、选修模块的相关知识去分析、解决问题,体现对学科内的综合考查;二是要求综合应用化学知识去解决涉及能源、材料、环境、医药等科学的交叉性问题,凸显学科间综合的考查;三是综合应用多种思维方法去解决综合性问题,体现综合性高水平思维的考查要求;四是创设多样化的试题情境,并要求学生调用多个知识或多种能力去分析解决的形式综合。突出能力素养要求的高考,显然更加关注前三种尤其是第二、第三种综合性的考查要求,以体现高考核心价值引领下的知识的交叉、能力的复合、素养的融合的全方位考查。

命题时,往往选择生产环保、学术探索、实验探究或化学史料等情境,立足事物发生、发展整体性和完整性等视角,多角度设问或设置需要从多侧面、多因素进行分析论证的综合性试题,让学生调用多种知识或技能融会贯通地解决问题,实现对学生的必备知识、关键能力、学科素养和核心价值间内在的、纵横联

---

① 单旭峰. 基于高考评价体系的化学科考试内容改革实施路径[J].中国考试,2019(12):45-52

系的紧密程度和逻辑关联水平的综合考查。高考化学试题中,设置一定比例的此类问题,有利于考查学生的关键能力和学科素养,从而保证试题具有良好的区分度。

例 3-9(2020-北京-15) H_2O_2 是一种重要的化学品,其合成方法不断发展。

(1) 早期制备方法:

$$Ba(NO_3)_2 \xrightarrow[\text{I}]{\text{加热}} BaO \xrightarrow[\text{II}]{O_2} BaO_2 \xrightarrow[\text{III}]{\text{盐酸}} \xrightarrow[\text{IV}]{\text{除杂}} \text{滤液} \xrightarrow[\text{V}]{\text{减压蒸馏}} H_2O_2$$

① I 为分解反应,产物除 BaO、O_2 外,还有一种红棕色气体。该反应的化学方程式是_____。

② II 为可逆反应,促进该反应正向进行的措施是_____。

③ III 中生成 H_2O_2,反应的化学方程式是_____。

④ 减压能够降低蒸馏温度,从 H_2O_2 的化学性质角度说明 V 中采用减压蒸馏的原因:_____。

(2) 电化学制备方法:已知反应 $2H_2O_2 \Longrightarrow 2H_2O + O_2\uparrow$ 能自发进行,反向不能自发进行,通过电解可以实现由 H_2O 和 O_2 为原料制备 H_2O_2,图 3-10 为制备装置示意图。

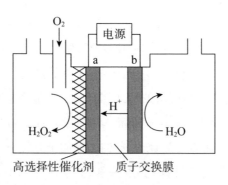

图 3-10

① a 极的电极反应式是_____。

② 下列说法正确的是_____。

A. 该装置可以实现电能转化为化学能

B. 电极 b 连接电源负极

C. 该方法相较于早期制备方法具有原料廉价、对环境友好等优点

【答案】　(1)①$2Ba(NO_3)_2 \xlongequal{\quad} 2BaO + O_2\uparrow + 4NO_2\uparrow$　②增大压强(或增大氧气浓度或降低温度)　③$BaO_2 + 2HCl \xlongequal{\quad} BaCl_2 + H_2O_2$　④H_2O_2受热易分解　(2)①$O_2 + 2H^+ + 2e^- \xlongequal{\quad} H_2O_2$　②AC

【解析】　试题以不同时期过氧化氢合成方法为素材创设生产环保情境,要求学生根据情境素材解决相关问题任务。其中,问题(1)要求在阅读早期制备过氧化氢流程示意图的基础上,根据元素化合物的性质、平衡移动原理等知识正确书写化学方程式,分析平衡移动措施,解释生产条件确立的原因;问题(2)则要在深入分析电解装置基础上,对相关电极反应、电解工作原理及生产方法优劣等方面进行分析解答。此道试题从知识要求上,体现对化学概念原理性知识、元素化合物知识、化学技能性知识等方面的考查;在能力素养上,强调宏观辨识与微观探析、变化观念与平衡思想、证据推理与模型认知等方面的考查。因此,该试题体现了综合性的考查要求。

三、应用性:强调学以致用

高考评价体系提出的"应用性"考查要求,其考查内容和命题要求与"综合性"总体相一致,都强调在正确价值观念指引下,综合运用多种知识技能解决问题,从而实现必备知识、关键能力、学科素养和核心价值的考查。但和"综合性"相比,"应用性"更加突出的是学以致用,更加强调体现学科的应用价值。因此,高考评价体系对"应用性"的考查,更加强调创设生产实践问题情境或学术探索问题情境,应用知识与技能等解决生产实践或科学研究中的应用性问题。

在高考化学试题中,对"应用性"的考查,更注重创设日常生活情境、生产环保情境、实验探究情境甚至学术探索情境等类型的问题情境,强调应用元素化合物知识、概念理论性知识和化学技能性知识指导解决日常生活、工业生产、能源环境、实践探索活动中的现象与问题,从而让学生正确理解"科学·技术·社会·环境"之间的关系,认识化学对社会发展的重大贡献,感悟化学与社会可持续发展的关系,并强化社会责任意识、积极参与化学相关问题的社会决策等。

因此,高考化学对"应用性"的考查,从知识层面看,强调与元素化合物、概念原理性知识、化学技能性知识的融合考查;从能力层面看,强调考查证据推理、模型认知、科学探究、符号表征等能力;从价值层面看,关注科学态度、社会责任等个性品质和价值观念水平等。无疑,强调将化学知识转化为解释生活、

分析问题、解决问题、指导实践的能力,强调理论联系实际,是"应用性"考查的基本追求与核心体现。

例 3-10(2019-全国Ⅲ-28) 近年来,随着聚酯工业的快速发展,氯气的需求量和氯化氢的产出量也随之迅速增长。因此,将氯化氢转化为氯气的技术成为科学研究的热点。回答下列问题:

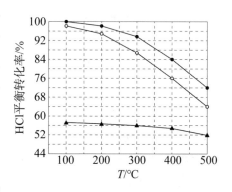

图 3-11

(1) Deacon 发明的直接氧化法为:$4HCl(g)+O_2(g)\xlongequal{}2Cl_2(g)+2H_2O(g)$。

图 3-11 为刚性容器中,进料浓度比 $c(HCl):c(O_2)$ 分别等于 1:1、4:1、7:1 时 HCl 平衡转化率随温度变化的关系。可知反应平衡常数 $K(300℃)$ _____ $K(400℃)$(选填"大于"或"小于")。设 HCl 初始浓度为 c_0,根据进料浓度比 $c(HCl):c(O_2)=1:1$ 的数据计算 $K(400℃)=$ _____ _____(列出计算式)。按化学计量比进料可以保持反应物高转化率,同时降低产物分离的能耗。进料浓度比 $c(HCl):c(O_2)$ 过低、过高的不利影响分别是 _____ 。

(2) Deacon 直接氧化法可按下列催化过程进行:

$$CuCl_2(s)\xlongequal{}CuCl(s)+\frac{1}{2}Cl_2(g) \qquad \Delta H_1=83 \text{ kJ} \cdot \text{mol}^{-1}$$

$$CuCl(s)+\frac{1}{2}O_2(g)\xlongequal{}CuO(s)+\frac{1}{2}Cl_2(g) \qquad \Delta H_2=-20 \text{ kJ} \cdot \text{mol}^{-1}$$

$$CuO(s)+2HCl(g)\xlongequal{}CuCl_2(s)+H_2O(g) \qquad \Delta H_3=-121 \text{ kJ} \cdot \text{mol}^{-1}$$

则 $4HCl(g)+O_2(g)\xlongequal{}2Cl_2(g)+2H_2O(g)$ 的 $\Delta H=$ _____ $\text{kJ} \cdot \text{mol}^{-1}$。

(3) 在一定温度的条件下,进一步提高 HCl 的转化率的方法是 _____ 。(写出 2 种)

(4) 在传统的电解氯化氢回收氯气技术的基础上,科学家最近采用碳基电极材料设计了一种新的工艺方案,主要包括电化学过程和化学过程,如图 3-12 所示。负极区发生的反应有 _____ (写反应方程式)。电路中转移 1 mol 电子,需消耗氧气 _____ L(标准状况)。

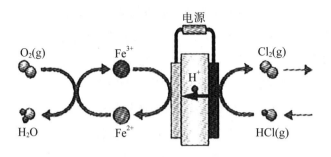

图 3 - 12

【答案】　(1)大于　$\dfrac{(0.42)^2 \times (0.42)^2}{(1-0.84)^4 \times (1-0.21)c_0}$　O_2 和 Cl_2 分离能耗较高、HCl 转化率较低　(2)-116　(3)增加反应体系压强、及时除去产物　(4)Fe^{3+} + e^- ══ Fe^{2+}，$4Fe^{2+}$ + O_2 + $4H^+$ ══ $4Fe^{3+}$ + $2H_2O$　5.6

【解析】　试题以工业生产氯气过程为载体创设生产环保情境,要求学生面对陌生复杂的情境,调用知识分析解决问题,从而体现对"应用性"的考查:一是试题通过创设生产环保情境,体现了化学平衡、电化学等相关知识在氯化氢生产氯气中的应用;二是通过问题解决,感悟化学知识在生产决策方面的应用。后者主要体现在:①基于不同 $c(\mathrm{HCl}):c(\mathrm{O}_2)$ 进料浓度比对 HCl 平衡转化率随温度变化关系的分析和相关知识,开展进料浓度比 $c(\mathrm{HCl}):c(\mathrm{O}_2)$ 过低、过高对生产不利影响的分析,体悟化学知识在生产决策中的意义;②基于 Deacon 氧化法的反应特点,提出进一步提高 HCl 转化率的两种方法,强调利用化学知识进行生产决策。

四、创新性:强调创新意识和创新思维

高考评价体系对"创新性"的考查,强调创设开放性的生活实践或学术探索问题情境,要求学生在正确思想观念引领下,在开放性的综合情境中创造性地解决问题并形成创造性的结果或结论,考查学生"敏锐发觉旧事物缺陷、捕捉新事物萌芽的能力""进行新颖的推测和设计并周密论证的能力""探索新方法、积极主动解决问题的能力"和"摆脱思维定式的束缚,勇于大胆创新的能力"[1]。毫无疑问,这是培养、选拔高层次人才的需求,是发展素质教育的核心追求,是学

---

① 中国高考报告学术委员会.高考评价体系解读(2021)[M].北京:现代教育出版社, 2021:168-169

生面对社会经济、科学技术迅猛发展所必备的能力与品质。

由于化学学科的创新思维方式包括"研究新物质的结构、发现或合成新物质、发明新反应或合成方法、构建新理论或新机理、探索新技术或新方法"等[①]，因此高考化学主要借助学术探索情境、实验探究情境等问题情境，要求学生结合相应的问题情境与问题任务，创造性地运用化学知识与学科思想方法开展"推测反应现象或物质性质、设计物质合成或分离路线、阐述机理或总结规律等"[②]相关活动来考查化学创新思维、激发创新意识；或者通过选取新物质、新方法、新反应、新理论等作为试题情境素材，并以新颖方式呈现问题，体现试题设计思路的创新、表述呈现方式的创新、作答方式的开放创新等，以体现创新性的考查。为帮助教师们更好地理解高考化学试题对"创新性"考查的要求，下面通过三道高考化学试题，从不同侧面分析高考化学的"创新性"考查。

例 3-11(2019-全国Ⅰ-12)　利用生物燃料电池原理研究室温下氨的合成，电池工作时 MV^{2+}/MV^+ 在电极与酶之间传递电子(如图 3-13 所示)。下列说法错误的是(　　)。

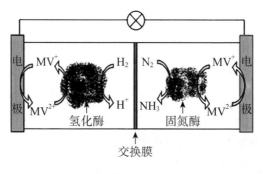

图 3-13

A. 相比现有工业合成氨，该方法条件温和，同时还可提供电能

B. 阴极区，在氢化酶作用下发生反应 $H_2+2MV^{2+}=\!\!=\!\!2H^++2MV^+$

C. 正极区，固氮酶为催化剂，N_2 发生还原反应生成 NH_3

---

① 单旭峰.从诺贝尔化学奖看高考化学创新思维能力的考查思路[J].教育理论与实践,2017(27):12-14

② 教育部考试中心.中国高考评价体系说明[M].北京:人民教育出版社,2020:35

D. 电池工作时,质子通过交换膜由负极区向正极区移动

【答案】 B

【解析】 试题以 2017 年化学期刊发表的新型合成氨生物燃料电池为素材,创设学术探索情境,考查原电池工作原理、电极反应及离子移动等相关电化学知识。这一素材揭示了目前化学科学领域研究的热点,向学生呈现电化学合成氨的新途径,要求学生结合情境信息,对情境中的真实问题进行反应原理(机理)的阐释,实现对创新思维能力的考查,帮助学生认识化学在生产条件优化中的重要应用,揭示化学学科的本质价值和育人价值。

例 3 - 12(2019 - 全国Ⅲ - 36,节选) 氧化白藜芦醇 W 具有抗病毒等作用。图 3 - 14 是利用 Heck 反应合成 W 的一种方法:

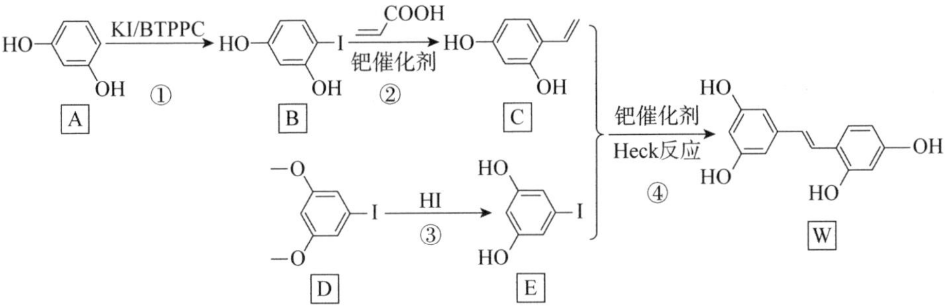

图 3 - 14

回答下列问题:

(1) 不同条件对反应④产率的影响见下表:

实验	碱	溶剂	催化剂	产率/%
1	KOH	DMF	$Pd(OAc)_2$	22.3
2	K_2CO_3	DMF	$Pd(OAc)_2$	10.5
3	Et_3N	DMF	$Pd(OAc)_2$	12.4
4	六氢吡啶	DMF	$Pd(OAc)_2$	31.2
5	六氢吡啶	DMA	$Pd(OAc)_2$	38.6
6	六氢吡啶	NMP	$Pd(OAc)_2$	24.5

上述实验探究了_____和_____对反应产率的影响。此外,还可以进一步探究_____等对反应产率的影响。

(2) 利用 Heck 反应,由苯和溴乙烷为原料制备 ,写出合成路线_____。(无机试剂任选)

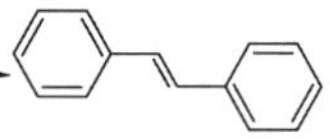

【答案】 (1)不同碱 不同溶剂 不同催化剂(或温度等)

(2)

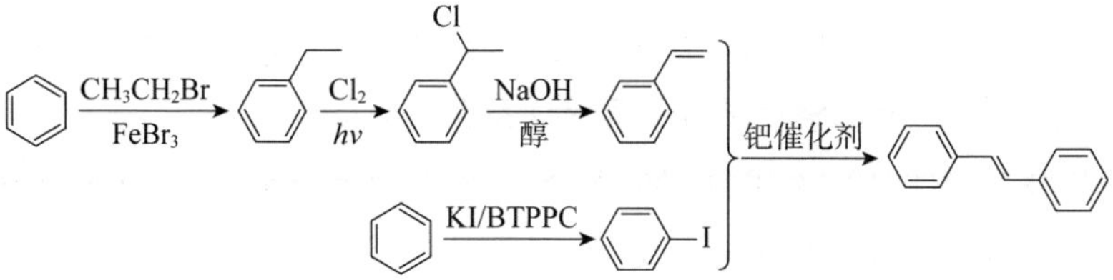

【解析】 试题以氧化白藜芦醇合成路线为载体创设生产环保情境,全面考查有机物命名、官能团名称、有机合成路线等相关内容,体现创新性的考查要求。其中,问题(1)要求结合不同条件对反应④产率影响的实验研究结果,通过分析与推断,确定实验目的并提出进一步研究的思路(探究不同催化剂或不同温度等对反应产率的影响);问题(2)要求利用 Heck 反应,设计由苯和溴乙烷制备相应有机物的合成路线等。这些问题均涉及"设计合成路线""探究合成条件"等创新思维的考查。

例 3-13(2020-全国Ⅲ-36,节选) 苯基环丁烯酮(=O,PCBO)是一种十分活泼的反应物,可利用它的开环反应合成一系列多官能团化合物。近期我国科学家报道用 PCBO 与醛或酮发生[4+2]环加成反应,合成了具有生物活性的多官能团化合物(E)……回答下列问题:

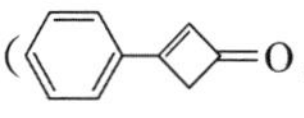

对于如图 3-15 所示的有机物,选用不同的取代基 R',在催化剂作用下与 PCBO 发生的[4+2]反应进行深入研究,R'对产率的影响见下表:

R'	$-CH_3$	$-C_2H_5$	$-CH_2CH_2C_6H_5$
产率/%	91	80	63

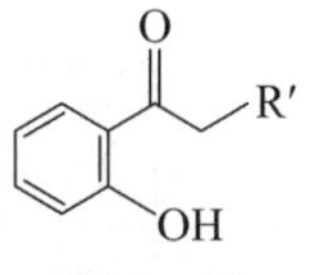

图 3-15

请找出规律,并解释原因_____。

【答案】 随着 R'体积增大,产率降低;原因是 R'体积增大,位阻增大

【解析】 试题以我国科学家报告的 PCBO 与醛或酮发生[4+2]环加成反

应合成具有生物活性的物质 E 为载体设置学术探索情境,综合考查有机化学的多方面知识。试题要求结合不同的取代基 R′对 PCBO 发生[4+2]反应产率的影响,总结反应规律并对影响原因做出合理性的解释,通过阐释机理、总结规律等相关活动来考查学生创新思维能力,引导学生赞赏我国科学家在科技发明中所取得的成就,赞赏化学在合成新物质、研发新产品中的作用与贡献。

通过前面分析可知,高考化学命题落实"四翼"的考查要求,是立足不同层次人才的知识、能力和素养等选拔需要而设置的。越是高层次人才的选拔,越需要在综合性、应用性和创新性等高层次要求上做文章,从而选拔出知识基础扎实、能力素养较高、综合素质较强的人才。同时,"四翼"考查要求的提出,也为化学高考命题选择怎样的素材情境、设计怎样的问题任务、开展怎样的情境活动、追求怎样的考查目标等指明了明晰的行动方向和操作指南。而且,"四翼"的考查要求还对高中化学教学提出了具体的需求:高中化学教学必须筑牢学生基础知识,从而为学科素养培育奠定基础;要强化知识间联系整合并发挥其在问题解决过程中的工具价值,强调学以致用、感悟学科价值,并在运用知识分析、解决实际问题中培养关键能力、形成学科思想、发展核心素养,培养学生的创新思维,培育学生的创新意识。

第四节　高考化学考查载体的选择与应用

高考评价体系提出"四层"的考查内容和"四翼"的考查要求,并创造性地提出要用生活实践情境、学术探索情境并通过简单的情境活动、复杂的情境活动来落实"四层""四翼"考查内容与要求,从而检测学生知识掌握情况及能力素养水平等。具体到命题时,结合学科特点和考查目标,通过选取适宜的素材,再现知识产生或知识应用等情境,让学生根据情境与任务,在核心价值引领与学科思想方法的指引下,运用学科知识去识别、分析与解决,以此诊测个体的学业水平并供高校选拔时参考与应用。开展高考化学命题的研究,就必须把握试题情境及其价值追求、考查要求的层级水平及呈现特征,以准确把握"考查内容、考查要求、考查载体"的命题追求,从而把握命题特点、发展趋势等,以便教学有效应对。

目前,有研究者根据化学学科特征与学科内容,并在参考高中化学课程标准"教学情境建议"的基础上,结合 PISA 考试情境分类的思路,将高考化学试题的情境划分为"日常生活情境、生产环保情境、学术探索情境、实验探究情境、化学史料情境"等①。这一情境划分,对开展高考化学试题情境素材的来源与特征、价值与追求等研究具有参考价值。为此,本节将根据这一情境素材划分方法,结合近年高考化学试题,对高考化学几类试题情境进行分析介绍,以帮助教师们更好地把握。

一、日常生活情境

日常生活中衣、食、住、行等方面都离不开化学,因此可利用日常生活中与化学相关的素材创设日常生活情境,并引导学生从化学视角来审视饮食起居、

---

① 单旭峰.基于高考评价体系的化学科考试内容改革实施路径[J].中国考试,2019(12):45-52

生命活动、医疗保健、材料性能等日常生活中的化学问题,考查对化学物质的组成、性质、变化及其应用等的认识与掌握情况,以及利用基本概念和原理阐释生活中现象与问题、进行日常生活决策等的能力水平。这样的情境与问题,还有利于学生感知"身边的化学"和"有用的化学",有利于激发学生亲近化学、学好化学的兴趣,以此凸显化学的本质价值与育人价值。

例 3-14(2020-全国Ⅰ-7)　国家卫健委公布的新型冠状病毒肺炎诊疗方案指出,乙醚、75%乙醇、含氯消毒剂、过氧乙酸(CH_3COOOH)、氯仿等均可有效灭活病毒。对于上述化学药品,下列说法错误的是(　　)。

A. CH_3CH_2OH 能与水互溶　　　B. $NaClO$ 通过氧化灭活病毒

C. 过氧乙酸相对分子质量为 76　　D. 氯仿的化学名称是四氯化碳

【答案】　D

【解析】　试题以新冠肺炎诊疗方案涉及的化学物质为背景素材,创设涉及医疗保健方面的日常生活情境,考查学生对化学物质的命名、相对分子质量、性质与应用机理等的认识,体现化学在日常生活实际中的重要应用,赞赏化学在生活、医疗等方面的重要贡献。

二、生产环保情境

化学是创造物质的科学,利用化学变化实现物质变化与能量变化、利用化学原理指导化工生产是化学学习研究的重要目标。化学物质的不合理利用,生产过程中"三废"的任意排放,不仅导致化学物质与资源的浪费,而且还可能导致环境污染,这就要求化工生产过程应合理利用资源、保护生态环境等。利用化工生产、能源环境等素材创设生产环保情境,要求学生从化学视角、利用化学知识审视生产合成原理、自然资源利用、生产条件优化、废物回收利用、毒害物质处理等问题,有利于考查学生利用化学知识分析问题、解决问题的能力,有利于学生建立"绿色化学"思想、节约资源和保护环境的可持续发展意识,有利于学生理性面对当代社会科技、环境等方面的伦理问题与伦理冲突,强化社会责任等。因此,从核心价值看,此类情境能够比日常生活情境更好地体现化学的本质价值和育人价值。近年高考的化工流程题和相关选择题大都涉及此方面的情境素材。

例 3-15(2021-全国甲-26)　碘(紫黑色固体,微溶于水)及其化合物广泛用于医药、染料等方面。回答下列问题:

(1) I_2 的一种制备方法如图 3-16 所示:

图 3-16

① 加入 Fe 粉进行转化反应的离子方程式为＿＿＿＿＿＿＿＿＿＿＿＿,生成的沉淀与硝酸反应,生成＿＿＿＿＿后可循环利用。

② 通入 Cl_2 的过程中,若氧化产物只有一种,反应的化学方程式为＿＿＿＿＿＿＿＿＿＿＿;当 $n(Cl_2)/n(FeI_2)=1.5$ 时,氧化产物为＿＿＿＿＿;当 $n(Cl_2)/n(FeI_2)>1.5$ 后,单质碘的收率会降低,原因是＿＿＿＿＿＿＿＿。

(2) 以 $NaIO_3$ 为原料制备 I_2 的方法是:先向 $NaIO_3$ 溶液中加入计量的 $NaHSO_3$,生成碘化物;再向混合溶液中加入 $NaIO_3$ 溶液,反应得到 I_2。上述制备 I_2 的总反应的离子方程式为＿＿＿＿＿＿＿＿＿＿＿＿。

(3) KI 溶液和 $CuSO_4$ 溶液混合可生成 CuI 沉淀和 I_2,若生成 1 mol I_2,消耗的 KI 至少为＿＿＿＿＿mol。I_2 在 KI 溶液中可发生反应: $I_2+I^-\rightleftharpoons I_3^-$。实验室中使用过量的 KI 与 $CuSO_4$ 溶液反应后,过滤,滤液经水蒸气蒸馏可制得高纯碘。反应中加入过量 KI 的原因是＿＿＿＿＿＿＿＿＿。

【答案】 (1)① $2AgI+Fe=2Ag+Fe^{2+}+2I^-$ $AgNO_3$ ② $FeI_2+Cl_2=I_2+FeCl_2$ I_2、$FeCl_3$ I_2 被过量的 Cl_2 进一步氧化 (2) $2IO_3^-+5HSO_3^-=I_2+5SO_4^{2-}+3H^++H_2O$ (3)4 防止单质碘析出

【解析】 试题以单质碘的不同生产制备方法为情境,要求学生结合生产流程或原理等的阅读,对有关反应的化学原理、可循环使用物质、相关反应产物的量及药品用量对产物影响等的分析,实现对元素化合物性质、氧化还原反应原理、化学平衡移动原理及简单化学计算等相关化学知识与技能以及证据推理、模型认知等能力素养的考查,并让学生在问题解决过程中感悟化学在指导物质生产、物质循环利用、科学生产决策等方面的作用,对培育学生节约资源和保护环境等观念起到很好的作用。

三、学术探索情境

科学技术水平的提升推动着化学科学研究、化工生产技术等的发展,尤其

在当代,包括我国在内的许多国家的化学科研与技术成果得以迅猛发展。选择最新学术研究成果作为试题情境素材,不仅有利于学生拓展学科视野、增长知识见识,也有利于锤炼学生的学术思维、激发创新意识;不仅有利于考查学生利用化学知识分析相关问题、解决问题的能力,也有利于培育正确的价值观念、落实核心素养的检测。

从目前高考命题看,学术探索情境素材常选取一些权威刊物刊发的、反映化学学科前沿发展与探索的研究成果,如最新合成方法、新颖功能物质、新型催化技术等。对于最新合成方法的学术探索情境,主要为可用于物质制备合成的新技术与新方法,并具有合成高效、绿色环保等特征,对考查创新思维、体现学科应用具有重要的价值;对于新颖功能物质的学术探索情境,主要涉及化学材料领域,包括新型复合材料或新型催化剂的结构,通常强调从结构视角审视其功能特性,强化"宏观辨识与微观探析"素养的考查;而新型催化技术的学术探索情境,往往结合具体化学反应的能量变化、反应历程与机理等方面,考查化学反应原理等相关知识,重视"变化观念与平衡思想"素养的考查。

例 3 - 16(2019·全国 II·35) 近年来我国科学家发现了一系列意义重大的铁系超导材料,其中一类为 Fe—Sm—As—F—O 组成的化合物。回答下列问题:

(1) 元素 As 与 N 同族。预测 As 的氢化物分子的立体结构为_____,其沸点比 NH_3 的_____(选填"高"或"低"),其判断理由是_____。

(2) Fe 成为阳离子时首先失去_____轨道电子,Sm 的价层电子排布式为 $4f^6 6s^2$,Sm^{3+} 的价层电子排布式为_____。

(3) 比较离子半径:F^- _____ O^{2-}(选填"大于""等于"或"小于")。

(4) 一种四方结构的超导化合物的晶胞结构如图 3 - 17 左所示,晶胞中 Sm 和 As 原子的投影位置如图 3 - 17 右所示。

图中 F^- 和 O^{2-} 共同占据晶胞的上下底面位置,若两者的比例依

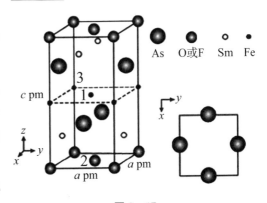

图 3 - 17

次用 x 和 $1-x$ 代表,则该化合物的化学式表示为＿＿＿＿＿＿＿＿＿,通过测定密度 ρ 和晶胞参数,可以计算该物质的 x 值,完成它们关系的表达式:$\rho=$ ＿＿＿＿＿＿＿＿＿$g \cdot cm^{-3}$。

以晶胞参数为单位长度建立的坐标系可以表示晶胞中各原子的位置,称作原子分数坐标,例如图 3−17 左中原子 1 的坐标为 $(1/2,1/2,1/2)$,则原子 2 和 3 的坐标分别为＿＿＿＿＿＿、＿＿＿＿＿＿。

【答案】 (1)三角锥形 低 NH_3 分子间存在氢键 (2)4s 4f^5 (3)小于

(4) $SmFeAsO_{1-x}F_x$ $\dfrac{2(281+16(1-x)+19x)}{a^3 c N_A \times 10^{-30}}$ $\left(\dfrac{1}{2},\dfrac{1}{2},0\right)$ $\left(0,0,\dfrac{1}{2}\right)$

【解析】 试题以我国科学家发现的一类具有超导性能的 $Fe-Sm-As-F-O$ 组成的化合物以及一种四方结构的超导化合物的晶胞结构为素材,创设学术探索情境中的新颖功能物质情境,要求学生根据晶胞结构图和原子投影位置图,开展物质组成的确定、密度的计算和指定微粒在晶胞中分布情况的分析,很好地考查学生分析与推测能力和"宏观辨识与微观探析"素养水平,并帮助学生体认化学在生产生活中的重要性,赞赏我国科学家在材料研究方面取得的成绩,厚植爱国主义情怀等。

四、实验探究情境

化学是一门以实验为基础的学科,要求学生能发现与提出有探究价值的化学问题,并能从问题和假设出发,设计探究方案、进行实验研究并得出相应的结论,这是化学课程的重要目标,是必须培养与发展的学生的重要核心素养。因此,每年高考均设置一定比例的化学实验与探究试题。高考对化学实验与科学探究的考查,常设置选择型的基础实验和非选择型的综合实验两类题型。

选择型的基础实验,常以中学化学实验基本操作或一些基础实验为情境素材,要求学生对题给的基本操作、实验装置、实验方案等的正确性、合理性等做出评判,强化实验操作的规范性与安全性,实验方法的目标、过程与结果的自洽性和一致性,以此考查学生的基础实验能力、安全与规范意识。非选择型的综合实验,则呈现物质组成与性质探究的定性与定量分析情境、特定物质制备的物质反应与纯化的装置与流程等情境、特定实验条件对物质性质或化学反应影响情况研究以揭示相关规律的实验探究情境等,以此考查实验过程与结果分析、实验方案设计与评价、创新思维与实践探索等综合能力,凸显"科学探究与创新意识""证据推理与模型认知"等化学学科核心素养的考查,增进对"化学是一门以实验为基础的学科"的认识。

例 3-17(2021-广东-17(4)) 某合作学习小组进行以下实验探究。

① 实验任务

通过测定溶液电导率,探究温度对 $AgCl$ 溶解度的影响。

② 查阅资料

电导率是表征电解质溶液导电能力的物理量。温度一定时,强电解质稀溶液的电导率随溶液中离子浓度的增大而增大;离子浓度一定时,稀溶液电导率随温度的升高而增大。25℃时, $K_{SP}(AgCl)=1.8\times10^{-10}$ 。

③ 提出猜想

猜想 a:较高温度的 $AgCl$ 饱和溶液的电导率较大。

猜想 b: $AgCl$ 在水中的溶解度 $S(45℃)>S(35℃)>S(25℃)$ 。

④ 设计实验、验证猜想

取试样Ⅰ、Ⅱ、Ⅲ(不同温度下配制的 $AgCl$ 饱和溶液),在设定的测试温度下,进行表中实验1~3,记录数据。

实验序号	试样	测试温度	电导率/$(\mu S \cdot cm^{-1})$
1	Ⅰ:25℃的 $AgCl$ 饱和溶液	25	A_1
2	Ⅱ:35℃的 $AgCl$ 饱和溶液	35	A_2
3	Ⅲ:45℃的 $AgCl$ 饱和溶液	45	A_3

⑤ 数据分析、交流讨论

25℃的 $AgCl$ 饱和溶液中, $c(Cl^-)=$ _____ $mol \cdot L^{-1}$ 。实验结果为 $A_3>A_2>A_1$ 。小组同学认为,此结果可以证明③中的猜想 a 成立,但不足以证明猜想 b 成立。结合②中信息,猜想 b 不足以成立的理由有 _____

_____。

⑥ 优化实验

小组同学为进一步验证猜想 b,在实验1~3的基础上完善方案,进行实验4和5。请完成表中内容。

实验序号	试样	测试温度	电导率/(μS·cm^{-1})
4	I	_____	B_1
5	_____	_____	B_2

⑦ 实验总结

根据实验 1～5 的结果,并结合②中信息,小组同学认为猜想 b 也成立。

猜想 b 成立的判断依据是 _____。

【答案】 ⑤$1.35\times10^{-5}$　存在两个变量(温度与浓度),温度升高的同时,溶液的浓度也增大　⑥35　Ⅱ　45　⑦$A_3>B_2$;$A_2>B_1$

【解析】 试题以"通过测定溶液电导率,探究温度对 AgCl 溶解度的影响"为载体,创设特定实验条件(温度)对物质性质(AgCl 溶解性)影响情况研究以揭示相关规律(温度对溶解度的影响)的实验探究情境,要求学生根据探究目的要求开展数据分析处理(计算 25℃时 AgCl 饱和溶液中的氯离子的浓度,根据实验 1～5 的结果确认猜想 b 也成立的判断依据)、实验方案设计(为验证猜想 b,设计实验 4 和 5)、实验活动评价(依据实验 1～3,猜想 b 不足以成立的理由)等活动,综合考查学生实验过程与结果分析、方案设计与评价、创新思维与实践探索等能力,很好地体现"科学探究与创新意识"素养考查要求。

五、化学史料情境

化学知识的形成与完善是一个经历漫长科学探索的历程。通过选择符合学生认知、体现化学理论或成果的探索历程或反映古代科学(化学)技术应用成就等的相关资料作为试题素材并设置相应的任务要求,便是创设试题的化学史料情境。命题时,往往要求学生结合所提供的化学史料情境,通过对探索过程或技术应用所涉及的相关仪器、研究方法、过程数据、应用流程、反应原理等进行辨识与分析、加工与处理等,解决相关问题任务。

因此,以化学史料创设情境的化学试题,能很好地考查学生的证据推理、模型认知、探究创新、符号表征等多方面的关键能力与学科素养。此外,从命题追求及价值引领层面看,试题不仅有利于增进学生对理论成果、技术应用的认识与理解,有利于培育学生的思维品质、启迪创新思维,还有利于培养学生质疑批判、严谨求实、勤于实践的优良个性品质。

例 3 - 18(2021 - 全国乙 - 28)　一氯化碘(ICl)是一种卤素互化物,具有强氧化性,可与金属直接反应,也可用作有机合成中的碘化剂。回答下列问题:

(1) 历史上海藻提碘中得到一种红棕色液体,由于性质相似,Liebig 误认为是 ICl,从而错过了一种新元素的发现,该元素是_____。

(2) 氯铂酸钡($BaPtCl_6$)固体加热时部分分解为 $BaCl_2$、Pt 和 Cl_2,376.8℃时平衡常数 $K_p' = 1.0 \times 10^4 Pa^2$。在一硬质玻璃烧瓶中加入过量 $BaPtCl_6$,抽真空后,通过一支管通入碘蒸气(然后将支管封闭)。在 376.8℃,碘蒸气初始压强为20.0 kPa。376.8℃平衡时,测得烧瓶中压强为 32.5 kPa,则 $p_{ICl} =$ _____ kPa,反应 $2ICl(g) \Longrightarrow Cl_2(g) + I_2(g)$ 的平衡常数 $K =$ _____(列出计算式)。

(3) McMorris 测定和计算了在 $136 \sim 180℃$ 范围内下列反应的平衡常数 K_p:

$$2NO(g) + 2ICl(g) \Longrightarrow 2NOCl(g) + I_2(g) \qquad K_{p1}$$
$$2NOCl(g) \Longrightarrow 2NO(g) + Cl_2(g) \qquad\qquad K_{p2}$$

得到 $lgK_{p1} - 1/T$ 和 $lgK_{p2} - 1/T$ 均为线性关系,如图 3 - 18 所示。

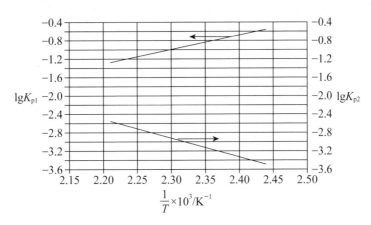

图 3 - 18

① 由图可知,NOCl 分解为 NO 和 Cl_2 反应的 ΔH _____0(选填"大于"或"小于")。

② 反应 $2ICl(g) = Cl_2(g) + I_2(g)$ 的 $K =$ _____(用 K_{p1}、K_{p2} 表示);该反应的 ΔH _____0(选填"大于"或"小于"),写出推理过程:_____。

(4) Kistiakowsky 曾研究了 NOCl 光化学分解反应,在一定频率(v)光的照射下机理为：$NOCl+h\nu \longrightarrow NOCl^{*}$　　$NOCl+NOCl^{*} \longrightarrow 2NO+Cl_2$。其中 $h\nu$ 表示一个光子能量，$NOCl^{*}$ 表示为 NOCl 的激发态。可知，分解 1 mol 的 NOCl 需要吸收_____ mol 的光子。

【答案】　(1)溴（或 Br）　(2)24.8　$\dfrac{7.6\times0.1}{24.8^2}$　(3)①大于　②$K_{p1}\cdot K_{p2}$ 大于　略　(4)0.5

【解析】　试题以卤素（溴单质）及其互化物（一氯化碘）等的发现、研究过程以及性质为载体创设化学史料情境，要求学生基于 Liebig、McMorris 及 Kistiakowsky 的研究成果与理论，在复杂、陌生的研究对象及问题情境下，解决元素化合物、化学反应与能量、化学平衡等问题，突出对学生信息获取与加工、逻辑论证、推理判断和语言表达等方面能力的考查，并在问题解决过程中引导学生认识化学知识的形成与发展、感悟化学认识的建构与深入经历漫长的探索过程。

除了前面提到的五类情境外，目前高考化学试题还有一类较为常见的情境——传统文化情境。这类情境素材涉及中国传统文化元素，体现着我国古代劳动人民对化学与技术等的认识与应用，折射出中华优秀传统文化中的工匠精神和技术创新思想等。为落实立德树人根本任务、弘扬中华优秀传统文化、厚植爱国主义情怀、激发学生使命担当和责任意识、突出高考核心价值的引领，这类情境素材越来越受到重视。这类情境和化学史料情境最大的区别，在于其素材所反映的并不一定是严格意义上的化学研究或化学生产等，而可能是反映我国古代人民生产劳作的记录或见闻等，并往往带有一定的文学色彩。如下面一道试题：

例 3-19(2020-全国Ⅱ-7)　　北宋沈括《梦溪笔谈》中记载："信州铅山有苦泉，流以为涧。把其水熬之则成胆矾，烹胆矾则成铜。熬胆矾铁釜，久之亦化为铜。"下列有关叙述错误的是(　　)。

A. 胆矾的化学式为 $CuSO_4$

B. 胆矾可作为湿法冶铜的原料

C. "熬之则成胆矾"是浓缩结晶过程

D. "熬胆矾铁釜，久之亦化为铜"是发生了置换反应

【答案】　A

【解析】 试题以古人炼铜的记载为载体,主要考查物质制备和性质等方面的知识。试题展示了中华优秀科技成果对人类发展和社会进步的重大贡献,对提升学生文化自信、民族自豪感以及厚植爱国主义情怀能发挥很好的作用。试题涉及的化学知识难度本身不大,但基于传统文化情境下,还是能很好地考查学生的信息获取与加工、推理与判断等相关能力。

前面介绍了六种重要的化学试题情境。通过分析可以发现,高考试题创设多样化的情境,具有重要的现实意义和理论意义,具体体现在:

1. 试卷所包含的丰富情境素材,以图表图像、装置流程、模型符号等多种方式呈现,将使得试卷卷面更加生动活泼,在视觉上带来舒适和美感。某些情境素材的选择与呈现,还能保证试卷具有时代感、历史感等。

2. 多样化、多渠道来源的信息素材,有利于拓展学生的信息视野和学术视野,有利于激发学生考后开展拓展性阅读和实践性探索的兴趣。

3. 多样化的情境素材,由于内容来源、内涵特征各有不同,因而有助于达成多样化的测试目标,落实全面化的考查要求,有利于实现价值引领、服务人才选拔并引导教师开展"基于情境、问题导向"的教学。

当然,情境素材的选择和问题任务的设置要坚持价值导向性原则,内容素材的选择应遵循真实性、适切性和公平性等原则,还应秉持情境、任务和考查目标相匹配的原则。唯有如此,才能充分发挥素材的载体作用,有效达成命题的考查目标和价值追求。

第四章　高考化学改革目标追求与达成策略

　　前面结合《中国高考评价体系》、立足评价体系"一核四层四翼"的要求，从高考化学命题改革的核心追求、内容体系、考查要求以及考查载体等四个方面，剖析了高考评价体系指引下的高考化学命题改革的具体要求。这一命题改革具体要求的把握，对理解高考化学考查要求与命题发展趋势具有重要意义。

　　为了更加深刻地揭示高考化学命题改革目标与方向，进一步揭示高考评价体系指引下的高考化学命题改革的具体要求，从而使化学教师对高考化学命题改革有更加精准、系统的认识，本章从中学化学课程目标与化学学科核心素养的相关维度，结合高考评价体系"一核四层四翼"的系统要求，探索并建构高考化学改革的整体性目标追求，以帮助教师更加清晰地理解高考化学考查内容与考查要求。同时在建构高考化学改革目标追求的基础上，结合近年高考化学试题，从命题技术手段的视角深刻剖析高考化学改革目标的达成策略。有理由相信，对高考化学改革目标追求与达成策略的探析总结，将有助于教师们更好地把握化学试题的命题技术与评价技术，并为进一步理解高考改革的目标要求、把握高考评价体系的内涵要求、优化高中教育教学起到很好的作用。本章包括：

　　第一节　高考化学命题改革的目标追求

　　第二节　命题改革目标追求的深度剖析

　　第三节　命题改革目标的达成策略

　　第四节　体育、美育及劳动教育考查的新探索

第一节　高考化学命题改革的目标追求

高考化学命题改革,必须以高考评价体系为根本遵循。具体来说,就是强调高考命题改革要坚持"落实立德树人根本任务、服务高校选拔优秀人才、发挥引导教育教学作用"三个正确导向,凸显"检测学业水平、服务高校选拔、导向学科育人"三项重要功能。高考化学命题如何落实三个正确导向、凸显三项重要功能? 在第三章"评价体系指引下的高考化学命题"中,已结合近年高考试题对高考化学改革的基本要求、四个方面的考查内容、四个层次的考查要求以及六种类型的考查载体等方面进行了较为全面的分析。为更好地理解高考化学命题改革,还需要站在更为上位、更加统摄的角度来进一步总括高考化学命题改革的目标追求。唯有如此,才能从系统和整体的角度把握高考化学命题如何遵循"高考评价体系"提出的"一核四层四翼"相关要求,从而更好地指导高考备考、新课教学、考试命题与试题评价等工作。

一、高考化学命题改革的目标追求

根据教育与评价常识可知,高考化学命题改革目标追求应该与中学化学课程目标一致,即强调考试评价与课程教学的一致性,这在高考命题强调"由'考纲指导'转变为'课标主导'"[①]的导向中得到很好的体现。为此,探析高考化学命题改革目标追求,首先需要明确中学化学课程目标要求。

《以大概念理念进行科学教育》中指出[②]:科学教育的目的在于帮助或发展学生"理解有关科学的大概念""收集和运用实证的能力"以及"科学的态度和倾

---

①　贾瑜,辛涛.基于课程标准的中高考命题改革思路与途径[J].清华大学教育研究,2020(01):97-93

②　温·哈伦编著,韦钰译.以大概念理念进行科学教育[M].北京:科学普及出版社,2016:8

向"。化学学科作为一门重要的自然科学,化学课程目标要求为[①]:①帮助学生理解化学科学知识的大概念(如物质由微粒构成、物质不断地运动变化等)和关于化学科学的大概念(如科学探究与科学方法、"化学·技术·社会·环境"关系等),从而增进对化学学科本质的理解;②发展学生构建化学问题、为解决化学问题而获取事实证据、分析和解释相关事实证据、表达与交流研究结果等的实验与科学探究能力;③培养学生乐于探究、勤于思考、与人合作、敢于质疑与创新、尊重事实与证据的科学态度和科学精神。

基于这样的化学课程目标要求,高考化学命题改革的目标追求(即高考化学学科考查要求)在于考查学生是否建立起化学科学大概念,是否具备进一步学习与研究化学所必需的能力,是否形成与化学学科相关的正确情感态度价值观等。结合高考评价体系要求和化学课程目标,可以总括如下的高考化学命题改革目标追求:以核心价值为引领,重点检测学生在宏微结合、变化守恒等思想观念指引下,基于问题解决过程与结果,评估学生证据推理、模型认知、科学探究与符号表征等能力素养状况以及科学态度、社会责任等个性品质与价值观念发展水平。

二、化学命题改革目标追求的内涵解读

上述高考化学命题改革的目标追求,是指导并统领高考化学命题的行动指南与内容框架,具体包括核心价值引领、化学思想观念、学科关键能力、个性品质与价值观四个方面。这四个方面的目标追求的具体内涵介绍如下:

1. 核心价值引领的目标追求

前面已经指出,高考化学从"坚定立场思想、弘扬化学价值、强化理性精神、激励实践探索"四个方面体现与落实价值引领。

"坚定立场思想"的核心是"爱国情怀"和"使命担当",强调命题坚持正确政治方向,厚植爱国主义情怀,增进"四个自信";培育学生立志为中华民族伟大复兴而奋斗的使命感,积极承担社会责任。

"弘扬化学价值"的关键在于凸显化学对人类与社会发展的重要贡献,强调试题要帮助学生了解化学对人类和社会发展、科技进步的重大贡献,赞赏化学

---

① 中华人民共和国教育部制定.普通高中化学课程标准(2017年版)[M].北京:人民教育出版社,2018:5-6

对改善生产生活、促进社会发展的积极作用。

"强化理性精神"强调试题要结合具体的情境与任务,帮助学生认识化学研究与探索需要严谨求实的科学态度、不畏艰难和敢于质疑的科学精神,理性分析与面对化学过程对自然、社会可能带来的各种影响,能对化学有关问题做出正确的价值判断。

"激励实践探索"意味着试题要引导学生积极参与化学问题的社会决策,关注并参与人类命运共同体构建;积极参与化学实践活动,勤于思考、善于合作、勇于创新等。

2. 学科思想观念的目标追求

化学是在原子、分子水平上研究物质及其运动变化规律与本质的自然科学,强调培育学生指向学科思想方法与观念的"宏观辨识与微观探析""变化观念与平衡思想"等学科核心素养。因此,高考化学必然重视"宏微结合""变化平衡"等化学学科最为本质的学科思想的考查。

对"宏微结合"学科思想的考查,强调结合具体的情境素材与问题任务,能从宏观、微观等不同角度对物质及其变化进行分析和推断,能采用模型、符号等多种方式对物质结构及其变化进行综合表征;能根据物质的类属和核心元素的价态、物质构成的微粒及微粒间相互作用等角度解释与预测物质的性质,论证所作解释与预测的合理性;能从宏观与微观、定性与定量等角度分析与解决物质在生产生活和科学技术等方面应用的实际问题。

对"变化平衡"学科思想的考查,强调结合具体的情境素材与问题任务,分析与解释化学变化中的物质变化与能量变化,化学反应的方向、速率与限度等情况;能从调控反应速率、提高反应转化率等方面综合分析反应的条件,提出有效控制反应的措施;能从定性、定量角度认识化学变化,能从质量守恒和能量守恒、联系发展和动态平衡的观点看待和分析化学变化,揭示各类变化的特征和规律;能用对立统一、联系发展和动态平衡的观点考察化学反应,预测在一定条件下某种物质可能发生的化学变化或设计化学反应实现物质转化、合成和能量转化。

3. 学科关键能力的目标追求

培育学生参与科学活动的能力是科学教育的重要内容[①],是发展学生学科

---

① 温·哈伦编著,韦钰译.以大概念理念进行科学教育[M].北京:科学普及出版社,2016:8

核心素养的关键。因此,作为诊断学生学科素养发展水平的高考,必然关注参与科学活动所需能力的考查。立足自然科学的目标与任务,高考化学必然重视"证据推理、模型认知、科学探究、符号表征"等关键能力的考查。

"证据推理"强调学习者根据阅读、观察和实验等活动,在获取有关物质及其运动变化的事实证据基础上,通过严密推理与逻辑论证,从而得出结论。其考查要求为:通过对试题情境素材的阅读与观察,根据问题任务的解答需要,收集与提取有关物质及其变化的各种事实与证据;基于物质及其变化的事实证据的收集,并在加工抽提的基础上抓住事实证据的内在本质并与已有知识整合,形成新的知识块以解决问题任务;基于事实与证据,结合物质性质与化学变化规律,对物质的性质及其变化提出可能的假设,并在分析推理基础上证明假设的科学合理性或发现假设的不合理性;根据问题解决的需要,确定形成科学结论所需要的证据以及寻找相关证据的途径,依据所收集提取的证据得出合理结论,并能解释证据与结论之间的关系。

"模型认知"是指依据物质及其变化的事实现象,通过抽象、概括、定量化处理等加工活动,进而建构反映本质、揭示规律的思维模型并用其分析、解决物质及其变化问题的认识活动①。"模型认知"关键能力的考查要求为:能理解、描述和表示化学中常见的化学模型(如概念模型、结构模型、过程模型、数学模型或其他复杂模型等);能运用化学模型来描述和解释物质的结构、性质和变化,预测物质及其变化的可能结果;能依据物质及其变化的事实,分析研究对象的要素及其相互关系,建立相应的化学模型,以反映研究对象的本质特征、揭示其所蕴含的规律,并用模型综合解释或解决复杂的化学问题。

"科学探究"是"进行科学解释和发现、创造和运用的科学实践活动"。高考强调引导阅读情境素材、亲历问题解决或实验探究过程,从而不仅检测学生了解并初步实践化学研究的一般过程、掌握化学实验的基本方法和技能等情况,而且关注学生发现并提出问题、设计实验方案与开展实验活动、加工实验信息以得出结论或对化学现象提出合理科学解释的能力。具体包括:(1)能从相关情境素材中发现和提出有探究价值的化学问题,确定探究目的,设计、优化探究

---

① 傅永超,任佳玉.高中生化学"模型认知"素养的考查特点及命题走向——以近3年高考化学江苏卷为例[J].教育测量与评价,2020(06):40-48

方案;(2)能依据探究方案,运用科学的方法通过观察、调查和实验,客观地收集、记录实验现象和数据;(3)能科学地加工、处理探究过程中获得的现象、数据,通过分析、归纳、推理,得出合理的结论;(4)能对探究过程、探究的结果和结论进行检视和反思,研究改进探究方案或提出进一步探究的设想,等等。

以符号形式描述物质及其运动变化是化学学科的一个重要特征,利用化学符号(如化学式、电子式、结构式或结构简式,化学方程式、电极反应式、离子方程式等)表征物质及其变化是一种重要的化学技能。因此,高考化学十分重视"符号表征"能力的考查。高考化学对"符号表征"能力的考查,强调学生:(1)能够准确识别试题情境素材中所包含的物质及其变化的符号信息,并理解符号信息所表达的宏观、微观层面的意义并实现自动化转化;(2)能够准确提取试题情境素材所包含的物质及其变化的符号信息,描述具体物质的组成、结构、性质及其变化等相关内容;(3)结合题示情境信息,利用物质结构原理、化学变化规律性和元素化合物等相关知识,在正确分析与推理基础上,正确使用化学符号表征物质结构及其变化。

4. 个性品质与价值观的目标追求

虽然 21 世纪初的课程改革已将"情感态度与价值观"作为化学(科学)课程的目标之一来加以强调,但不论是中学教学还是教育评价,并未对此维度的目标予以重视。为何强调"个性品质与价值观"的培育与考查? 这需要从科学本质谈起。研究者指出:"科学是探究自然界的'思考'方式""科学是一种'探究'的方式""科学知识是暂时的、动态性的"[1]。此外,科学知识对人类活动产生显著的影响,科学的运用会对伦理、社会等产生影响[2]。这就强调,人们必须客观、理性地看待科学研究过程、科学研究结果和科学研究结果的运用。比如,要坚持实事求是、敢于批判质疑、正确理解"科学·技术·社会·环境"的关系。为发挥高考对教育教学的导向作用,引导中学化学课程关注"情感态度与价值观"课程目标的落实,有效培育与发展学生的学科核心素养,必须关注对个性品质与价值观的考查。

---

[1]　袁维新.科学的本质与科学本质教育[J].课程·教材·教法,2004(07):68-73

[2]　温·哈伦编著,韦钰译.以大概念理念进行科学教育[M].北京:科学普及出版社,2016:20

为此,化学高考考查时,通过情境素材与问题解决,引导学生尊重客观事实、独立思考、敢于质疑,具有批判精神和创新意识;激发学生探索未知、崇尚真理、追求真理的意识,形成终身学习的能力、严谨求实的科学精神;认识化学、技术、社会和环境之间的相互关系,赞赏化学对社会发展的重大作用,能运用已有知识和方法综合分析、全面认识化学过程对自然可能带来的各种影响;具有环境保护和合理开发、利用资源的意识,理解和赞赏可持续发展和绿色化学的观念;能关心并积极参与和化学有关的社会热点问题的讨论,能权衡利弊做出正确的价值判断,有社会责任感,敢于参与力所能及的决策和实践活动。

此外,对于高考化学命题改革的目标追求,除了立足高考评价体系和化学课程目标要求,提出核心价值引领、化学思想观念、学科关键能力、个性品质与价值观等四个方面的目标追求外,还根据国家全面深化教育评价改革相关文件提出的"建构德智体美劳全面发展的考试内容体系"的要求,积极探索在高考化学中融入体育、美育以及劳动教育等方面的考查要求,从而引导学生增强健康意识、提升审美情趣、崇尚劳动精神等,培育健体、审美和热爱劳动的意识和习惯,促进学生全面发展。关于这一方面的改革探索,将在本章第四节开展相关分析。

第二节　命题改革目标追求的深度剖析

前一节总括了"以核心价值为引领,重点检测学生在'宏微结合''变化守恒'等思想观念指引下,基于问题解决过程与结果,评估学生证据推理、模型认知、科学探究与符号表征等能力素养状况以及科学态度、社会责任等个性品质与价值观念发展水平"的高考化学命题改革目标追求,并对核心价值引领、化学思想观念、学科关键能力、个性品质与价值观四个方面进行了分析。为帮助教师们更好理解这一目标追求,下面从高考化学命题改革目标追求的基本特点、与高考评价体系及学科核心素养的关系等方面进行剖析。

一、命题改革目标追求的基本特点

对于高考化学命题改革四个方面的目标追求,很好地反映了科学(化学)课程"理解有关科学的大概念""收集和运用实证的能力"以及"科学的态度和倾向"三个方面的教育目标(如图 4-1),具有强化化学学科本质理解、凸显化学学科关键能力以及反映化学情意价值要求三个方面的基本特点。具体分析如下:

图 4-1　高考化学命题改革目标与化学教育目标的关系

1. 强化化学学科本质理解

高考化学命题改革目标强调重点检测学生在"宏微结合""变化平衡"等思想观念指引下开展问题解决活动相关能力素养等的考查,以此检测学生从宏观与微观层面理解物质的组成、结构和性质等的联系,认同物质运动变化的客观性,理解化学反应的条件性,能从内因和外因、定性和定量等角度分析物质的性质及其变化,能用对立统一、联系发展和动态平衡的观点考察化学反应等方面的达成水平。毫无疑问,重视这些方面的考查,其核心就在于检测学生对化学学科本质的理解。因为,化学科学"是在原子、分子水平上研究物质的组成、结构、性质、转化及其应用的一门基础学科",从微观层次上认识物质及其运动变化、立足物质运动变化创造物质是化学学科的重要特征,"宏微结合""变化平衡"是化学学科最为本质的思想,强化对这些学科思想的考查便是凸显"理解有关科学的大概念"、对化学学科本质理解水平的检测。

2. 凸显化学学科关键能力

高考化学命题改革目标强调基于学生的问题解决过程与结果情况,评估学生证据推理、模型认知、科学探究与符号表征等能力素养状况。这一考查要求,强调学生面对真实情境中的具体问题,通过开展分类与概括、证据与推理、模型与解释、符号与表征等具有学科特质的学习活动,从而测评是否具备如下六个方面的能力水平以及能力水平达成的层次:①从不同层次认识物质的多样性并进行分类;②基于事实证据对物质及其运动变化情况进行逻辑推理;③抽提物质及其运动变化的本质并建构认知模型以解释(解决)化学现象与问题;④开展实验探究等活动研究物质及其运动变化规律;⑤正确运用符号与模型等表征物质及其运动变化;⑥运用化学原理与方法解释或解决生产、生活中与化学相关的实际问题。因此,高考化学命题改革目标很好地凸显对"收集和运用实证的能力"等能力素养的考查。

3. 反映化学情意价值要求

高考化学命题改革目标强调以核心价值为引领,在检测学科思维、关键能力水平的基础上,还强调评估学生的科学态度、社会责任等个性品质与价值观念发展水平。这一考查要求,体现在高考化学命题注重引导学生关注如下方面:①是否深刻理解"化学·技术·社会·环境"之间的相互关系,赞赏化学科学发展对促进人类与社会可持续发展的重要作用;②是否关注人类面临的与化学有关的社会问题,能对化学技术推广应用和化学品使用进行分析和风险评估,提出处理或解决化学问题的方法,强化社会责任意识,积极参与有关化学问题的社会决策;③是否建立节约资源、保护环境的意识,形成简约适度与绿色低碳的生活方式;形成探索未知、崇尚真理的意识,培养创新精神和实践能力;

④是否了解我国科技进步及取得的重大成果,从而厚植爱国主义情怀,树立为中华民族伟大复兴而奋斗的理想信念等。因此,高考化学命题改革目标很好地反映了化学课程的"情感态度与价值观"维度的目标要求。

二、目标追求与高考评价体系的关系

高考评价体系作为指导高考命题改革的纲领性文件,是所有学科高考命题改革及实践的行动指南和根本遵循。认真分析前面所总括的高考化学命题改革目标追求,可以发现这一改革目标系统且全面地反映了高考评价体系所强调的"立德树人、服务选拔、导向教学"的核心功能,系统考查了高考评价体系所要求的"核心价值、学科素养、关键能力、必备知识"的考查内容,从而很好地体现高考评价体系的考查要求(如图4-2)。

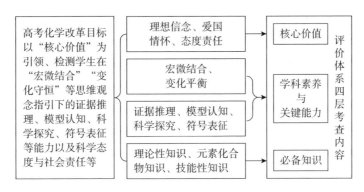

图4-2 高考化学命题改革目标与高考评价体系的关系

1. 凸显"以德为先"的根本要求

高考化学命题强调以核心价值为引领,这就要求高考化学命题改革与实践时,通过优化素材选择、题型安排和问题设置等活动,注重从"坚定立场思想、弘扬化学价值、强化理性精神、激励实践探索"等四个方面体现与落实价值引领,从而引导学生积极践行社会主义核心价值观,坚定理想信念、厚植爱国主义情怀、加强品德修养、培养奋斗精神、增进"四个自信",积极参与社会决策、强化责任意识和担当意识,将学生培养成为具有坚定理想信念、爱国情怀、责任担当的社会主义建设者和接班人。因此,这样的命题目标追求,很好地体现了"以德为先"的根本要求。

2. 强化"能力为重"的选拔要求

高考化学命题,强调重点检测学生在"宏微结合""变化守恒"等思想观念指引下,基于问题解决过程与结果,表现出的证据推理、模型认知、科学探究与符号表征等能力素养水平状况。这一目标追求,强调高考化学命题时,注重强调以真实情境为载体、以实际问题为任务,引导学生立足"宏微结合""变化守恒"的学科视角,以化学知识为解决问题的工具,开展分类与概括、证据与推理、模型与解释、符号与表征等具有学科特质的学习活动以解决问题,以此考查化学学科素养水平与关键能力发展状况,凸显"能力为重"的考查要求,从而为高校选拔合格新生。

3. 体现"全面发展"的育人要求

高考化学命题改革目标强调,化学学科的高考命题注重以核心价值为引领,重点检测学生在"宏微结合""变化守恒"等化学学科思想观念指引下,根据特定的真实情境与具体问题,以学科知识为基本工具,开展问题解决的过程与结果所表现出来的证据推理、模型认知、科学探究与符号表征等能力素养状况以及科学态度、社会责任等个性品质与价值观念发展水平。这样的考查要求,很好地体现"价值引领、素养导向、能力为重、知识为基"的评价理念,强调化学教学不仅关注学科知识的掌握和思维能力的培养,更要关注学生核心价值观念的建立与学科核心素养的发展,从而导向中学化学教学落实"全面发展"的育人要求。

三、目标追求与学科核心素养的关系

高中化学新课程根据化学课程的本质特征及育人价值,提出包含"宏观辨识与微观探析、变化观念与平衡思想、证据推理与模型认知、科学探究与创新意识、科学态度与社会责任"等5个方面的化学学科核心素养。这些方面的素养要求,在高考化学命题改革目标追求中得到很好的体现(如图4-3)。

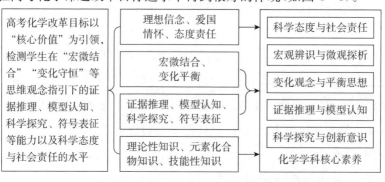

图4-3 高考化学命题改革目标与化学学科核心素养的关系

1. 体现"宏观辨识与微观探析""变化观念与平衡思想"素养的要求

高考化学命题改革强调学生面对真实情境下陌生问题时，能够立足"宏微结合""变化平衡"的学科视角加以审视，并在特定思路指引下，以化学知识为工具开展分析问题与解决问题活动，实现对学生能力素养等水平的考查评估。这样的考查要求，体现了高考化学命题对"元素观、微粒观、分类观、转化观、平衡观、能量观"等化学学科基本观念的考查，强化从宏观、微观、分类、物质与能量变化、速率与限度等认识角度思考与解决物质及其运动变化的相关问题，体现对反映化学学科思想方法与学科思维方式等的"宏观辨识与微观探析""变化观念与平衡思想"等化学学科核心素养的考查。

2. 强调对"证据推理与模型认知""科学探究与创新意识"素养的考查

高考化学命题，强调学生在面对真实情境下陌生问题时，开展信息收集与加工、基于证据的分析推理、建立事实现象与化学模型间的联系、应用模型预测与解释事实现象、在实验与探究活动中得出结论、应用化学模型与符号等表征物质及其运动变化等情境识别与问题解决等活动，从而评价学生证据推理、模型认知、科学探究与符号表征等能力素养状况。这样的考查要求，本质上体现对化学认知加工过程与认知加工结果等方面的科学探究与问题解决关键能力的系统考核，指向科学教育的"收集和运用实证的能力"课程目标，体现对反映化学研究方法与化学实践活动等的"证据推理与模型认知""科学探究与创新意识"等化学学科核心素养的考查。

3. 凸显对"创新意识""科学态度与社会责任"素养的要求

高考化学命题改革目标，强调以核心价值为引领，通过引导学生开展实验方案的设计与优化、实验结果的处理、对实验"异常"现象问题的反思、分析化学技术推广和化学品使用可能存在的风险、运用化学原理和方法对解决生产和生活中的热点问题提出创造性建议、依据"绿色化学"思想和科学伦理对化学过程进行评估、积极参与有关化学问题的社会决策、赞赏我国科技工作者取得的重大成果等活动，注重检测学生敢于质疑与勇于创新的实践精神、评估学生严谨求实与崇尚真理的科学态度、强化学生价值认同及社会责任等观念意识的发展水平，从而凸显高考化学命题改革考查目标对"创新意识""科学态度与社会责任"等化学学科核心素养的要求。

通过前面三个方面的剖析，可以发现高考化学命题改革的目标追求，具有反映科学(化学)课程三个维度的重要目标、很好地反映高考评价体系所强调的"四层"考查内容以及凸显五个方面化学学科核心素养考查的特点。深刻理解高考化学命题改革目标追求,能帮助教师很好地把握高考化学命题方向与策略,有效指导中学化学教学的开展,从而提升中学化学教学质量与效益,有效做好高考备考工作。

第三节 命题改革目标的达成策略

高考命题过程中,如何优化命题策略,达成"以核心价值为引领,重点检测学生在'宏微结合''变化守恒'等思想观念指引下,基于问题解决过程与结果,表现出的证据推理、模型认知、科学探究与符号表征等能力素养状况以及科学态度、社会责任等个性品质与价值观念发展水平"的目标追求,是高考命题研究需要进一步认识的问题。只有理解这一问题,才能更好地指导教学、优化复习备考。

研究近年高考化学试题,可以发现高考化学命题以高考评价体系为行动指南和根本遵循,注重创设生活实践情境、学习探索情境,精心设置涉及化学物质及其运动变化的问题任务,要求学生在识别问题情境的基础上,应用物质及其变化的规律或原理去分析问题和解决问题,实现对"核心价值、学科素养、关键能力、必备知识"等的考查,从而体现"价值引领、素养导向、能力为重、知识为基"的评价要求,达成高考化学命题改革的目标追求(如图4-4所示)。

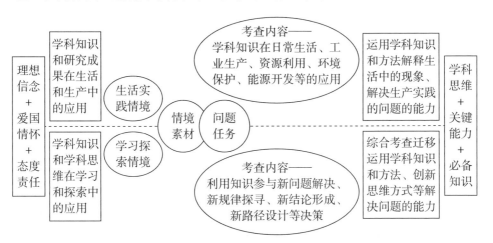

图4-4

下面结合近年高考化学试题,分析探讨"核心价值引领、学科思想方法、学科关键能力、个性品质与价值观"等考查目标的达成策略。

一、"核心价值引领"的达成策略

为坚持落实立德树人根本任务正确导向,强化思想立场与道德素质考查,从而实现"价值引领"的目标追求,在本章第一节已经指出:高考化学试题注重从"坚定立场思想、弘扬化学价值、强化理性精神、激励实践探索"等四个方面彰显化学核心价值,将理想信念、爱国主义、品德修养、社会责任等方面与学科内容要求紧密结合,落实"六个下功夫"的育人追求。命题的具体策略为:

1. 充分发挥化学试题情境素材的认知价值

高考化学试题通过精心选择古今中外化学成就、中国近现代化学科学与技术及其应用的重要成果、材料与资源开发及能源利用、环境问题及其处理等情境素材,引导学生通过相关情境素材的阅读,了解现代化学科学技术发展新成就、我国当代科技重大成果,认识化学科学发展新特点、新趋势以及与化学相关的社会热点问题,感知"科学·技术·社会·环境"的相互关系及其影响等,从而丰富学生的学科视野、增长学生的知识见识,很好地发挥高考化学试题的认知价值。

2. 在问题任务解决中感悟化学的应用价值

以学科核心素养测试为宗旨的化学高考,注重以真实情境为测试载体、以实际问题为测试任务、以化学知识为解决问题的工具。在高考化学试题解答过程中,需要学生在学科思想观念指导下,调用化学知识去分析与解决真实情境下的实际问题。这一过程,有利于学生认识化学知识在解释或解决生产生活中的事实与问题、参与社会问题解决等决策中的作用,有利于学生增进对"科学·技术·社会·环境"关系的理解,深刻且充分感悟化学的应用价值。

3. 在反思感悟过程中达成情境与问题的情意价值

学生在阅读与加工试题情境素材、分析与解答问题任务过程中,不仅很好地发挥了高考化学的认知价值,让学生感悟化学的应用价值,还有利于学生形成科学的情感态度、建立正确的价值观念,体现高考化学的情意价值。例如,通过对包含我国古代科技文明和当代化学科学技术成果及其对人类发展和社会进步的贡献等情境素材的阅读,感悟传承工匠精神、厚植爱国主义情怀、建立责任担当的重要性;通过情境阅读与问题解决活动,理解"科学·技术·社会·环境"等的相互影响,感悟科学研究过程的思维方法,体悟化学对创造物质与精神财富以促进可持续发展的价值意义,形成亲近化学、欣赏化学的积极情感,建立节约自然资源、"绿色化学"观念和可持续发展意识,权衡化学成果在生产、生活中应用的利与弊,建立科学的化学价值观念并对与化学有关的社会热点问题做出正确价值判断,强化责任意识和担当意识等。

例 4-1(2021-河北-16,节选) 当今,世界多国相继规划了碳达峰、碳中和的时间节点。因此,研发二氧化碳利用技术,降低空气中二氧化碳含量成为研究热点。我国科学家研究 Li-CO_2 电池,取得了重大科研成果,回答下列问题:

(1) Li-CO_2 电池中,Li 为单质锂片,则该电池中 CO_2 在_____(选填"正"或"负")极发生电化学反应。研究表明,该电池反应产物为碳酸锂和单质碳,且 CO_2 电还原后与锂离子结合形成碳酸锂按以下 4 个步骤进行,写出步骤 Ⅲ 的离子方程式。

Ⅰ. $2CO_2 + 2e^- =\!=\!= C_2O_4^{2-}$ 　　　　Ⅱ. $C_2O_4^{2-} =\!=\!= CO_2 + CO_2^{2-}$

Ⅲ. _____ 　　　　Ⅳ. $CO_3^{2-} + 2Li^+ =\!=\!= Li_2CO_3$

(2) 研究表明,在电解质水溶液中,CO_2 气体可被电化学还原。

Ⅰ. CO_2 在碱性介质中电还原为正丙醇($CH_3CH_2CH_2OH$)的电极反应方程式是_____。

Ⅱ. 在电解质水溶液中,三种不同催化剂(a、b、c)上 CO_2 电还原为 CO 的反应进程中(H^+ 被还原为 H_2 的反应可同时发生),相对能量变化如图 4-5。由此判断,CO_2 电还原为 CO 从易到难的顺序为_____(用 a、b、c 字母排序)。

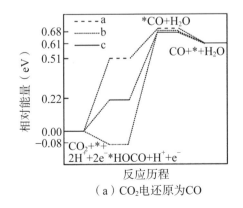

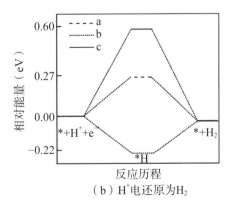

图 4-5

【答案】 (1)正极 $2CO_2^{2-}+CO_2\Longrightarrow 2CO_3^{2-}+C$

(2) $12CO_2+18e^-+4H_2O\Longrightarrow CH_3CH_2CH_2OH+9CO_3^{2-}$ c、b、a

【解析】 我国政府郑重承诺将在 2030 年前实现碳达峰、2060 年前实现碳中和的目标。命题者选择碳达峰、碳中和等热点素材以及我国科学家 $Li-CO_2$ 电池研究成果来创设试题情境,不仅充分展现我国在应对全球气候问题上的责任和担当,而且通过相关问题的解决,帮助学生感悟化学科学在实现碳达峰、碳中和时发挥的重要作用,认识我国科技进步及其贡献。具体为:通过情境素材的展示,初步感知我国当代科技重大成果以及与化学相关的社会热点问题;在此基础上,通过相关问题解决活动和反思体验活动,认识到化学知识在解释生产生活中的事实与现象、参与社会问题解决等决策中的作用,并增进对"科学·技术·社会·环境"关系的理解,深刻且充分感悟化学的应用价值。这样的命题手法,普遍成为高考的一种新趋势,以体现高考"核心价值引领"、落实立德树人根本任务的追求。

二、"学科思想方法"的达成策略

化学是在原子、分子水平上研究物质及其运动变化的科学,化学研究将以物质及其运动变化为研究对象,进而在宏观层次上认识物质及其运动变化的规律、在微观层次上揭示物质及其运动变化的本质。因此,凸显内容改革的高考化学命题,注重情境创设与问题设置,强调学生立足宏观—微观、运动变化的视角,运用化学知识多角度分析物质及其运动变化实际问题的能力,以此考查学生通过化学课程学习后所达成的"宏微结合""变化平衡"等学科思维水平。

1. 宏微结合

这一学科思想主要对应"宏观辨识与微观探析"学科核心素养,其核心在于强调通过观察辨识物质的形态及其变化的宏观现象或微观模型,建立从分子、原子层次对物质结构、性质变化、能量转变及其相互关系的基本认识,建立宏观现象与微观本质的联系,运用符号表征物质及其变化等。因此,"宏微结合"反映为审视化学物质及其运动变化的视角与水平。高考化学命题的基本策略为:通过精选反映物质及其运动变化的事实现象,或开发微观模型(如分子或原子结构示意图、化学变化微观示意图)、化学符号(化学式或化学方程式)、微观粒子运动迁移等试题情境,设计关联物质的组成与结构、性质与变化、用途与制备等分析与解释相关任务的试题,以此考查学生对物质及其运动变化的宏观、微观及符号三重表征的理解及转化水平,运用"结构决定性质、性质决定用途"等观念分析与解决化学问题的认识思路与信息加工水平。

例4-2(2021-全国甲-13题)　乙醛酸是一种重要的化工中间体,可采用如图4-6所示的电化学装置合成。图中的双极膜中间层中的 H_2O 解离为 H^+ 和 OH^-,并在直流电场作用下分别向两极迁移。下列说法正确的是(　　)。

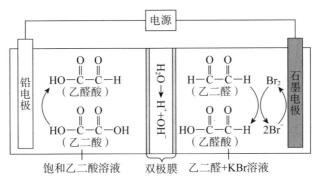

图4-6

A. KBr 在上述电化学合成过程中只起电解质作用

B. 阳极上的反应式为

$$HO-\overset{O}{\overset{\|}{C}}-\overset{O}{\overset{\|}{C}}-OH+2H^++2e^- \longrightarrow HO-\overset{O}{\overset{\|}{C}}-\overset{O}{\overset{\|}{C}}-H+H_2O$$

C. 制得 2 mol 乙醛酸,理论上外电路中迁移了 1 mol 电子

D. 双极膜中间层中的 H^+ 在外电场作用下向铅电极方向迁移

【答案】　D

【解析】　试题创设电解制备物质的情境,要求结合物质在电解前后的变化情况,分析物质的作用及其反应、微粒(电子或离子)的迁移情况等。对于此类电化学试题,命题者期望学生结合具体的电化学装置模型,并在观察物质电解前后变化情况基础上,准确分析电子(或离子)等微粒的流向或相应电极的氧化还原反应,然后串联起电子、离子流向判断电池正负极和电极反应,以此考查学生对化学模型与符号的宏观、微观及符号三重表征的理解及转化水平,体现对"宏微结合"学科思想方法的考查。对于本题,解答的关键在于分析两个电极中的物质变化情况,进而明确电子流向情况,从而确定电解池的阴阳极及其反应等。

2. 变化平衡

"变化平衡"对应"变化观念与平衡思想"学科核心素养。"变化平衡"学科思想不仅揭示了物质运动变化的条件性、规律性和价值性及其相互关系等,是对物质运动变化的总括性认识,同时还强调从运动变化和趋势限度等视角来审视物质世界。高考对"变化平衡"学科思想的考查,强调结合具体的情境素材与问题任务,分析与解释化学变化中的物质变化与能量变化,化学反应的方向、速率与限度等的情况;能从调控反应速率、提高反应转化率等方面综合分析反应的条件,提出有效控制反应条件的措施;能从定性、定量角度认识化学变化,从质量守恒和能量守恒、联系发展和动态平衡的观点看待和分析化学变化,揭示各类变化的特征和规律;能用对立统一、联系发展和动态平衡的观点考察化学反应,预测在一定条件下某种物质可能发生的化学变化或设计化学反应实现物质转化、合成和能量转化。

例 4 - 3(2015 - 全国乙 - 28,节选) 碘及其化合物在合成杀菌剂、药物等方面具有广泛用途。回答下列问题:

(1) 大量的碘富集在海藻中,用水浸取后浓缩,再向浓缩液中加入 MnO_2 和 H_2SO_4,即可得到 I_2。该反应的还原产物为_____。

(2) 上述浓缩液中主要含有 I^-、Cl^- 等。取一定量的浓缩液,向其中滴加 $AgNO_3$,当 $AgCl$ 开始沉淀时,溶液中 $c(I^-)/c(Cl^-)$ 为_____。

已知,$K_{sp}(AgCl)=1.8\times10^{-10}$,$K_{sp}(AgI)=8.5\times10^{-17}$。

(3) Bodensteins 研究了下列反应:

$$2HI(g)\rightleftharpoons H_2(g)+I_2(g) \quad \Delta H=+11 \text{ kJ}\cdot\text{mol}^{-1}。$$

在 716 K 时,气体混合物中碘化氢的物质的量分数 $x(HI)$ 与反应时间 t 的关系如下表:

t/ min	0	20	40	60	80	120
$x(HI)$	1	0.91	0.85	0.815	0.795	0.784
$x(HI)$	0	0.60	0.73	0.773	0.780	0.784

① 根据上述实验结果,该反应的平衡常数 K 的计算式为_____。

② 上述反应中,正反应速率为 $v_正=k_正 x^2(HI)$,逆反应速率为 $v_逆=$

$k_{逆}x(H_2)x(I_2)$，其中 $k_{正}$、$k_{逆}$ 为速率常数，则 $k_{逆}$ 为_____（以 K 和 $k_{正}$ 表示）。若 $k_{正}=0.0027$ min^{-1}，在 $t=40$ min 时，$v_{正}=$_____ min^{-1}。

③ 由上述实验数据计算得到 $v_{正}-x(HI)$ 和 $v_{逆}-x(H_2)$ 的关系可用图4-7表示。当升高到某一温度时，反应重新达到平衡，相应的点分别为_____（填字母）。

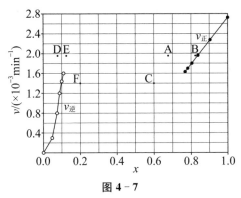

图 4-7

【答案】　（1）$MnSO_4$（或 Mn^{2+}）

（2）$4.7×10^{-7}$

（3）① $\dfrac{0.108^2}{0.784^2}$　② $\dfrac{k_{正}}{K}$　$1.95×10^{-3}$　③A、E

【解析】　命题者创设海水提碘的生产环保情境以及 Bodensteins 研究碘化氢分解实验的学术探索情境，要求学生在阅读信息、图表数据等基础上，立足氧化还原反应、沉淀溶解平衡、化学反应速率与化学平衡的视角，结合反应速率与化学平衡的影响因素等知识进行解答。对于问题（1），抓住氧化还原反应的规律性，很容易推出还原产物。问题（2），则结合沉淀溶解平衡常数和竞争反应的视角，不难得出浓度值比的关系。问题（3）③的解答，首先要明确 HI 分解反应为吸热反应，升高温度平衡常数变大，反应向生成产物方向移动，即反应物转化率提高、体系中产物的浓度增大。同时，由于温度提高，分子间相互碰撞频率增加，反应速率加快。具体分析可知，当温度升高到一定程度，反应重新达到平衡，对于正向反应，速率常数 $k_{正}$ 增加，$x(HI)$ 减小。对于逆向反应，速率常数 $k_{逆}$ 增加，$v_{逆}$ 增加，$x(H_2)=x(I_2)$ 也增加。同时，在新平衡时，$v_{正}=v_{逆}$，且 $x(H_2)+x(I_2)+x(HI)=1$。从所给题图中，满足上述要求的相应点分别为 A、E。

三、"学科关键能力"的达成策略

1. 证据推理能力

"证据推理"强调学习者开展阅读、观察和实验等活动,获取有关物质及其运动变化的事实证据,并在严密推理与逻辑论证基础上得出结论。为落实"证据推理"关键能力的考查,高考化学命题通过图表、文本等形式呈现物质及其运动变化的事实现象来创设情境,要求学生在观察与阅读基础上,立足化学学科视角,运用所学知识对物质及其运动变化进行分析与判断、解释与论证等,以此考查学生观察与描述简单化学现象的信息加工能力,运用所学知识分析与解决物质及其运动变化相关问题的能力,落实对学生基于证据推理的理性思维和批判质疑精神等的考查。

命题者在命题时,或利用科学研究文献、化工生产资料等创设"文献阅读类情境",要求学生结合真实情境与具体问题,开展事实现象的分析与解释、变化情况的推理与预测、研究结论的评估与论证等活动;或以日常生活事实经验、与日常生活相关的新闻报道为素材创设"日常生活类情境",要求学生利用化学知识对与日常生活相关的经验或看法等问题进行论证批驳、揭露批判等。目前,一些地方模拟卷中呈现了"科普类阅读"题型,对"证据推理"的考查进行了很好的探索。

例 4-4(2021-湖南-14) 铁的配合物离子(用 $[L-Fe-H]^+$ 表示)催化某反应的一种反应机理和相对能量的变化情况如图 4-8 所示:

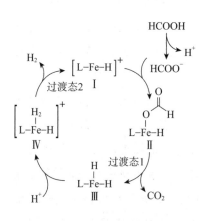
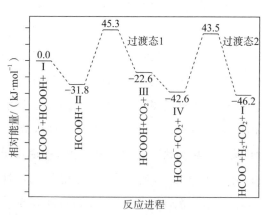

图 4-8

下列说法错误的是( )。

A. 该过程的总反应为 $HCOOH \xrightarrow{\text{催化剂}} CO_2\uparrow + H_2\uparrow$

B. H^+ 浓度过大或者过小,均导致反应速率降低

C. 该催化循环中 Fe 元素的化合价发生了变化

D. 该过程的总反应速率由 Ⅱ→Ⅲ 步骤决定

【答案】　C、D

【解析】　命题者选择铁的配合物离子催化某反应的一种反应机理和相对能量变化的情境素材创设学术探索情境,要求学生在正确获取图示信息基础上,与已有知识进行整合,从而对反应方程式、反应速率、元素变化及反应速率决定因素等进行分析判断,很好地考查了学生的证据推理能力。解答时,学生需要根据反应机理图,准确提取反应物($HCOOH$)和生成物(CO_2 和 H_2),从而得出总反应式。同时,结合产生Ⅱ和Ⅳ的反应,可以发现两步反应中均有 H^+ 生成或消耗,当 H^+ 浓度过大时,会影响甲酸的电离而影响过渡态Ⅱ的速率;当 H^+ 浓度过小时,又会影响过渡态Ⅳ的进行。再结合反应相对能量变化情况图可知,该反应过程中的Ⅳ→Ⅰ步骤的活化能最大($86.1\,kJ \cdot mol^{-1}$),决定了该反应的速率问题。此外,根据催化剂催化过程,可知铁元素价态保持不变。

2. 模型认知能力

模型认知是指对所需解决的问题任务,基于已有认知与经验出发,提出合理的假设,并在获取物质及其运动变化事实及其结果基础上,通过抽象和模型思维,提出反映物质及其变化的本质与规律的简约化模型,并经过进一步验证与完善以形成科学的化学模型。要求学生能够运用各种化学模型来描述和解释物质和变化,预测物质及其变化的可能结果,或能分析研究对象的要素及其相互关系,建立相应的化学模型以反映或揭示研究对象的本质、蕴含的规律等。高考对模型认知的考查,通常包含模型识别、模型建构、模型分析与模型应用等方面[①],以此检测学生的模型认知能力水平。

命题者命题时,或要求学生调用化学课程学习过程中建立起来的认知模型,去解释物质及其变化的事实现象,预测物质及其变化的可能结果;或呈现陌生物质及其变化的事实现象,要求学生分析研究对象的要素及其相互关系,进

---

① 江奇芹,薛亮. 高中生化学"模型认知"素养的考查特点与命题走向——以2020年3套高考化学全国卷为例[J]. 教育测量与评价,2021(03):43-51

而建立反映研究对象的本质特征、变化规律的思维模型,并应用建立的模型去分析、解决化学问题。从能力要求水平看,后者的能力层次更高,不仅强调学生通过现场学习,准确把握情境素材的关键与本质,同时要求学生将关键与本质同已有的化学知识相整合,进而"产生"出可执行操作、能迁移应用的新模型——包括新观念、新视角、新工具、新思路等[①],以便预测相关现象、解释相关事实、做出科学决策等。

例4-5(2021-广东-10) 部分含铁物质的分类与相应化合价关系如图4-9所示。下列推断不合理的是( )。

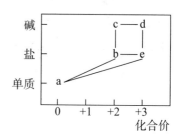

A. a可与e反应生成b

B. b既可被氧化,也可被还原

C. 可将e加入浓碱液中制得d的胶体

D. 可存在b→c→d→e→b的循环转化关系

图4-9

【答案】 C

【解析】 试题以含铁物质的类属及其相应化合价关系图为情境,要求学生对相关含铁物质的性质及其转化关系进行分析。毫无疑问,试题考查的核心,并不在于学生熟记含铁物质的性质及其转化,而是强调学生调用高一化学必修内容学习建立起来的"价类二维思维"模型进行分析。根据价态转化关系,低价态的铁(a为铁单质,0价)能与高价态的铁(e为铁盐,+3价)相互作用生成中间价态的铁(b为亚铁盐,+2价);而中间价态的铁(b为亚铁盐,+2价)能被氧化为高价铁(e为铁盐,+3价),也能被还原为低价铁(a为铁单质,0价);根据价类转化关系,亚铁盐(b为亚铁盐,+2价)可转化为难溶性的碱(c为氢氧化亚铁,+2价),后者可被氧化为高价态的铁(d为氢氧化铁,+3价)。氢氧化铁又可转化为铁盐(e为铁盐,+3价),后者又能被还原为低价态的铁(b为亚铁盐,+2价)。

3. 科学探究能力

科学探究是"进行科学解释和发现、创造和运用的科学实践活动"。高考命题对"科学探究"关键能力的考查,强调根据具体情境提出探究问题、确定探究

① 李萍.中考化学命题研究蓝皮书[M].西安:世界图书出版公司,2020:84

目的、制定探究方案,并依据探究方案开展相关研究活动以获取事实证据,从而在证实或证伪活动基础上得出合理结论、提出进一步探究的设想等。高考命题时,往往创设体现化学实验研究与探索活动等为背景的"研究探索类情境",引导学生阅读情境素材、亲历问题解决或实验探究过程,不仅检测学生了解并初步实践化学研究的一般过程、掌握化学实验的基本方法和技能等情况,而且关注学生发现并提出问题、设计实验方案与开展实验活动、加工实验信息以得出结论或对化学现象提出合理科学解释的能力。

　　高考命题时,命题者常采取的命题策略为:选择并呈现科学研究或化工生产等活动中的化学事实、数据图表、工艺流程、符号模型、装置方案、过程记录等,要求学生基于事实现象等相关信息,开展比较归纳或抽象演绎等逻辑活动,进而提出猜想与假设,开展证实(伪)等探究活动,并结合活动过程得到的相关信息或题目呈现的相关信息开展问题分析与解决活动并得出相关结论等,以此检测学生信息获取与加工、逻辑推理、问题解决和实验探究等能力。

　　例4-6(2018-北京-28)　实验小组制备高铁酸钾(K_2FeO_4)并探究其性质。

　　资料:K_2FeO_4为紫色固体,微溶于KOH溶液;具有强氧化性,在酸性或中性溶液中快速产生O_2,在碱性溶液中较稳定。

　　(1) 采用图4-10所示装置制备K_2FeO_4(夹持装置略)

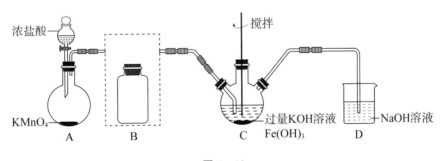

图4-10

　　① A为氯气发生装置。A中反应方程式是_____(锰被还原为Mn^{2+})。

　　② 将除杂装置B补充完整并标明所用试剂。

　　③ C中得到紫色固体和溶液。C中Cl_2发生的反应有$3Cl_2 + 2Fe(OH)_3 + 10KOH =\!=\!= 2K_2FeO_4 + 6KCl + 8H_2O$,另外还有_____。

（2）探究 K_2FeO_4 的性质

① 取 C 中紫色溶液,加入稀硫酸,产生黄绿色气体,得溶液 a,经检验气体中含有 Cl_2。为证明是 K_2FeO_4 氧化了 Cl^- 而产生 Cl_2,设计以下方案:

方案 I	取少量 a,滴加 KSCN 溶液至过量,溶液呈红色。
方案 II	用 KOH 溶液充分洗涤 C 中所得固体,再用 KOH 溶液将 K_2FeO_4 溶出,得到紫色溶液 b。取少量 b,滴加盐酸,有 Cl_2 产生。

I . 由方案 I 中溶液变红可知 a 中含有_____离子,但该离子的产生不能判断一定是 K_2FeO_4 将 Cl^- 氧化,还可能由_____产生(用离子方程式表示)。

II . 方案 II 可证明 K_2FeO_4 氧化了 Cl^-。用 KOH 溶液洗涤的目的是_____。

② 根据 K_2FeO_4 的制备实验得出:氧化性 Cl_2_____FeO_4^{2-}(选填">"或"<"),而方案 II 实验表明,Cl_2 和 FeO_4^{2-} 的氧化性强弱关系相反,原因是_____。

③ 资料表明,酸性溶液中的氧化性 $FeO_4^{2-}>MnO_4^-$,验证实验如下:将溶液 b 滴入 $MnSO_4$ 和足量 H_2SO_4 的混合溶液中,振荡后溶液呈浅紫色,该现象能否证明氧化性 $FeO_4^{2-}>MnO_4^-$。若能,请说明理由;若不能,进一步设计实验方案。

理由或方案:_____。

【答案】 （1） ① $2KMnO_4 + 16HCl = 2MnCl_2 + 2KCl + 5Cl_2\uparrow + 8H_2O$ ② 如图 4-11 ③ $Cl_2 + 2OH^- = Cl^- + ClO^- + H_2O$

饱和食盐水

（2）① I . Fe^{3+} $4FeO_4^{2-} + 20H^+ = 4Fe^{3+} + 3O_2\uparrow + 10H_2O$ II . 排除 ClO^- 的干扰 ②> 溶液的酸碱性不同 ③若能,理由:FeO_4^{2-} 在过量酸的作用下完全转化为 Fe^{3+} 和 O_2,溶液浅紫色一定是 MnO_4^- 的颜色(若不能,方案:向紫色溶液 b 中滴加过量稀 H_2SO_4,观察溶液紫色快速褪去还是显浅紫色)

图 4-11

【解析】 命题者创设高铁酸钾制取及性质探究的实验探究情境,将高铁酸钾的制取与性质探究任务综合在一起,综合考查学生对气体制备的仪器和装置、实验仪器装置图的绘制、物质性质实验中干扰因素的分析、实验现象与实验结论之间的推理关系和简单的实验设计等元素化合物知识、实验技能等的掌握情况以及实验探究能力,同时还很好地考查学生思维的缜密性和深刻性等品质。解答的关键,在于学生需要清楚氯气的实验室制取原理和各部分仪器装置的作用,能够对实验现象和体系中的物质及其变化情况进行系统分析,并能准确找出实验中的干扰因素或干扰物以开展实验方案的设计等。

4. 符号表征能力

"以符号形式描述物质"是化学学科的特征之一。为此,课程标准强调学生能对常见物质及其变化进行描述和符号表征,能根据要求正确书写化学方程式、离子方程式,能采用模型或符号等多种方式对物质的结构及其变化进行综合表征,能运用"宏观、微观、符号"等方式描述或说明物质转化的本质和规律等多样化的要求。因此,高考化学非常关注"符号表征"关键能力的考查。对"符号表征"关键能力的考查,强调学生基于问题解决的活动过程与活动结果,能够准确识别有关物质及其变化的符号信息,并能实现符号信息的宏观、微观层面的转化,能够根据问题任务要求正确使用化学符号表征物质结构及其变化的结果。

高考命题时,命题者通过呈现相关情境信息与问题任务,或要求学生根据要求并用化学式、分子式、结构简式、结构式、电子式等以及球棍模型、比例模型等表征具体物质的组成与结构;或要求学生根据情境信息或任务要求并采用化学方程式、离子方程式、热化学方程式、电极反应式等表征物质性质及其变化(含物质变化或能量变化等);或给定相关的化学模型与符号等,要求学生根据给定的模型或符号实现对物质及其变化的"宏观—微观—符号"三重表征并实现自动化的关联与转化。

例 4-7(2019-全国Ⅱ-26,节选)　立德粉 $ZnS \cdot BaSO_4$(也称锌钡白)是一种常用白色颜料。以重晶石($BaSO_4$)为原料,可按图 4-12 所示的工艺生产立德粉:

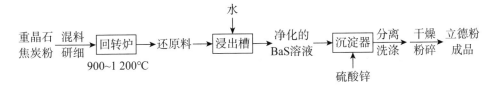

图 4-12

（1）在回转炉中重晶石被过量焦炭还原为可溶性硫化钡，该过程的化学方程式为＿＿＿＿＿＿＿＿＿＿＿＿＿＿。回转炉尾气中含有有毒气体，生产上可通过水蒸气变换反应将其转化为 CO_2 和一种清洁能源气体，该反应的化学方程式为＿＿＿＿＿＿＿＿＿＿＿＿＿＿。

（2）在潮湿空气中长期放置的"还原料"，会逸出臭鸡蛋气味的气体，且水溶性变差。其原因是"还原料"表面生成了难溶于水的＿＿＿＿＿＿（填化学式）。

（3）沉淀器中反应的离子方程式为＿＿＿＿＿＿＿＿＿＿＿＿＿＿。

【答案】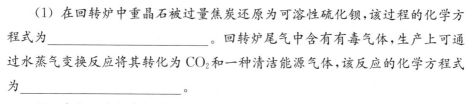

（1）$BaSO_4 + 4C \xrightarrow{900\sim1\,200℃} BaS + 4CO\uparrow$　　$CO + H_2O \xrightarrow{} CO_2 + H_2$

（2）$BaCO_3$　（3）$S^{2-} + Ba^{2+} + Zn^{2+} + SO_4^{2-} \xrightarrow{} ZnS \cdot BaSO_4\downarrow$

【解析】 命题者创设用重晶石为原料制备立德粉的生产环保情境，要求学生根据试题情境与任务要求，书写三个化学方程式和一个化学式来表达制备过程中的物质及其变化，可见命题者对符号表征能力的关注。同样的考查要求，在历年的高考有机化学合成试题中也常常看到（一般要求写4—5个结构简式和化学方程式）。本题解答本身不难，重点应用氧化还原反应、复分解反应、离子反应等规律来指导，抓住反应前后物质变化信息并加以规范地表达即可。

四、"个性品质与价值观"的达成策略

为强化考试评价的思想教育和价值引领功能、凸显考试评价在落实立德树人根本任务的载体作用①，高考化学命题时，注重结合化学学科特点精心选择命题素材，充分发挥情境素材和问题任务的导向、明理和陶冶等功能，将是非判断、爱国主义情怀、社会责任等方面紧密结合，融合社会主义核心价值观的考查，帮助学生感知与体悟化学研究任务、化学知识价值，以及建立"绿色化学"观念和可持续发展意识，理解"化学·技术·社会·环境"等的关系，从而全面考查化学学科的本质价值、社会价值和育人价值等，全面落实"六个下功夫"的育人追求。

命题者在高考命题时，或注重结合生命活动与营养健康、工业生产条件的控制、化学物质合成与创造、实验（或生产）过程尾气处理、废弃物品综合利用等，让学生在情境阅读与问题解决过程中，立足化学视角分析并解决与化学相

---

① 姜钢，刘桔.牢记立德树人使命 写好教育考试奋进之笔［N］.中国教育报，2018-3-3（T05）

关的生产、生活、环保、能源等问题,旨在增进学生对"化学·技术·社会·环境"关系的理解,赞赏化学对社会发展的重大作用,认识化学过程对自然可能带来的各种影响,增强环境保护和合理开发与利用资源的意识,建立与完善可持续发展和绿色化学的观念,关心与化学有关的社会热点问题并积极参与讨论、做出决策和参与实践;或呈现实验探究与学术探索情境,引导学生通过情境素材阅读与问题解决,尊重客观事实、独立思考、敢于质疑,具有批判精神和创新意识,激发学生探索未知、崇尚真理、追求真理的意识,形成终身学习的能力、严谨求实的科学精神,等等。

例 4-8(2019-北京-28,改编)　化学小组将足量 SO_2 通入 $AgNO_3$ 溶液反应时,得到无色溶液 A 和白色沉淀 B。为探究 B 的组成,进行如图 4-13 所示的实验(已知:Ag_2SO_4 微溶于水,Ag_2SO_3 难溶于水)。

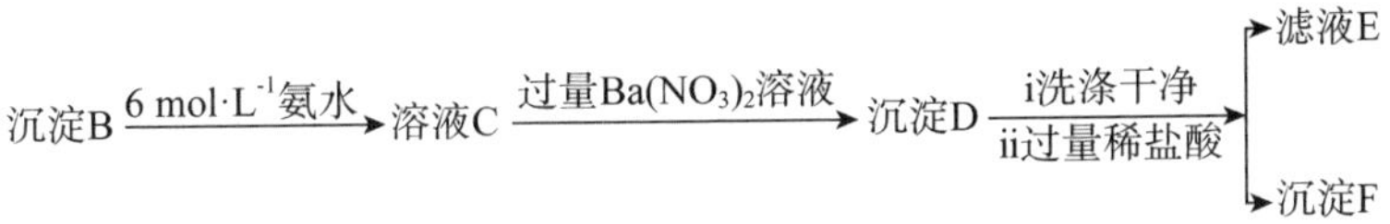

$$\text{沉淀B} \xrightarrow{6\ \text{mol·L}^{-1}\text{氨水}} \text{溶液C} \xrightarrow{\text{过量Ba(NO}_3\text{)}_2\text{溶液}} \text{沉淀D} \xrightarrow[\text{ii过量稀盐酸}]{\text{i洗涤干净}} \begin{cases} \text{滤液E} \\ \text{沉淀F} \end{cases}$$

图 4-13

据此,化学小组确定 D 由 $BaSO_3$ 与 $BaSO_4$ 组成,并对 B 的组成提出如下猜想:

猜想 1:沉淀 B 含 Ag_2SO_3 与 Ag_2SO_4。

猜想 2:沉淀 B 仅含 Ag_2SO_3(在 B $\longrightarrow$ C 时,部分 SO_3^{2-} 被氧化为 SO_4^{2-})。

化学小组继续进行如下实验:向溶液 A 中滴入过量盐酸,产生白色沉淀;取上层清液继续滴加 $BaCl_2$ 溶液,未出现白色沉淀。

(1) 溶液 A 中含有_____。

(2) B 中肯定不含 Ag_2SO_4。理由是_____。

(3) SO_2 与 $AgNO_3$ 溶液反应的离子方程式是_____。

(4) 化学小组认为:SO_2 与 $AgNO_3$ 溶液应该可以发生氧化还原反应。为此,将 SO_2 通入 $AgNO_3$ 溶液反应后所得混合物放置较长一段时间,果然检测到 Ag_2SO_4。前述实验中,B 在加入氨水后再加入硝酸钡溶液,立即出现白色沉淀。请根据实验现象差异,提出能够得出的两条结论:_____。

【答案】　(1)Ag^+　(2)Ag_2SO_4 溶解度大于 $BaSO_4$,没有 $BaSO_4$ 沉淀时,必

定没有 Ag_2SO_4　(3)$2Ag^+ + SO_2 + H_2O \Longrightarrow Ag_2SO_3 \downarrow + 2H^+$　(4)实验条件下，SO_2 与 $AgNO_3$ 溶液生成 Ag_2SO_3 的速率大于生成 Ag^+ 和 SO_4^{2-} 的速率　碱性溶液中 SO_3^{2-} 更易被氧化为 SO_4^{2-}

【解析】　中学化学教学中，教师总是强调酸性条件下硝酸根具有强氧化性，不能与 SO_3^{2-} 等具有还原性的离子共存。为此，命题者创设了"探究 SO_2 与 $AgNO_3$ 溶液反应产物"的实验探究情境，并基于异常实验现象进行假设、推导并验证，最终形成正确的认识。从考查的外显要求看，试题很好地考查学生的实验探究能力以及思维的深刻性和缜密性等思维品质。除此之外，本题还内隐着对学生个性品质的考查，即强调通过情境素材阅读与问题解决，引导学生尊重客观事实、独立思考、敢于质疑，激发学生探索未知、崇尚真理、追求真理的意识。

通过本节的分析，教师应能达成两个方面的基本认识：一是高考化学命题改革，确实是围绕"以核心价值为引领，重点检测学生在'宏微结合''变化守恒'等思想观念指引下，基于问题解决过程与结果，评估学生证据推理、模型认知、科学探究与符号表征等能力素养状况以及科学态度、社会责任等个性品质与价值观念发展水平"的目标追求有序地推进，从而落实高考"立德树人、服务选才、导向教学"的核心功能；二是高考化学命题改革目标追求并不是停留在纸上的"宏伟蓝图"，而是在近年高考化学命题中实实在在地得以体现，并形成了一套较为完善的落实机制与命题策略。因此，加强高考化学命题改革的研究，把握高考化学命题改革的趋势，成为当下中学教师必须扎实落实的工作。唯有如此，才能更好地发挥高考对中学教育教学的导向作用。

第四节　体育、美育及劳动教育考查的新探索

《中共中央关于制定国民经济和社会发展第十四个五年规划和二〇三五年远景目标的建议》为我国教育事业发展指出了明确方向,同时也对高考改革尤其是高考内容改革提出了更为艰巨的任务。教育部根据《建议》的要求,立足于党和国家事业发展全局的高度,提出在"十四五"期间要在更高水平上推进高考内容改革,助力建设高质量的教育体系。为此,教育部原副部长林蕙青2021年撰文指出[①]:"未来五年,要全面推进高考内容改革,构建引导学生德智体美劳全面发展的考试内容体系,改变相对固化的试题形式,增强试题开放性,减少死记硬背和'机械刷题'现象,在更高水平上提升考试质量,更好地发挥高考的选拔功能和导向作用,助力建设高质量教育体系。"

构建引导学生德智体美劳全面发展的考试内容体系,意味着考试内容要求应全面覆盖德育、智育、体育、美育和劳动教育等方面。在德育方面,侧重于"核心价值"的考查,注重在"六个方面"下功夫,引导学生积极践行社会主义核心价值观,弘扬中华优秀传统文化、革命文化、社会主义先进文化,树立"四个自信";在智育方面,突出学科思想以及应用知识分析问题、解决问题的能力,突出理解辨析、证据推理、模型认知、论证解释、科学探究和符号表征等方面关键能力的考查;而体美劳方面的考查,教育部考试中心正进行积极探索,注重立足学科特点,创设联系体育、美育和劳动教育等方面的试题情境,从而实现学生在问题解决过程中增强健康意识、提升审美情趣、崇尚劳动精神等,培育健体、审美和热爱劳动的意识和习惯,促进学生全面发展。下面重点阐述关于体美劳考查的相关探索。

---

① 林蕙青.全面推进高考内容改革 助力建设高质量教育体系[J].中国考试,2021(01):1-7

一、高考对德智体美劳等方面考查的总体要求[①]

要落实德智体美劳全面考查,筑牢高考立德树人落实机制,教育部提出"构建考试内容、考查要求、试题情境为一体的引导学生全面发展的考试评价体系"。其中,对于考试内容的设计,强调要紧密结合学科特点,依据高考人才选拔的要求,根据普通高中课程标准的内容及要求,科学设计全面评价德智体美劳的考试内容;对于考试要求的实现,强调"以基础性涵盖五育的整体要求和全面发展,以综合性突出五育的相互交织和有机融合,以应用性体现五育的教育价值和引导作用,以创新性彰显五育的选拔功能和育才效能";对于试题情境的创设,强调"联系体育活动、体育比赛,增强参与感和现场感,增强学生热爱体育的兴趣,激发参与体育运动的热情;发挥学科优势,通过文字作品、传统艺术、地形地貌、物质生态等,强化对审美能力的考查,引导学生培养审美意识、提升审美情趣;通过创设劳动情境和场面,弘扬劳动精神,引导学生树立正确的劳动观念,培养热爱劳动的习惯"。这些方面的要求,无疑为高考化学命题如何落实"五育"尤其是体育、美育和劳动教育的考查指明了命题方向、目标追求和行动策略。

二、化学高考融合体育考查的新探索

体育运动蕴含着丰富的化学知识。如体育运动需要体育器材、体育装备和体育场馆等,而体育器材、装备和场馆的生产与建设、性能的改进与提升等,离不开化学材料的生产和化学科学技术的发展;体育活动过程中,需要机体提供能量来维持体育运动消耗的能量,同时需要一些必备的辅助品来支持(如体操运动的"镁粉"、田径运动的发令枪),体育运动中带来的机体损伤等需要药物来止血止痛;体育器材或装备使用久了,容易导致老化变质,如能妥善保管则能延缓老化,如能回收利用则可减少环境污染、实现变废为宝等目的。此外,不当的体育环境(如赛前脱水)、体育训练(如高强度的训练)、体育医药(如兴奋剂)等对于体育成绩会产生短暂的正向促进作用,但对人体会造成严重的甚至永久性的伤害。上述诸多方面,涉及无机化学、有机化学、环境化学以及生物化学等知识。

① 林蕙青.全面推进高考内容改革 助力建设高质量教育体系[J].中国考试,2021(01):1—7

例如,常见体育用品主要包括塑料类、橡胶类、皮革类、竹木及复合材料类等。对变质老化的体育器材不能一丢了事,需要对它们进行拆解分类与回收利用,实现保护环境、变废为宝的目的;人体基于体育运动提高体能体质、改善健康水平的过程中,必将受到“化学影响”,这一影响实质上包括食物摄入、化学补剂、反应条件等要素的供给。在激烈拼搏的足球赛中,足球运动员因冲撞而受伤,需要喷射氯乙烷药液,通过液体挥发从周围吸收热量而使受伤部位表面组织骤然变冷,起到镇痛和麻醉的作用;田径赛场上用的发令枪,发令时会产生大量白烟,它是用氯酸钾和红磷混合制成的,发令时,这些药品受到撞击,氯酸钾迅速分解,产生的氧气立即与红磷反应生成五氧化二磷,五氧化二磷为白色粉末,分散到空气中形成大量白烟,等等。

因此,正如前面所述,在高考化学命题中,立足化学学科研究物质组成、结构、性质、转化及其应用等特点,可联系体育活动、体育比赛等创设试题情境、设置问题,引导学生通过问题任务的解决,感悟到化学与体育的密切联系。同时,通过增强参与感和现场感,激发学生热爱体育的兴趣、增强参与体育运动的热情,掌握运动技能技巧、学会科学健体等。如下述试题,通过联系体育运动、体育比赛等创设情境,实现高考化学融合体育的考查。

例 4-9　跑步是常见的健身方式之一,它能很好地提升机体的耐力和抵抗能力。为更好地开展跑步运动、保护人体关节等,往往需要柔软而富有弹性的运动鞋,这种跑步运动鞋的鞋底通常为高弹性的特种塑料(结构

$$\begin{matrix} \text{+} CH_2CH=C-CH_2 \text{+}_n \\ | \\ CH_3 \end{matrix}$$

图 4-14

如图 4-14)。下列单体能在一定条件下发生加聚反应合成此特种塑料的是(　　)。

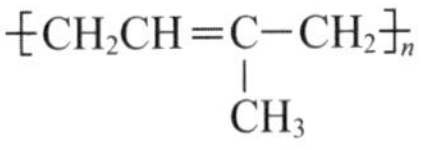

A. 丙烯

B. 2-甲基-2-丁烯

C. 乙烯和丙烯

D. 2-甲基-1,3-丁二烯

【答案】　D

【解析】　试题本身不难,只要根据加聚反应中单体组成结构变化的特点(双键变单键、两头留一键、组成不改变、彼此结成链),很容易确定合成高聚物的单体为异戊二烯(即 2-甲基-1,3-丁二烯)。试题利用如何开展跑步健身运动(需要跑步鞋)及其重要性创设情境,并将跑步健身运动与化学(跑步鞋的鞋底材料)结合在一起,考查化学知识的同时,引导学生热爱体育运动、积极参加

体育锻炼、学会科学体育锻炼等,具有很强的现实意义和指导作用。

例 4 - 10　短跑运动员需要快速起跑,才有可能在比赛中获得好成绩。据报道,优秀运动员起跑时能在 1/7 秒内冲出 1 m 的距离。若该运动员的体重为 70 kg,且起跑时所需能量全部由体内消耗葡萄糖提供,反应的热化学方程式为:

$$C_6H_{12}O_6(s)+6O_2(g)\longrightarrow 6CO_2(g)+6H_2O(l);\Delta H=-2\ 804\ kJ\cdot mol^{-1}$$

则该短跑运动员起跑时消耗葡萄糖的质量为(　　)。

A. 0.22 g　　　　B. 0.44 g　　　　C. 0.55 g　　　　D. 0.66 g

【答案】　B

【解析】　试题创设短跑运动的情境,要求分析加速过程能量提供问题。因此,这是一道典型的、通过结合运动情境考查学生运用化学规律解决实际运动相关问题的试题。试题难度不大,先要计算运动员加速过程需要提供的能量(需要 6.86 kJ),再结合热化学方程式的意义,很容易得出消耗 0.44 g 葡萄糖的结论。体育运动过程需要消耗能量,而物质及其能量变化是化学研究的重要内容,故通过化学学科可以更好地研究和认识体育运动的规律。

三、化学高考渗透美育考查的新探索

《普通高中化学课程标准(2017 年版 2020 年修订)》指出:"化学是在原子、分子水平上研究物质的组成、结构、性质、转化及其应用的一门自然科学,其特征是从微观层次上研究物质、以符号形式描述物质、在不同层面上创造物质。"化学学科的这些本质特征,决定着化学学科蕴含丰富的美的元素、存在着多种类型的美,从而为高考化学融合美育的考查提供了可能。化学美至少有如下方面:

(1) 化学物质的色彩美与形态美。化学物质的美是由化学物质的组成与结构决定的。其中,化学物质的形态美,不仅表现于外在形态的对称美(如规则的几何外形),而且还表现于内在结构的对称美(如微粒在空间的规则排列)。而且,物质内在结构的对称美决定着物质外在形态的对称美。

(2) 化学变化的动态美与守恒美。化学物质是运动变化的,其本质是构成物质微粒相互作用的结果。物质运动变化是永恒的甚至是可逆的过程,运动变化过程遵循质量与能量等守恒。这些特性体现了物质变化的动态美与守恒美。

(3) 化学理论与化学符号的简洁美、抽象美。化学理论是物质及其变化规律的概括化的表达,化学符号是物质及其变化的符号化描述,它们都是基于物

质及其变化的事实现象,对事实现象本质抽提或符号化的表征,具有简洁性和抽象性。

（4）化学研究的创造美。化学科学以揭示化学原理、创造物质等为根本追求,这一过程需要研究者创造性地开展实验研究、流程规划、结果处理等工作,饱含着研究者睿智、严谨、精益求精等魅力与品格,闪耀着化学研究过程的创造美。

（5）化学科学的应用美。从不同层次创造物质、着力解决能源与环境等问题以服务生产生活、促进社会可持续发展是化学科学应用的核心表现,人类社会的发展处处体现着化学工作者的智慧、洋溢着化学科学的应用美。

高考化学命题时,注重发挥化学学科的独特优势,通过精选上述相关方面的情境素材创设试题情境、设置相关问题,能很好地帮助学生领悟化学学科美,强化对审美能力的考查,培养学生审美意识,提升学生审美情趣,充分发挥化学高考试题的育人效用。如下述试题,很好地体现了高考化学融合美育的考查。

例 4-11（2020-全国Ⅲ-7）　宋代《千里江山图》描绘了山清水秀的美丽景色,历经千年色彩依然,其中绿色来自孔雀石颜料[主要成分为 $Cu(OH)_2 \cdot CuCO_3$],青色来自蓝铜矿颜料[主要成分为 $Cu(OH)_2 \cdot 2CuCO_3$]。下列说法错误的是（　　）。

A. 保存《千里江山图》需控制温度和湿度

B. 孔雀石、蓝铜矿颜料不易被空气氧化

C. 孔雀石、蓝铜矿颜料耐酸耐碱

D. $Cu(OH)_2 \cdot CuCO_3$ 中铜的质量分数高于 $Cu(OH)_2 \cdot 2CuCO_3$

【答案】　C

【解析】　近年来,化学试题高度重视美学素养的考查,通过精心选取素材,让学生在解答化学问题的过程中,思考美的化学本质,提升审美情趣和能力。如本题,以《千里江山图》中典型绘画颜料化学知识为情境,考查学生对化学知识的掌握和应用,激发学生热爱艺术的情感。试题本身难度不大,根据化学常识以及物质的组成与性质,很容易判断C选项错误。因为孔雀石、蓝铜矿颜料的主要成分均为碱式碳酸铜,能溶于盐酸、硫酸等常见的酸,即不具有耐酸性。

例 4-12（2019-全国Ⅱ-11）　下列化学方程式中,不能正确表达反应颜色变化的是（　　）。

A. 向 $CuSO_4$ 溶液中加入足量 Zn 粉,溶液蓝色消失 $Zn + CuSO_4 \!=\!=\!= Cu + ZnSO_4$

B. 澄清石灰水久置后出现白色固体 $Ca(OH)_2 + CO_2 \!=\!=\!= CaCO_3 \downarrow + H_2O$

C. Na_2O_2 在空气中放置后由淡黄色变为白色 $2Na_2O_2 \!=\!=\!= 2Na_2O + O_2 \uparrow$

D. 向 $Mg(OH)_2$ 悬浊液中滴加足量 $FeCl_3$ 溶液出现红褐色沉淀

$$3Mg(OH)_2 + 2FeCl_3 \!=\!=\!= 2Fe(OH)_3 \downarrow + 3MgCl_2$$

【答案】 C

【解析】 通过丰富试题呈现形式,呈现既有美感又有科学意义的物质反应和结构,展示化学反应和物质的绚丽色彩和多姿形态,让学生在解决问题的过程中体验化学反应的变化美以及物质结构美,是近年高考化学渗透美育考查的重要策略[①]。如本题,考查用化学方程式表达、解释色彩绚丽变幻的化学反应,让学生在解决问题的过程中透过现象看本质,体验化学反应的变化美。

四、化学高考融合劳动教育考查的新探索

党和国家十分重视劳动教育对培养合格劳动者的功能价值,通过《关于全面加强新时代大中小学劳动教育的意见》为新时代劳动教育进行顶层设计和全面部署,并在《大中小学劳动教育指导纲要(试行)》中提出"将劳动素养纳入学生综合素质评价体系"的要求。"以劳树德、以劳增智、以劳强体、以劳育美、以劳创新"是新时代中国特色社会主义劳动教育的重要特征,也是劳动教育综合育人价值的核心体现。无疑,开展劳动教育的主要责任,在于培养学生良好生活习惯和卫生习惯、强化自立自强意识,在于增强学生的产品质量意识,让学生体会平凡劳动中的伟大,在于帮助学生利用所学知识技能服务他人和社会、强化社会责任感。

化学学科源于劳动实践和知识经验的积累,是劳动人民的智慧结晶。化学科学与技术的发展,反过来又将促进生产生活实践、社会可持续发展。因此,化学科学将在劳动教育中发挥其独特的育人作用,这为高考化学融合劳动教育的考查提供可能。中学化学阶段的劳动教育,主要体现在学习劳动知识、养成劳动习惯、树立劳动观念、崇尚劳动精神等几个方面,即学习用于指导劳动实践的

---

① 教育部考试中心.精选试题情境素材 深化高考内容改革[J].中国考试,2019(07):20-24

物质及其变化的概念原理性知识；养成自主学习、主动实践（实验）等良好的劳动习惯；树立勤于探究、注重安全以及绿色化学观念等劳动观念；崇尚严谨求实、注重实证、勇于实践的劳动精神等。[1]

高考化学如何融合劳动教育的考查？"渗透科学劳动观念，引导学生崇尚劳动、尊重劳动，强化科学劳动意识，树立创造性劳动观念，弘扬劳动精神，增强报效国家和奉献社会的情感"等方面是考查的重点[2]，并突出以直接和间接两种方式考查。对于前者，试题通过创设情境与任务，以显性、明确的方式考查学生对劳动内容和劳动精神的理解；而间接考查，则注重情境与问题对学生的劳动观念、劳动创造和劳动精神等方面培养的间接引领作用。[3] 高考命题时，注重创设生产劳动场景，将劳动素养融入生产生活实践、能源与环境等社会热点的解决之中，确保试题蕴含劳动思想与观念、展示劳动技能与审美、分享劳动智慧和成果等特点。[4]

命题的具体策略为：（1）呈现生产劳动场景，感悟生产劳动的价值与意义以及养成积极参与劳动的意识与习惯等；（2）设置生产生活实际问题，引导学生在问题解决中感悟劳动实践需要科学指导的理念，从而增强劳动生产的意识，并将科学劳动观念内化于心；（3）创设化学科技工作者如何创造性开展劳动，从而解决环境、能源、材料等热点问题，促进社会可持续发展等的情境，从而体会平凡劳动中的伟大，树立利用所学知识技能服务他人和社会的意识，强化社会责任感，等等。下面通过一些试题来加以分析。

例4-13（2020年广东学业考试-21）　正确使用化肥和农药可以促进农业生产，下列说法正确的是（　　　）。

A. 长期使用DDT不会导致残留污染

B. 使用可溶性磷肥有利于植物对磷的吸收

① 罗晓燕,等.育人目标"劳"在化学命题与评价中的体现[J].广东化工,2021(03):199-200+206

② 陈秋来.高考生物试题融入科学劳动观对教育教学的启示——以2020年高考生物试题为例[J].中国考试,2020(11):27-31

③ 李晓东,等.高考思想政治试题对劳动教育的考查及其启示——以2020年高考思想政治试题为例[J].中国考试,2020(11):17-20

④ 邵英,史文印.劳动素养在高考地理试题中的考查探析——以高考地理全国卷试题为例[J].中国考试,2020(11):21-26

C. $(NH_4)_2SO_4$ 和草木灰混合使用效果更佳

D. 有机磷杀虫剂可降解,可以大量使用

【答案】 B

【解析】 试题命制创设日常生活与生产情境,考查化学肥料、农药等在农业生产中的作用,旨在引导学生对社会生产、生活中的化学现象进行观察,用化学的眼光认识化肥和农药的使用及其利弊,明确合理使用化肥和农药的一些方法。该情境有助于引导学生树立辩证的劳动观念,从而正确认识化学对人类社会发展的功与过。

例 4-14(2019-全国Ⅲ-28,节选) 近年来,随着聚酯工业的快速发展,氯气的需求量和氯化氢的产出量也随之迅速增长。因此,将氯化氢转化为氯气的技术成为科学研究的热点。回答下列问题:

(1) Deacon 发明的直接氧化法为:$4HCl(g) + O_2(g) \rightleftharpoons 2Cl_2(g) + 2H_2O(g)$。

图 4-15 为刚性容器中,进料浓度比 $c(HCl) : c(O_2)$ 分别等于 $1:1$、$4:1$、$7:1$ 时 HCl 平衡转化率随温度变化的关系。由此可知,反应平衡常数 $K(300℃)$ _____ $K(400℃)$(选填"大于"或"小于")。设 HCl 初始浓度为 c_0,根据进料浓度比 $c(HCl) : c(O_2) = 1:1$ 的数据计算 $K(400℃) =$ _____

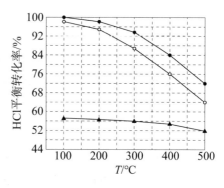

图 4-15

_____(列出计算式)。按化学计量比进料可以保持反应物高转化率,同时降低产物分离的能耗。进料浓度比 $c(HCl) : c(O_2)$ 过低、过高的不利影响分别是_____。

(2) Deacon 直接氧化法的生成原理为:

$4HCl(g) + O_2(g) \rightleftharpoons 2Cl_2(g) + 2H_2O(g)$ $\Delta H = -116 \, kJ \cdot mol^{-1}$

在一定温度的条件下,进一步提高 HCl 的转化率的方法是_____。(写出 2 种)

【答案】 (1)大于 $(0.42)^2 \times (0.42)^2 \div [(1-0.84)^4 \times (1-0.21)c_0]$ O_2 和 Cl_2 分离能耗较高、HCl 转化率较低 (2)增加反应体系压强、及时除去产物

　　【解析】　命题者创设氯气生产与应用的生产环保情境,通过以氧气直接氧化氯化氢生产氯气的工业生产为素材背景,体现对生产实践中化学原理和方法的考查,强化运用化学反应原理等相关知识分析、解决问题能力的评价;同时,试题强调学生开展进料浓度比、反应温度以及产物的处理对氯气的产率以及工业能耗的影响,并据此给出提高生产效率的两种方法等生产工艺与效率等实际问题的分析,凸显科学知识和思维方法对解决实际生产问题、提高劳动生产效率的价值,从而很好地体现高考化学中融合劳动教育的考查[①]。

　　通过前面分析可以看出,近年高考化学命题注重开展融合体、美、劳等方面考查的探索,并建立起相应的行动策略。但应该看到,对于这些方面的探索,还刚刚起步。高考化学命题如何更好地立足于化学学科特点,创设更有针对性的试题情境与问题任务,从而更好地实现在化学学科知识考查的同时融合体美劳等方面的考查,落实高考在引导学生增强健康意识、提升审美情趣、崇尚劳动精神等方面的要求,还需在今后的命题实践中进一步探索。

---

　　①　教育部考试中心.精选试题情境素材 深化高考内容改革[J].中国考试,2019(07):20－24

第五章 中学化学课程内容考查要求分析

　　通过前面几章的分析,可以清晰地认识到,随着课程改革的推进和高考评价体系的提出,高考化学考查目标追求已经发生了重大变化,突出"素养立意"、考查学生素养达成水平已成为高考命题改革的新价值取向。为实现学生学科核心素养达成水平的考查,高考化学命题策略也随之发生了相应的变化,努力实现在核心价值引领下,达成"考查目标、考查内容与考查载体融为一体"的命题追求。

　　课程内容是学生学科核心素养培育与高考考查的重要载体和关键内容,为落实"素养取向"的高考命题追求,高考化学对中学化学课程内容的考查要求也必将发生深刻的变化,从传统高考注重知识的精确记忆与复述,转向追求知识的深刻理解与迁移应用,从而凸显课程内容的认知价值、迁移价值和情意价值。教师们只有准确理解高考化学对中学化学课程内容的考查要求,才能更好地发挥高考"引导教学"的相关功能,进而改进新课教学、优化复习教学,实现有效培育与发展学生化学学科核心素养的教学目标追求。

　　为此,本章将精选近年高考化学典型试题,立足高考化学命题改革要求,深入剖析评价体系指引下的高考化学对中学化学课程内容考查的相关要求,以增进教师们对高考化学内容改革的理解。本章包含:

第一节　元素化合物的考查内容与要求
第二节　理论性知识的考查内容与要求
第三节　技能性知识的考查内容与要求

第一节 元素化合物的考查内容与要求

元素化合物是中学化学课程体系中的重要组成内容,包括无机物及有机物两个部分。中学化学元素化合物相关内容,分布在初中化学、高中必修化学和选择性必修《有机化学基础》等模块。关于这些内容的学习,课程标准要求了解物质及其性质的研究方法,掌握常见化学物质的组成与结构、性质与应用,理解同类物质的性质及其变化的规律,认识物质及其转化在促进社会文明进步、资源综合利用和环境生态保护中的重要价值,同时还应促进化学原理性知识的建构与理解。因此,元素化合物在课程体系中具有重要的地位,也是高考化学考查的重要内容。下面结合近年高考试题,谈谈元素化合物的考查内容和要求。

一、常见无机物

常见无机物的学习,要求了解常见无机物的组成、性质及应用;认识物质是由元素组成的,可根据物质的组成和性质进行分类;能根据物质的类别、组成元素价态预测物质性质和变化、分析说明物质的转化路径;认识物质性质及其转化在促进社会文明进步、自然资源综合利用和环境保护中的重要价值,并能运用所学知识参与社会性议题的讨论。这些内容的学习,对发展"宏观辨识与微观探析""变化观念与平衡思想""科学态度与社会责任"等学科核心素养具有重要的价值。综合上述课程目标,高考对常见无机物的考查,主要关注如下方面:

1. 能根据日常生活、生产环保等情境所包含的常见无机物的相关信息与问题任务,识别物质的元素组成及类属,辨识或描述物质的性质与应用,根据物质的组成与性质进行分类,正确认识具体物质的组成、性质、应用与保存间的关系。

例 5 - 1(2018 - 全国 Ⅱ - 7) 化学与生活密切相关,下列说法错误的是（　　）。

A. 碳酸钠可用于去除餐具的油污

B. 漂白粉可用于生活用水的消毒

C. 氢氧化铝可用于中和过多胃酸

D. 碳酸钡可用于胃肠 X 射线造影检查

【答案】　D

【解析】　试题以常见无机物在日常生活中的用途为载体，要求基于物质类属分析性质并判断用途的正确性。碳酸盐属于弱酸盐，水解呈碱性而用作洗涤剂；漂白粉含次氯酸钙，具有氧化性，可用于自来水等生活用水消毒；氢氧化铝属于难溶性碱，可用于中和胃酸；碳酸钡为碳酸盐，能溶于胃酸而不能用于胃肠 X 射线造影检查。很明显，本题考查物质性质及其应用关系的认识。

例 5-2（2019-全国 I-7）　陶瓷是火与土的结晶，是中华文明的象征之一，其形成、性质与化学有着密切的关系，下列说法错误的是（　　）。

A. "雨过天晴云破处"所描述的瓷器青色，来自氧化铁

B. 闻名世界的秦兵马俑是陶制品，由黏土经高温烧结而成

C. 陶瓷是应用较早的人造材料，主要化学成分是硅酸盐

D. 陶瓷化学性质稳定，具有耐酸碱侵蚀、抗氧化等优点

【答案】　A

【解析】　试题以陶瓷为载体创设日常生活情境，突出物质组成、性质及其应用等的关系，考查学生对陶瓷的主要性质、主要成分、制备方法以及氧化铁性质等常见无机物相关知识的理解与辨析，领悟化学与日常生活的关系，赞赏我国古代科技对人类发展的重要贡献。试题难度不大，突出"基础性"的考查要求。

2. 能结合实验探究等问题情境所包含的相关信息，利用典型常见无机物的性质和反应，开展物质制备、分离、提纯、检验等活动，或对给定活动方案的合理性与科学性等做出分析与评价。

例 5-3（2020-全国 III-10）　喷泉实验装置如图 5-1 所示。应用下列各组气体—溶液，能出现喷泉现象的是（　　）。

选项	气体	溶液
A	H_2S	稀盐酸
B	HCl	稀氨水
C	NO	稀 H_2SO_4
D	CO_2	饱和 $NaHCO_3$ 溶液

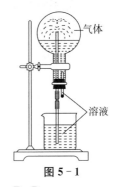

图 5-1

A. A   B. B   C. C   D. D

【答案】 B

【解析】 试题以喷泉实验为载体创设实验探究情境,要求学生基于常见气体性质与反应的辨析与理解,对能否产生喷泉现象进行分析与推断。解答的关键在于明确喷泉产生原理——产生系统内外压强差,以及抓住气体的性质——能否溶于水或与相应溶液发生反应而被吸收,从而做出分析与判断。

例 5-4(2020-全国 I-9)下列气体去除杂质的方法中,不能实现目的的是( )。

	气体(杂质)	方法
A	$SO_2(H_2S)$	通过酸性高锰酸钾溶液
B	$Cl_2(HCl)$	通过饱和的食盐水
C	$N_2(O_2)$	通过灼热的铜丝网
D	$NO(NO_2)$	通过氢氧化钠溶液

A. A   B. B   C. C   D. D

【答案】 A

【解析】 试题以有关气体除杂方法为情境创设实验探究情境,要求对相应气体所含杂质的除杂方法的合理性做出判断。解题时,学生要抓住待净化气体和杂质气体的性质、结合除杂的相关原则进行分析判断,以此考查学生对常见气体性质的辨析与理解以及实验方案评价的解释与论证能力,并促进学生养成严谨求实的科学态度。

3. 能根据日常生活、生产环保、实验探究等情境,结合情境信息与物质性质分析生活、生产、环保、实验室中的某些问题,说明妥善保存、合理使用化学品(化学物质)的常见方法或注意事项。

例5-5(2020-山东-1) 实验室中下列做法错误的是( )。

A. 用冷水贮存白磷

B. 用浓硫酸干燥二氧化硫

C. 用酒精灯直接加热蒸发皿

D. 用二氧化碳灭火器扑灭金属钾的燃烧

【答案】 D

【解析】 试题以实验室有关做法为情境,要求根据物质性质等做出分析判断,主要考查物质性质与保存、应用(用途)的关系等方面的无机物知识。作答时,根据常见物质的性质,即可做出正确判断,体现高考化学对无机元素化合物知识的"基础性"考查要求。

例5-6(2018-全国Ⅱ-8) 研究表明,氮氧化物和二氧化硫在形成雾霾时与大气中的氨有关(如图5-2所示)。下列叙述错误的是( )。

图5-2

A. 雾和霾的分散剂相同

B. 雾霾中含有硝酸铵和硫酸铵

C. NH_3 是形成无机颗粒物的催化剂

D. 雾霾的形成与过度施用氮肥有关

【答案】 C

【解析】 试题以雾霾形成过程中物质转化示意图为载体,创设生产环保情境,要求结合雾霾形成机理、常见化合物性质,对选项中相关问题的正误情况做出判断,凸显对元素化合物知识及图示相关信息的理解与辨析、分析与推测等能力以及运用所学知识参与社会性议题讨论能力的考查,引导学生认识合理使用化学品对解决环境问题的重要性。

4. 能根据生产环保、实验探究等情境所包含的无机物组成及其转化的信息,从价态视角预测或分析物质的性质及其转化,分析与解释物质变化的现象;或基于价类转化思想设计与分析物质转化的路径或条件等。

例 5-7(2021-湖南-6)　一种工业制备无水氯化镁的工艺流程如图 5-3:

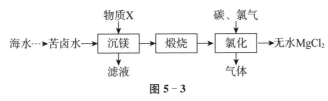

图 5-3

下列说法错误的是(　　)。

A. 物质 X 常选用生石灰

B. 工业上常用电解熔融 $MgCl_2$ 制备金属镁

C. "氯化"过程发生的反应为 $MgO+C+Cl_2\xrightarrow{高温}MgCl_2+CO$

D. "煅烧"后产物中加入稀盐酸,将所得溶液加热蒸发也可得到无水 $MgCl_2$

【答案】　D

【解析】　试题以海水提镁工艺创设生产环保情境,考查对含镁物质性质及其转化的认识,凸显课标关于"能从物质类别和元素化合价变化的视角说明物质转化的路径"的学业要求。解答的关键,在于根据流程信息,结合含镁物质的性质及转化规律进行合理的分析与判断,从而正确解答。值得注意的是,加热蒸干 $MgCl_2$ 溶液,得到的是 $Mg(OH)_2$ 甚至是 MgO,无法得到 $MgCl_2$ 固体。

例 5-8(2019-全国Ⅱ-26,节选)　立德粉 $ZnS\cdot BaSO_4$(也称锌钡白),是一种常用白色颜料。以重晶石($BaSO_4$)为原料,可按如图 5-4 工艺生产立德粉:

图 5-4

（1）在回转炉中重晶石被过量焦炭还原为可溶性硫化钡，该过程的化学方程式为＿＿＿＿＿＿＿＿＿＿＿＿＿。回转炉尾气中含有有毒气体，生产上可通过水蒸气变换反应将其转化为 CO_2 和一种清洁能源气体，该反应的化学方程式为＿＿＿＿＿＿＿＿＿＿＿＿＿。

（2）在潮湿空气中长期放置的"还原料"，会逸出臭鸡蛋气味的气体，且水溶性变差。其原因是"还原料"表面生成了难溶于水的＿＿＿＿＿＿（填化学式）。

（3）沉淀器中反应的离子方程式为＿＿＿＿＿＿。

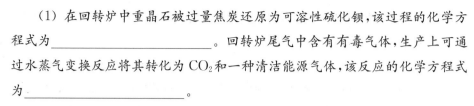

【答案】 （1）$BaSO_4 + 4C \xrightarrow{900\sim1\,200\,℃} BaS + 4CO\uparrow$ $CO + H_2O \Longrightarrow CO_2 + H_2$ （2）$BaCO_3$ （3）$S^{2-} + Ba^{2+} + Zn^{2+} + SO_4^{2-} \Longrightarrow ZnS \cdot BaSO_4\downarrow$

【解析】 试题以立德粉制备工艺流程为素材创设生产环保情境，要求结合价类转化思想对物质转化反应及现象做出合理的分析与论证。解答时，一要抓住 $BaSO_4$ 被碳还原生成 BaS 以及尾气中含有有毒气体的信息，推断反应过程中碳的化合价变化为 $0\rightarrow+2$ 价；再结合 CO 与 H_2O 反应生产 CO_2 的信息，推断另一物质为 H_2；二要抓住"还原料"在潮湿空气中产生有臭鸡蛋气味的气体和难溶物的信息，推断产物有 $BaCO_3$ 方可解释；三要抓住 BaS 和 $ZnSO_4$ 均为盐并生成立德粉的信息，知道沉淀器中发生了盐与盐反应生成两种新盐的类属转化规律，推断反应的离子方程式。故本题突出"价类二维"思维和理解与辨析、分析与推断等能力的考查，凸显综合性、应用性的考查，引导学生感知元素化合物知识在物质制备与转化分析中的重要应用，感悟化学在物质生产中的应用以及促进社会发展中的价值。

二、有机化合物

有机化合物的学习，要求认识有机物的结构特点，掌握典型有机物的性质与应用；认识有机反应的主要类型、特点和规律，了解有机合成路线的一般方法；正确理解有机物的结构、性质、反应及其应用等的关系；了解某些有机物对环境和健康可能产生的影响，正确认识安全使用有机物的重要意义；引导学生建立"结构决定性质、性质决定应用"的基本观念，形成基于官能团、化学键与反应类型认识有机物的一般思路。近年高考有机物考查的要求主要为：

1. 结合日常生活、生产环保和学术探究等情境，识别陌生有机物的组成与结构特点，并根据结构特点推测可能具有的性质与反应；能正确辨识同分异构现象，并书写同分异构体（尤其是指定条件的同分异构体）。

例 5-9(2021-广东-5)　昆虫信息素是昆虫之间传递信号 的化学物质,人工合成信息素可用于诱捕害虫、测报虫情等。一 种信息素的分子结构简式如图 5-5 所示,关于该化合物说法不 正确的是(　　)。

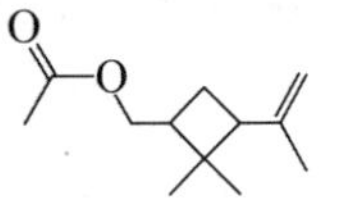

图 5-5

A. 属于烷烃　　　　　　　B. 可发生水解反应

C. 可发生加聚反应　　　　D. 具有一定的挥发性

【答案】　A

【解析】　试题呈现昆虫信息素功能与结构等信息创设日常生活情境,要求 学生结合情境信息与昆虫信息素结构的阅读,立足组成、结构与应用的视角,分 析昆虫信息素所属的物质类属、可能发生的反应以及挥发性等性质,体现对有 机物组成与结构、性质与应用关系的"基础性"考查。

例 5-10(2020-全国Ⅱ-10)　吡啶()是类似于苯的芳香化合物,

2-乙烯基吡啶(VPy)是合成治疗矽肺病药物的原料,可由如图 5-6 所示路线 合成:

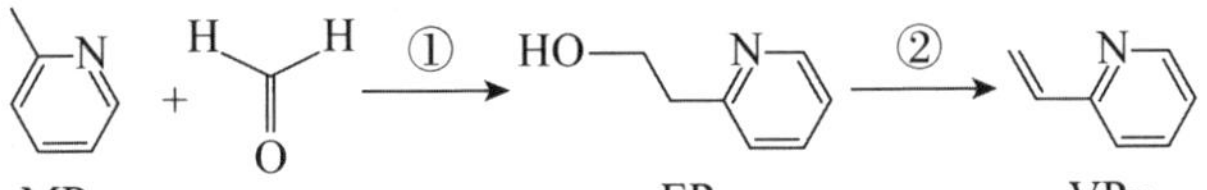

图 5-6

下列叙述正确的是(　　)。

A. MPy 只有两种芳香同分异构体

B. EPy 中所有原子共平面

C. VPy 是乙烯的同系物

D. 反应②的反应类型是消去反应

【答案】　D

【解析】　题目以 2-乙烯基吡啶(VPy)合成路线为载体创设生产环保情境, 要求学生在识别情境信息所包含的有机物组成、结构与反应特点基础上,分析 推测有机物的同分异构体数目、有机物的组成结构特点和反应类型等,从而对 选项的正确性做出判断,体现综合性、应用性的考查要求,并引导学生认识化学

在药物合成、保护人类生命健康中的作用。

2. 结合日常生活、工业生产等情境,提取情境所包含的有机物信息,根据有机物的组成与结构、性质与变化等知识解释其在生产生活中的应用,认识有机物及其转化对环境、能源与健康的意义,关注有机物的安全使用。

例 5 - 11(2018 - 全国Ⅲ - 7,改编) 化学与生活密切相关。下列说法错误的是(   )。

A. 过氧乙酸(CH_3COOOH)可有效灭活新冠病毒,其作用机理与 H_2O_2 相似

B. 疫苗一般应冷藏存放,以避免蛋白质变性

C. 家庭装修时用水性漆替代传统油性漆,有利于健康及环境

D. 抗击新冠病毒战役可用酒精消毒,且酒精浓度越高越好

【答案】 D

【解析】 题目呈现有机物的使用与保存等创设日常生活情境,要求根据有机物结构、性质以及生活常识等,对相关说法做出判断。试题难度不大,要求基于情境信息的辨析并结合有机物知识等进行判断,突出基础性要求。通过试题解答,有助于引导学生认识有机物在日常生活中的应用,感悟化学的价值。

例 5 - 12(2021 - 全国乙 - 7) 我国提出争取在 2030 年前实现碳达峰、2060 年前实现碳中和,这对于改善环境、实现绿色发展至关重要。"碳中和"是指 CO_2 的排放总量和减少总量相当。下列措施中对促进碳中和最直接有效的是(   )。

A. 将重质油裂解为轻质油作为燃料

B. 大规模开采可燃冰作为新能源

C. 通过清洁煤技术减少煤燃烧污染

D. 研发催化剂将 CO_2 还原为甲醇

【答案】 D

【解析】 本题以"碳达峰""碳中和"创设生产环保情境,要求学生在明确"碳中和"含义基础上,立足有机物的组成、性质与反应等,对实现碳中和目标的有效措施进行分析判断。解答时,根据碳中和的含义以及 CO_2 还原制甲醇的反应特点,可知每个 CO_2 分子能转化为 1 个 CH_3OH 分子。试题很好地体现有机物转化对环境、能源的意义。

3. 根据日常生活、工业环保、实验探索等情境，提取有机物的组成与结构、性质与变化等信息，并根据有机物结构与性质间关系，推断陌生有机物的性质与反应或结构与性质，或利用相关信息开展有机物制备、分离与提纯等。

例 5－13（2020－北京－13）　高分子 M 广泛用于牙膏、牙科黏合剂等口腔护理产品，合成路线如图 5－7：

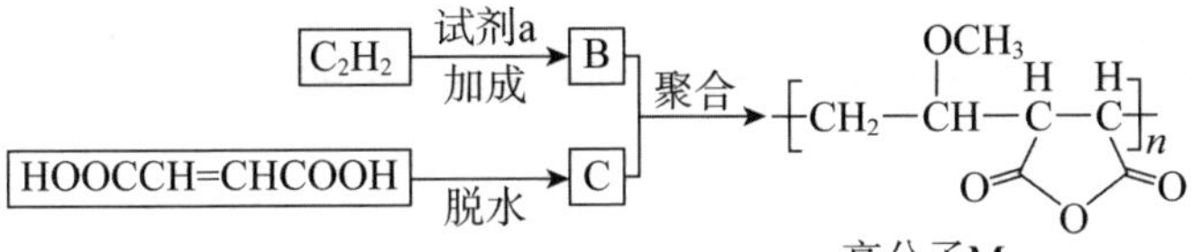

高分子M

图 5－7

下列说法不正确的是（　　）。

A. 试剂 a 为甲醇

B. 化合物 B 不存在顺反异构

C. 化合物 C 的核磁共振氢谱有一组峰

D. 合成 M 的聚合反应是缩聚反应

【答案】　D

【解析】　题目呈现有机物 M 合成路线的生产环保情境，要求学生通过对合成路线中相关有机物组成与结构的分析，推断合成过程使用的试剂、中间产物的组成与结构以及相关反应，从而考查学生对有机物组成与结构、性质与变化关系的理解，凸显“宏观辨识与微观探析”等素养的考查。解答关键在于根据合成起始物质和产物的组成与结构，并采用正向、逆向思维分析推理中间产物的组成与结构，进而推断试剂 a 的组成及聚合反应类型等。显然，M 是由 $CH_2=CHOCH_3$ 与 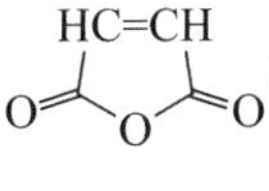 加聚反应而得，且前者为 C_2H_2 与 CH_3OH 加成而得，后者由 HOOCCH＝CHCOOH 脱水而得。

例 5－14（2019－全国Ⅲ－27，节选）　乙酰水杨酸（阿司匹林）是目前常用药物之一。实验室通过水杨酸进行乙酰化制备阿司匹林的一种方法如下：

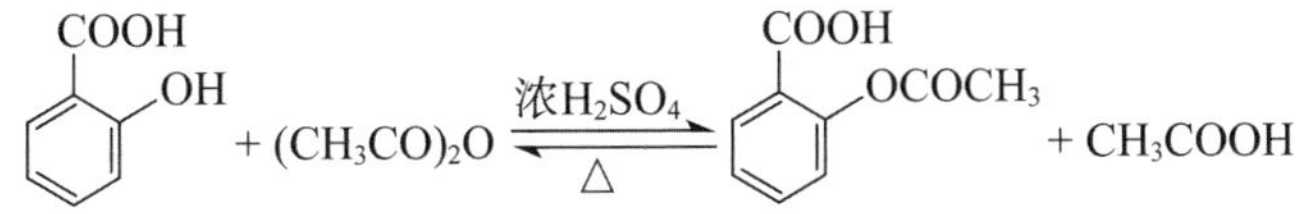

水杨酸　醋酸酐　乙酰水杨酸

且知相关物质的熔点、相对密度和相对分子质量如下表：

	水杨酸	醋酸酐	乙酰水杨酸
熔点/℃	157～159	—72～—74	135～138
相对密度/(g·cm⁻³)	1.44	1.10	1.35
相对分子质量	138	102	180

实验过程：在 100 mL 锥形瓶中加入水杨酸 6.9 g 及醋酸酐 10 mL，充分摇动使固体完全溶解。缓慢滴加 0.5 mL 浓硫酸后加热，维持瓶内温度在 70 ℃ 左右，充分反应。稍冷后进行如下操作。

① 在不断搅拌下将反应后的混合物倒入 100 mL 冷水中，析出固体，过滤。

② 所得结晶粗品加入 50 mL 饱和碳酸氢钠溶液，溶解、过滤。

③ 滤液用浓盐酸酸化后冷却，过滤得固体。

④ 固体经纯化得白色的乙酰水杨酸晶体 5.4 g。

回答下列问题：

(1) 该合成反应中应采用_____加热。(填标号)

A. 热水浴　　　　B. 酒精灯　　　　C. 煤气灯　　　　D. 电炉

(2) ①中需使用冷水，目的是_____。

(3) ②中饱和碳酸氢钠的作用是_____，以便过滤除去难溶杂质。

(4) ④采用的纯化方法为_____。

【答案】 (1)A　(2)充分析出乙酰水杨酸固体(结晶)　(3)生成可溶的乙酰水杨酸钠　(4)重结晶

【解析】 题目创设实验室通过水杨酸进行乙酰化制备阿司匹林的实验探究情境，要求学生结合合成阿司匹林的原理以及有关物质的性质等信息，对合成过程中热源的选择、实验相关操作的目的、试剂所起的作用以及纯化方法的选择等进行判断，凸显利用相关信息开展有机物制备、分离与提纯等知识以及证据推理、科学探究等相关能力的考查。根据题给信息，合成反应的温度为 70℃，故适宜采用水浴加热来进行；根据表格信息，乙酰水杨酸的熔点为 135～138℃，故将反应后混合液导入冷水的目的是充分析出乙酰水杨酸固体；根据乙酰水杨酸的结构简式可知，分子中含有羧基，能与碳酸氢钠溶液反应，生成可溶性的乙酰水杨酸钠,便于过滤除去杂质。

4. 结合生产环保、学术研究等情境,利用有机反应特点和规律、有机物组成与结构的关系,分析题给有机反应信息、合成路线中相关有机物的组成结构、转化反应及其机理等,设计新型有机物的合成路线,体会有机合成在创造物质、促进社会发展中的重要贡献,认识绿色化学思想在有机合成中的重要意义。

例 5 - 15(2020 -山东- 19,节选) 化合物 F 是合成吲哚- 2 -酮类药物的一种中间体,其合成路线如图 5 - 8 所示:

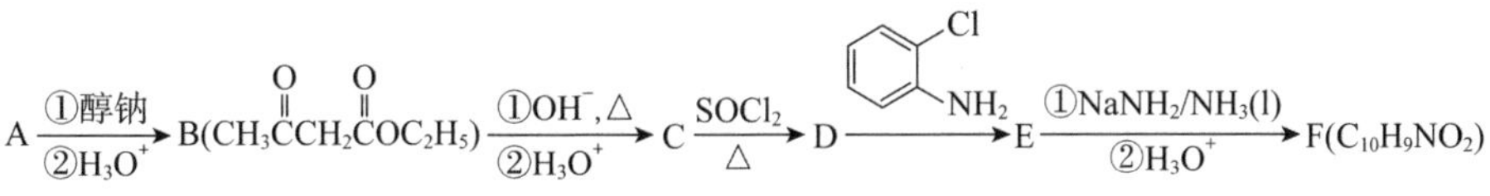

$$A \xrightarrow[\text{②}H_3O^+]{\text{①醇钠}} B(CH_3CCH_2COC_2H_5) \xrightarrow[\text{②}H_3O^+]{\text{①}OH^-,\triangle} C \xrightarrow[\triangle]{SOCl_2} D \xrightarrow{} E \xrightarrow[\text{②}H_3O^+]{\text{①}NaNH_2/NH_3(l)} F(C_{10}H_9NO_2)$$

图 5 - 8

已知:Ⅰ. $RCH_2COR' \xrightarrow[\text{②}H_3O^+]{\text{①醇钠}} RCH_2CCHCOR'$ (带R基)

Ⅱ. $RCOH \xrightarrow[\triangle]{SOCl_2} RCCl \xrightarrow{R'NH_2} RCNHR'$

Ⅲ. $Ar-X + H_2C \begin{smallmatrix} Z \\ Z' \end{smallmatrix} \xrightarrow[\text{②}H_3O^+]{\text{①}NaNH_2/NH_3(l)} Ar-HC \begin{smallmatrix} Z \\ Z' \end{smallmatrix}$

Ar 为芳基;X = Cl,Br;Z 或 Z' = COR,CONHR,COOR 等。回答下列问题:

(1) C→D 的反应类型为_____;E 中含氧官能团的名称为_____。

(2) C 的结构简式为_____,F 的结构简式为_____。

(3) Br_2 和 ⟨苯⟩—NH_2 反应与 Br_2 和苯酚的反应类似,以 ⟨苯⟩—NH_2 和

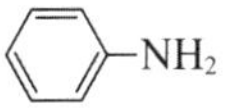

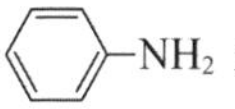

$H_2C \begin{smallmatrix} COOC_2H_5 \\ COCl \end{smallmatrix}$ 为原料合成 [结构式] ,写出能获得更多目标产物的较优合成路线(其他试剂任选)。

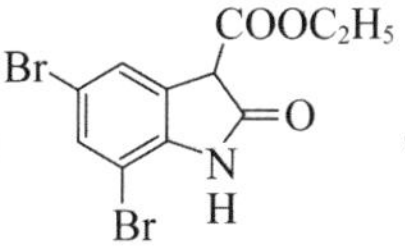

【答案】 (1)取代反应 羰基、酰胺基 (2)CH_3CCH_2COOH [结构式]

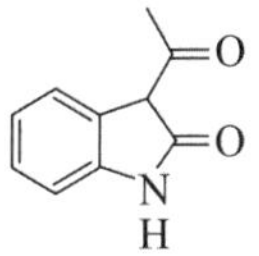

【解析】 试题以合成药物中间体的合成路线创设生产环保情境,要求结合题给反应信息和合成路线,推断有机物的组成结构、有机反应类型,识别官能团等,并要求设计获得更多目标产物的较优合成路线,突出考查理解与辨析、分析与推测、归纳与论证等关键能力以及结构决定性质等学科思想,体现化学知识在药物合成中的应用、化学对人类生命健康的重要意义。本题体现了对有机化学知识综合性、应用型和创造性等的考查要求,是近年高考重要的题型。

第二节　理论性知识的考查内容与要求

高中化学理论性知识主要包含揭示物质组成与结构的原理性知识和反映物质运动变化的原理性知识。前者包含必修模块的"原子结构与元素周期律""化学键"以及选择性必修《物质结构与性质》模块内容,后者包含必修模块"氧化还原反应""离子反应""化学反应的限度与速率""化学反应与能量"以及选择性必修《化学反应原理》模块内容。这些内容是化学课程的关键与核心内容,是指导与深化元素化合物学习的理论性工具,对深化化学学科本质认识具有非常重要的意义,是高考考查的重点。本节结合高考化学试题,谈谈化学理论性知识的考查内容与要求。

一、物质结构理论性知识

物质结构理论性知识的学习,要求掌握原子结构、元素周期律及构成物质微粒间的相互作用,强调从原子、分子水平认识物质构成的规律,并以微粒间不同作用为线索,认识不同类型物质的有关性质,提升认识与解决元素化合物相关问题的能力,深化物质结构、性质与反应之间关系的认识,了解研究物质结构的基本方法和相应手段,领悟人类对物质结构的探索是无止境的,理解研究物质对发现新物质、改善材料性能、促进生命科学研究与发展的重要意义,发展"宏观辨识与微观探析""证据推理与模型认知"等化学学科核心素养。根据上述课程目标要求,高考化学对物质结构理论性知识的考查重点包含如下几个方面:

1.结合化学史实、日常生活及学术探索情境中物质相关信息,利用原子结构、元素周期律、化学键等相关知识,分析与推断物质的组成与结构,解释与预测相关物质的性质及其变化情况;或对相关事实现象进行解释与论证。

例5-16(2020-全国Ⅱ-13)　一种由短周期主族元素组成的化合物(如图

5-9所示),具有良好的储氢性能,其中元素 W、X、Y、Z 的原子序数依次增大且总和为 24。下列有关叙述错误的是(   )。

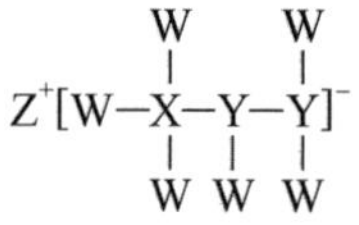

$$Z^+[W-X-Y-Y]^-$$

图 5-9

A. 该化合物中,W、X、Y 之间均为共价键

B. Z 的单质既能与水反应,也可与甲醇反应

C. Y 的最高化合价氧化物的水化物为强酸

D. X 的氟化物 XF_3 中原子均为 8 电子稳定结构

【答案】 D

【解析】 试题呈现某种具有良好储氢性能材料的结构创设学术探索情境,要求结合该物质的结构(原子间成键情况)和组成元素在周期表中的位置与原子序数的关系,在确定组成物质元素的基础上,推断相关元素组成的物质的相关性质及结构等情况,体现对原子结构、元素周期律、物质组成和性质的综合性考查,实现相关知识的理解与辨析、分析与推测等关键能力的考查。

例 5-17(2019-全国Ⅱ-9) 今年是门捷列夫发现元素周期律 150 周年。图 5-10 是元素周期表的一部分,W、X、Y、Z 为短周期主族元素,W 与 X 的最高化合价之和为 8。下列说法错误的是(   )。

		W
X	Y	Z

图 5-10

A. 原子半径:W<X

B. 在常温常压下,Y 单质为固态

C. 气态氢化物热稳定性:Z<W

D. X 的最高价氧化物的水化物是强碱

【答案】 D

【解析】 试题呈现门捷列夫发现元素周期律 150 周年的化学史料情境,要求根据四种短周期主族元素在周期表中的位置信息和最高化合价信息,在理解与辨析基础上确定四种元素,并利用元素周期律对应原子半径、物质状态、气态氢化物的热稳定性和元素最高价氧化物对应水化物的性质进行判断,凸显"位—构—性"的综合考查,揭示化学规律的应用价值。

2. 结合日常生活、生产环保、学术探索等情境,根据能量最低原理、泡利不相容原理、洪特规则等,用核外电子排布表达式和轨道表示式描述或解释基态原子的电子排布情况;能运用化学键理论推论预测陌生物质分子的空间结构,或对分子空间构型做出解释或判断。

例 5 - 18(2020 - 山东 - 7)　$B_3N_3H_6$(无机苯)的结构与苯类似,也有大 π 键。下列关于 $B_3N_3H_6$ 的说法错误的是(　　)。

A. 其熔点主要取决于所含化学键的键能

B. 形成大 π 键的电子全部由 N 提供

C. 分子中 B 和 N 的杂化方式相同

D. 分子中所有原子共平面

【答案】　A

【解析】　试题以无机苯结构特性为载体创设学术探索情境,要求根据题给信息对无机苯结构及其成键情况做出分析判断。解答的关键在于对原子成键与轨道杂化方式关系、大 π 键与原子结构关系、分子结构与原子共面的理解与辨析,从而对选项相关说法做出判断,考查核心在于分子结构与价键理论等的迁移应用。

例 5 - 19(2018 - 全国 I - 35,节选)　Li 是最轻的固体金属,采用 Li 作为负极材料的电池具有小而轻、能量密度大等优良性能,得到广泛应用。回答下列问题:

(1) 下列 Li 原子电子排布图表示的状态中,能量最低和最高的分别为_____、_____(填标号)

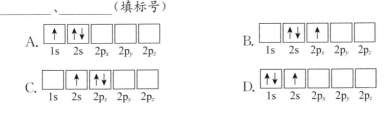

(2) Li^+ 与 H^- 具有相同的电子构型,$r(Li^+)$ 小于 $r(H^-)$,原因是_____
_____。

(3) $LiAlH_4$ 是有机合成中常用的还原剂,$LiAlH_4$ 中的阴离子空间构型是_____,中心原子的杂化形式为_____。$LiAlH_4$ 中,存在_____(填标号)。

A. 离子键　　　　B. σ键　　　　C. π键　　　　D. 氢键

【答案】　(1)D　C　(2)Li^+ 核电荷数较大　(3)正四面体　sp^3　A、B

【解析】　试题以 Li 作负极材料的电池为素材创设学术探索情境,要求学生结合 Li 电子排布状态判断能量高低状况,解释微粒大小原因,判断 $LiAlH_4$ 的阴离子空间构型、中心原子杂化情况及存在的化学键等,体现对原子或分子的结构与性质等知识的综合性考查,主要涉及理解与辨析、分析与预测等关键能力的考查。

3. 结合日常生活、生产环保、学术探索等情境,识别具体物质(晶体)的构成微粒及其相互作用,能利用化学键类型解释、比较、预测具体物质的某些典型性质,或根据物质的性质与应用等分析、预测物质的构成微粒及其相互作用。

例 5 - 20(2020 - 山东 - 4) 下列关于 C、Si 及其化合物结构与性质的论述错误的是(   )。

A. 键能 C—C>Si—Si、C—H>Si—H,因此 C_2H_6 稳定性大于 Si_2H_6

B. 立方型 SiC 是与金刚石成键、结构均相似的共价晶体,因此具有很高的硬度

C. SiH_4 中 Si 的化合价为 +4,CH_4 中 C 的化合价为 -4,因此 SiH_4 还原性小于 CH_4

D. Si 原子间难形成双键而 C 原子间可以,是因为 Si 的原子半径大于 C,难形成 p—pπ 键

【答案】 C

【解析】 试题以简单物质为载体创设简单的试题情境,要求学生在理解键能与稳定性、化合价与还原性、晶体结构与性质、原子半径与化学键类型关系的基础上,对四个选项的合理性做出判断,体现对分子结构与性质、晶体结构与性质等知识的基础性考查,深化对结构决定性质等化学观念的理解。

例 5 - 21(2019 - 全国 I - 35,节选) 在普通铝中加入少量 Cu 和 Mg 后形成一种称为拉维斯相的 $MgCu_2$ 微小晶粒,其分散在 Al 中可使得铝材的硬度增加,延展性减小,形成所谓"坚铝",是制造飞机的主要材料。回答下列问题:

(1) 乙二胺($H_2NCH_2CH_2NH_2$)是一种有机化合物,分子中氮、碳的杂化类型分别是_____、_____。乙二胺能与 Mg^{2+}、Cu^{2+} 等金属离子形成稳定环状离子,其原因是_____,其中与乙二胺形成的化合物稳定性相对较高的是_____(选填"Mg^{2+}"或"Cu^{2+}")。

(2) 一些氧化物的熔点如下表所示:

氧化物	Li_2O	MgO	P_4O_6	SO_2
熔点/℃	1 570	2 800	23.8	-75.5

解释表中氧化物之间熔点差异的原因_____。

【答案】　(1)sp³　sp³　乙二胺的两个 N 提供孤对电子给金属离子形成配位键,从而形成环状稳定结构　Cu²⁺　(2)Li₂O、MgO 为离子晶体,P₄O₆、SO₂为分子晶体,晶格能:MgO>Li₂O,分子间作用力:P₄O₆>SO₂

【解析】　试题以拉维斯相 MgCu₂ 微小晶粒的特性为素材创设学术探索情境,要求结合配位键相关知识解释乙二胺与 Mg²⁺、Cu²⁺ 形成稳定环状离子的原因并比较它们的稳定性;同时,从晶体构成微粒及其相互作用的角度分析常见氧化物熔点差异的原因,体现对物质结构与物质性质的综合性和应用性的考查,感知化学在研制新型材料、促进社会可持续发展中的价值。

4. 根据学术探索等情境中关于物质结构的相关信息,确定物质的具体组成,推断并描述微粒在空间的排布情况,并开展晶格能、晶胞密度等的计算,从而在定量角度认识物质(晶体)的组成与性质。

例 5-22(2018-全国 I-35,节选)　Li 是最轻的固体金属,采用 Li 作为负极材料的电池具有小而轻、能量密度大等优良性能,得到广泛应用。回答下列问题:

(4) Li₂O 是离子晶体,其晶格能可通过图 5-11 的 Born-Haber 循环计算得到。

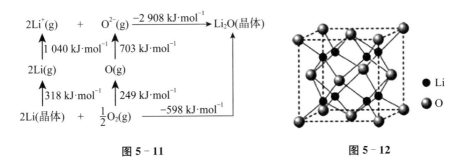

图 5-11　　　　　　　　　图 5-12

可知,Li 原子的第一电离能为_____ kJ·mol⁻¹,O=O 键键能为_____kJ·mol⁻¹,Li₂O 晶格能为_____kJ·mol⁻¹。

(5) Li₂O 具有反萤石结构,晶胞如图 5-12 所示。已知晶胞参数为 0.466 5 nm,阿伏加德罗常数的值为 N_A,则 Li₂O 的密度为_____g·cm⁻³(列出计算式)。

【答案】 (4)520 498 2 908 (5)$\dfrac{120}{N_A(0.466\,5\times10^{-7})^3}$

【解析】 题目创设新材料的学术探索情境,要求在辨析 Born-Haber 循环及晶体结构基础上,推算 Li 的第一电离能、O＝O 的键能及 Li_2O 的晶格能,并根据晶胞参数计算 Li_2O 的密度,凸显微观、定量角度认识晶体结构与性质的综合性、应用性的考查要求。解答的关键在于正确获取信息和晶体微观结构并开展正确计算。

例 5 - 23(2020 - 山东 - 17,节选) $CdSnAs_2$ 是高迁移率的新型热电材料。以晶胞参数为单位长度建立的坐标系可以表示晶胞中各原子的位置,称作原子的分数坐标。四方晶系 $CdSnAs_2$ 的晶胞结构如图 5 - 13 所示,晶胞棱边夹角均为 $90°$,晶胞中部分原子的分数坐标如下表所示。

坐标原子	x	y	z
Cd	0	0	0
Sn	0	0	0.5
As	0.25	0.25	0.125

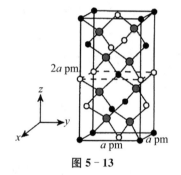

图 5 - 13

一个晶胞中有_____个 Sn,找出距离 Cd(0,0,0)最近的 Sn _____(用分数坐标表示)。$CdSnAs_2$ 晶体中与单个 Sn 键合的 As 有_____个。

【答案】 4 (0.5,0,0.25)、(0.5,0.5,0) 4

【解析】 试题以具有高迁移率性能新型热电材料 $CdSnAs_2$ 晶体中原子分数坐标、晶胞结构创设学术探索情境,要求开展基于证据推理与模型认知的分析问题、解决问题活动,从而正确分析晶胞中所含的微粒数,并以坐标系的方式表达指定微粒的空间分布情况,凸显对晶体结构的创新性考查,体现科学技术助力于物质结构的深刻认识、化学技术在新材料研究中的重要贡献。

二、化学反应理论性知识

化学反应理论性知识的学习,将深化学生对化学反应的本质性、条件性与规律性等的认识,让学生能从物质变化和能量变化、反应方向、反应速率与限度、水溶液中的离子反应与平衡等方面探索化学反应的规律与应用;能从内因与外因、量变与质变等方面分析物质的化学变化,能用对立统一、联系发展和动态平衡的观点考察化学反应,初步形成关于物质变化的科学观念,赞赏化学反应原理对科学技术和人类社会文明所起的重要作用,发展"变化观念与平衡思想、证据推理与模型认知、宏观辨识与微观探析、科学态度与社会责任"等学科核心素养。对于该部分内容,高考主要从以下几个方面进行考查:

1. 结合日常生活或生产环保等情境,依据离子反应(复分解反应)和氧化还原反应原理,分析或推测无机物的性质及其变化,或对涉及无机物的性质与变化的事实现象做出解释与论证。

例 5 - 24(2020 - 山东 - 2)　下列叙述不涉及氧化还原反应的是(　　)。

A. 谷物发酵酿造食醋　　　　　　B. 小苏打用作食品膨松剂

C. 含氯消毒剂用于环境消毒　　　　D. 大气中 NO_2 参与酸雨形成

【答案】　B

【解析】　试题通过各选项涉及的日常生活或生产环保情境,开展对元素化合物、氧化还原反应等知识的基础性和应用性考查。解答的关键在于结合相关物质的转化与应用等涉及的化学反应的理解与辨析,从而根据是否有元素化合价变化做出是否属于氧化还原反应的判断,增进对化学在日常生活和生产环保中广泛应用的理解。

例 5 - 25(2020 - 全国 Ⅱ - 26,节选)　化学工业为疫情防控提供了强有力的物质支撑。氯的许多化合物既是重要的化工原料,又是高效、广谱的灭菌消毒剂。回答下列问题:

(1) Cl_2O 为淡棕黄色气体,是次氯酸的酸酐,可由新制的 HgO 和 Cl_2 反应来制备,该反应为歧化反应(氧化剂和还原剂为同一种物质的反应)。上述制备 Cl_2O 的化学方程式为_____。

(2) ClO_2 常温下为黄色气体,易溶于水,其水溶液是一种广谱杀菌剂。一种有效成分为 $NaClO_2$、$NaHSO_4$、$NaHCO_3$ 的"二氧化氯泡腾片",能快速溶于水,溢出大量气泡,得到 ClO_2 溶液。上述过程中,生成 ClO_2 的反应属于歧化反应,每生成 1 mol ClO_2 消耗 $NaClO_2$ 的量为_____ mol;产生"气泡"的化学方程式为_____。

(3) "84 消毒液"的有效成分为 $NaClO$,不可与酸性清洁剂混用的原因是

_____（用离子方程式表示）。

【答案】 （1） $2Cl_2 + HgO \Longrightarrow HgCl_2 + Cl_2O$

（2） 1.25 $NaHCO_3 + NaHSO_4 \Longrightarrow CO_2\uparrow + Na_2SO_4 + H_2O$

（3） $ClO^- + Cl^- + 2H^+ \Longrightarrow Cl_2\uparrow + H_2O$

【解析】 试题以氯及其化合物的生产与应用为载体创设生产环保情境,要求学生结合氧化还原反应原理和离子反应相关知识指导化学方程式书写、解释相关现象等。对于问题(1),抓住歧化反应的特点和产物 Cl_2O,推断 Cl_2 在反应中转化为 $+1$ 价和 -1 价的氯;问题(2),抓住生成 ClO_2 为歧化反应的信息,推断 $NaClO_2$ 转化为 ClO_2 和 $NaCl$,进而确定消耗的 $NaClO_2$ 的量。而化学方程式的书写,抓住其本质为 H^+（或 HSO_4^-）与 HCO_3^- 反应即可;问题(3)则应抓住 $NaClO$ 有强氧化性、能氧化酸性清洁剂中的 HCl 而产生 Cl_2 导致中毒现象来解释。整个试题突出氧化还原反应等知识的综合性和应用性的考查,有利于感悟化学知识指导工业生产和日常生活的重要价值。

2. 能结合生产环保、实验探究、学术探索等情境,利用电化学原理分析原电池、电解池装置及其反应,解释生产生活中的物质及其能量变化的相关现象;或根据特定目的,设计相关装置以服务生产生活实践的需要。

例 5-26(2020-全国 I-12) 科学家近年发明了一种新型 $Zn-CO_2$ 水介质电池。电池示意图如图 5-14,电极为金属锌和选择性催化材料,放电时,温室气体 CO_2 被转化为储氢物质甲酸等,为解决环境和能源问题提供了一种新途径。下列说法错误的是（ ）。

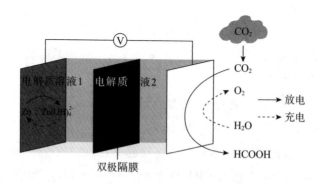

图 5-14

A. 放电时，负极反应为 $Zn-2e^-+4OH^-\xrightarrow{\quad}Zn(OH)_4^{2-}$

B. 放电时，$1\ mol\ CO_2$ 转化为 $HCOOH$，转移的电子数为 $2\ mol$

C. 充电时，电池总反应为 $2Zn(OH)_4^{2-}\xrightarrow{\quad}2Zn+O_2\uparrow+2H_2O+4OH^-$

D. 充电时，正极溶液中 OH^- 浓度升高

【答案】　D

【解析】　试题以新型 $Zn-CO_2$ 水介质电池为载体创设学术探索情境，考查学生对陌生二次电池工作原理的认识，凸显对电化学知识的应用性、创新性的考查。解答的关键在于根据电池放电时物质的变化，并根据电化学原理确定电极、电极反应、电子转移及体系中微粒的变化情况，从而对相关选项做出合理的分析与推断，突出对微粒观的考查，引导学生认识电化学原理在解决与环境和能源相关问题中的作用，赞赏化学对社会发展的贡献，树立可持续发展意识。

例 5－27(2019－全国Ⅱ－27，节选)环戊二烯(⬠)是重要的有机化工原料，广泛用于农药、橡胶、塑料等生产。回答下列问题：

环戊二烯可用于制备二茂铁 $[Fe(C_5H_5)_2$，结构简式为 ⬡Fe⬡]，后者广泛应用于航天、化工等领域中。二茂铁的电化学制备原理如图 5－15 所示，其中电解液为溶解有溴化钠(电解质)和环戊二烯的 DMF 溶液(DMF 为惰性有机溶剂)。

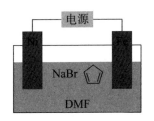

图 5－15

该电解池的阳极为＿＿＿＿＿＿，总反应为＿＿＿＿＿＿＿＿＿＿。电解制备需要在无水条件下进行，原因为＿＿＿＿＿＿＿＿＿＿＿＿＿＿＿＿＿＿。

【答案】　Fe 电极　$Fe+2C_5H_6\xrightarrow{\quad}Fe(C_5H_5)_2+H_2\uparrow$

水会阻碍中间物 Na 的生成；水会电解生成 OH^-，进一步与 Fe^{2+} 反应生成

$Fe(OH)_2$

【解析】 试题以广泛应用于航天、化工等领域的二茂铁的电化学制备为生产环保情境,要求在识别与理解电化学制备装置基础上,结合电化学原理分析电极反应与总反应、电解质溶液系统特点,体现对电化学原理的综合性与应用性的考查,增进对电解在工业生产中应用的理解,形成合理利用化学反应中能量变化的意识。解答的关键之一是从 $Na^+ \rightarrow$ 产物转化过程中间产物的变化,意识到中间产物 Na 为强还原性物质,无法在水溶液体系中存在,以及水会在电解过程中产生 OH^- 而与电极反应产生的 Fe^{2+} 结合,从而影响生产过程。

3. 能结合生产环保、学术探索、化学史实等情境,从化学反应的方向、限度、速率等方面多角度分析或表征化学变化,能运用反应条件对反应速率与限度影响的规律等分析具体化学反应、讨论化学反应条件的选择与优化等。

例 5-28(2020-全国Ⅲ-28,节选) 二氧化碳催化加氢合成乙烯是综合利用 CO_2 的热点研究领域。回答下列问题:

(1) CO_2 催化加氢生成乙烯和水的反应中,产物的物质的量之比 $n(C_2H_4) : n(H_2O) = $ _____。当反应达到平衡时,若增大压强,则 $n(C_2H_4)$ _____(选填"变大""变小"或"不变")。

(2) 理论计算表明,原料初始组成 $n(CO_2) : n(H_2) = 1 : 3$,在体系压强为 0.1 MPa,反应达到平衡时,四种组分的物质的量分数 x 随温度 T 的变化如图 5-16 所示。图中,表示 C_2H_4、CO_2 变化的曲线分别是 _____、_____。CO_2 催化加氢合成 C_2H_4 反应的 ΔH _____ 0(选填"大于"或"小于")。

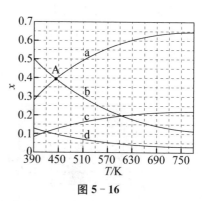

图 5-16

(3) 二氧化碳催化加氢合成乙烯反应往往伴随副反应,生成 C_3H_6、C_3H_8、C_4H_8 等低碳烃。一定温度和压强条件下,为了提高反应速率和乙烯选择性,应当 _____。

【答案】 (1)1:4 变大 (2)d c 小于 (3)选择合适催化剂等

【解析】 试题以 CO_2 催化加氢合成乙烯实现 CO_2 综合利用这一热点研究领域的素材创设学术探索情境,要求从化学反应速率与化学平衡角度审视 CO_2

加氢催化合成反应相关问题,并对化学反应条件做出合理的选择。解答时,要求学生根据压强对化学平衡的影响分析体系组成变化情况、结合温度对化学平衡的影响确定反应的热效应;根据条件对反应速率的影响,对提高反应速率和乙烯选择性的条件进行分析决策,体现对化学反应速率、化学平衡等知识的综合考查,并应用其讨论化工生产条件的选择与优化等,赞赏运用化学反应原理指导工业生产从而促进人类社会可持续发展的重要作用。

4. 结合日常生活、工业生产、实验探究等情境,能从电离、离子反应和水溶液中离子平衡等角度定性分析电解质溶液的组成、性质和反应,能用离子反应与平衡等知识指导工农业生产和日常生活、解释生产生活和自然环境中的相关问题。

例 5-29(2020-全国Ⅱ-9) 二氧化碳的过量排放可对海洋生物的生存环境造成很大影响,其原理如图 5-17 所示。下列叙述错误的是( )。

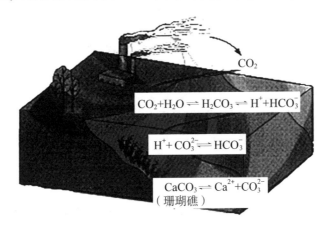

图 5-17

A. 海水酸化能引起 HCO_3^- 浓度增大、CO_3^{2-} 浓度减小

B. 海水酸化能促进 $CaCO_3$ 的溶解,导致珊瑚礁减少

C. CO_2 能引起海水酸化,其原理为 $HCO_3^- \rightleftharpoons H^+ + CO_3^{2-}$

D. 使用太阳能、氢能等新能源可改善珊瑚生存环境

【答案】 C

【解析】 试题以 CO_2 影响海洋生存环境的图示分析为载体创设生产环保情境,综合考查 $CO_2 + H_2O \rightleftharpoons H_2CO_3$、$H_2CO_3 \rightleftharpoons H^+ + HCO_3^-$、$H^+ +$

$CO_3^{2-} \rightleftharpoons HCO_3^-$ 及 $CaCO_3(s) \rightleftharpoons Ca^{2+}(aq) + CO_3^{2-}(aq)$ 等平衡体系,分析与解决相关问题,凸显对物质在水溶液中的变化等知识的综合性考查,引导学生理解化学物质对环境生态影响的实质,认识人类活动对环境的影响以及开发新能源的重要性。

例 5-30(2019-全国 Ⅱ-12) 绚丽多彩的无机颜料的应用曾创造了古代绘画和彩陶的辉煌。硫化镉(CdS)是一种难溶于水的黄色颜料,其在水中的沉淀溶解平衡曲线如图 5-18 所示。下列说法错误的是(   )。

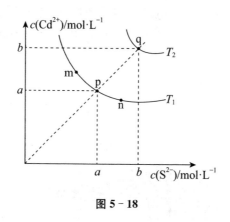

图 5-18

A. 图中 a 和 b 分别为 T_1、T_2 温度下 CdS 在水中的溶解度

B. 图中各点对应的 K_{sp} 的关系为:$K_{sp}(m) = K_{sp}(n) < K_{sp}(p) < K_{sp}(q)$

C. 向 m 点的溶液中加入少量 Na_2S 固体,溶液组成由 m 沿 mpn 线向 p 方向移动

D. 温度降低时,q 点的饱和溶液的组成由 q 沿 qp 线向 p 方向移动

【答案】 B

【解析】 试题呈现 CdS 等无机颜料创设日常生活情境,要求学生在明晰沉淀溶解平衡图像点、线、坐标等含义基础上,结合 K_{sp} 及条件对溶解平衡影响进行分析判断,从而做出正确选择。解答时,应明确坐标中曲线上每个点对应为相应温度下的溶解平衡,以及对应的 $c(Cd^{2+}) \cdot c(S^{2-}) = K_{sp}$,且温度越高 K_{sp} 越大。显然,题目要求能够多角度动态分析化学反应,凸显对物质在水溶液中行为的综合性考查。

5. 创设实验探究与学术探索等情境,综合应用化学反应原理相关知识开展实验方案的设计,探究条件对化学反应的影响以总结化学反应规律;或根据实验探究、学术探索情境中所包含的物质运动变化的信息,总结并论证物质运动变化的规律。

例 5-31(2021-广东-17,改编)　已知:电导率是表征电解质溶液导电能力的物理量。温度一定时,强电解质稀溶液的电导率随溶液中离子浓度的增大而增大;离子浓度一定时,稀溶液电导率随温度的升高而增大。

某小组通过测定溶液电导率探究温度对 AgCl 溶解度的影响,并提出如下猜想:a:较高温度的 AgCl 饱和溶液的电导率较大;b:AgCl 在水中的溶解度 $S(45℃)>S(35℃)>S(25℃)$。现取试样 Ⅰ、Ⅱ、Ⅲ(不同温度下配制的 AgCl 饱和溶液),在设定的测试温度下,进行表中实验 1~3,记录数据。

实验序号	试样	测试温度	电导率/$(\mu S \cdot cm^{-1})$
1	Ⅰ:25℃的 AgCl 饱和溶液	25	A_1
2	Ⅱ:35℃的 AgCl 饱和溶液	35	A_2
3	Ⅲ:45℃的 AgCl 饱和溶液	45	A_3

实验结果为 $A_3>A_2>A_1$。小组同学认为,此结果可以证明猜想 a 成立,但不足以证明猜想 b 成立。小组同学为进一步验证猜想 b,在实验 1~3 的基础上完善方案,进行实验 4 和 5。请完成表中内容。

实验序号	试样	测试温度	电导率/$(\mu S \cdot cm^{-1})$
4	Ⅰ	①_____	B_1
5	②_____	③_____	B_2

根据实验 1~5 的结果,小组同学认为猜想 b 也成立。

猜想 b 成立的判断依据是_____④_____。

【答案】　①35　②Ⅱ　③45　④$A_3>B_2$;$A_2>B_1$

【解析】　试题呈现测定溶液电导率探究温度对 AgCl 溶解度影响的情境与任务,要求学生结合情境信息、已有结果,进一步设计方案开展探究,验证猜想的正确性,从而很好地考查学生证据推理、模型认知以及科学探究等能力。解答的关键在于抓住有关电导率的信息,结合沉淀溶解平衡、离子在水溶液中的行为等理论性知识,从而正确开展实验方案的设计。值得注意的是,对于实验1～3的结果,立足电导率逐渐增大的事实,可以得出"较高温度的AgCl饱和溶液的电导率较大"的结论。但对于实验1～3,存在两个方面的影响因素:一是温度,二是离子浓度(当然,离子浓度也是由温度引发沉淀溶解平衡移动而改变的)。因此,无法确证"AgCl在水中的溶解度$S(45℃)>S(35℃)>S(25℃)$",需要通过控制变量来开展研究。

例5-32(2015-北京-28,节选)　为探讨化学平衡移动原理与氧化还原反应规律的联系,某同学通过改变浓度研究"$2Fe^{3+}+2I^-\rightleftharpoons 2Fe^{2+}+I_2$"反应中$Fe^{3+}$和$Fe^{2+}$的相互转化。实验如图5-19.1所示:

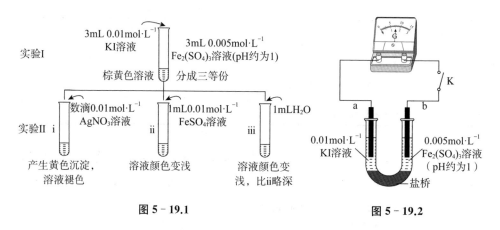

图5-19.1　　　　　　　　图5-19.2

(1) 根据氧化还原反应的规律,该同学推测实验Ⅱ试管ⅰ中Fe^{2+}向Fe^{3+}转化的原因:外加Ag^+使$c(I^-)$降低,导致I^-的还原性弱于Fe^{2+}。用图5-19.2装置(a、b均为石墨电极)进行实验验证。

① K闭合时,指针向右偏转,b作_____极。

② 当指针归零(反应达到平衡)后,向U形管左管中滴加0.01 mol·L^{-1} $AgNO_3$溶液。产生的现象证实了其推测。该现象是_____

_____。

(2) 按照(1)的原理,该同学用图5-19.2装置进行实验,证实了实验Ⅱ试管ⅱ中Fe^{2+}向Fe^{3+}转化的原因。

① 转化的原因是_____。

② 与(1)实验对比,不同的操作是_____。

【答案】　(1) ①正　②左管出现黄色沉淀,指针向左偏转

(2) ①Fe^{2+}浓度增大,还原性增强,使Fe^{2+}还原性强于I$^-$　②向U形管右管中滴加0.01 mol·L^{-1} FeSO$_4$溶液

【解析】　试题呈现改变浓度研究"2Fe^{3+}+2I$^-$⇌2Fe^{2+}+I$_2$"反应中Fe^{3+}和Fe^{2+}的相互转化以探讨化学平衡移动原理与氧化还原反应规律的联系的实验探究情境,要求学生在开展实验方案阅读并获取有关信息基础上,结合化学反应原理相关知识,对实验现象做出预测、分析与解释,并对实验方案进行分析与评价,体现对化学反应原理与化学实验的综合性、应用性与创新性的考查。解答的关键在于从氧化还原和平衡移动的角度对物质的转化进行动态分析,从而预测相关现象并对转化原理进行解释论证。

6. 结合日常生活、生产环保、学术探索等情境,综合运用化学反应原理知识对反应(溶液)系统的物质组成、能量变化等开展定量研究,分析与解决生产生活中的实际问题,选择与优化化工生产相关条件,赞赏化学反应原理对科学技术和人类文明所起的重要作用。

例5-33(2019-全国Ⅲ-28)　近年来,随着聚酯工业的快速发展,氯气的需求量和氯化氢的产出量也随之迅速增长。因此,将氯化氢转化为氯气的技术成为科学研究的热点。回答下列问题:

(1) Deacon发明的直接氧化法为:4HCl(g)+O$_2$(g)===2Cl$_2$(g)+2H$_2$O(g)。

图5-20为刚性容器中,进料浓度比c(HCl)∶c(O$_2$)分别等于1∶1、4∶1、7∶1时HCl平衡转化率随温度变化的关系。可知反应平衡常数K(300℃)＿＿＿＿＿K(400℃)(选填"大于"或"小于")。设HCl初始浓度为c_0,根据进料浓度比c(HCl)∶c(O$_2$)=1∶1的数据计算K(400℃)=＿＿＿＿＿＿＿＿＿＿＿＿＿＿＿＿＿＿＿(列出计算式)。按化学计量比进料可以保持反应物高转化率,同时降低产物分离的能耗。进料浓度比c(HCl)∶c(O$_2$)过低、过高的不利影响分别是＿＿＿＿＿＿＿＿＿＿＿。

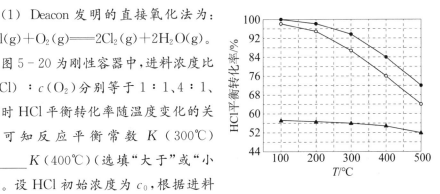

图5-20

(2) Deacon直接氧化法可按下列催化过程进行:

$$CuCl_2(s) \Longrightarrow CuCl(s) + \frac{1}{2}Cl_2(g) \qquad \Delta H_1 = 83 \text{ kJ} \cdot \text{mol}^{-1}$$

$$CuCl(s) + \frac{1}{2}O_2(g) \Longrightarrow CuO(s) + \frac{1}{2}Cl_2(g) \qquad \Delta H_2 = -20 \text{ kJ} \cdot \text{mol}^{-1}$$

$$CuO(s) + 2HCl(g) \Longrightarrow CuCl_2(s) + H_2O(g) \qquad \Delta H_3 = -121 \text{ kJ} \cdot \text{mol}^{-1}$$

则 $4HCl(g) + O_2(g) \Longrightarrow 2Cl_2(g) + 2H_2O(g)$ 的 $\Delta H =$ _____

$\text{kJ} \cdot \text{mol}^{-1}$。

（3）一定温度下，进一步提高 HCl 的转化率的方法是 _____

_____。（写出 2 种）

（4）在传统的电解氯化氢回收氯气技术的基础上，科学家最近采用碳基电极材料设计了一种新的工艺方案，主要包括电化学过程和化学过程，如图 5-21 所示。负极区发生的反应有 _____（写反应方程式）。电路中转移 1 mol 电子，需消耗氧气 _____ L（标准状况）。

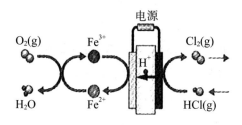

图 5-21

【答案】 （1）大于 $\dfrac{(0.42)^2 \times (0.42)^2}{(1-0.84)^4 \times (1-0.21)c_0}$ O_2 和 Cl_2 分离能耗较高、HCl 转化率较低 （2）-116 （3）增加反应体系压强、及时除去产物 （4）$Fe^{3+} + e^- \Longrightarrow Fe^{2+}$，$4Fe^{2+} + O_2 + 4H^+ \Longrightarrow 4Fe^{3+} + 2H_2O$ 5.6

【解析】 试题创设将氯化氢转化为氯气技术研究的学术探索情境，通过呈现三种不同 Cl_2 制取工艺，分别开展反应系统中物质与能量变化的定量分析、反应条件对转化率影响的分析讨论、反应本质（电解反应）的表征等，实现对反应热、化学平衡、电化学等化学反应原理知识的综合性、应用性考查。对于问题（1），解答时，首先要明确从上往下三条曲线对应的 $c(HCl):c(O_2)$ 越来越大（HCl 浓度越大，转化率越低），且根据曲线可知该反应为放热反应，温度越高 HCl 平衡转化率越低。400℃且 $c(HCl):c(O_2)=1:1$ 时，反应系统中 HCl 的

平衡转化率为 84%，结合平衡常数定义及影响条件，可对不同温度下 K 的大小进行比较并求得 $K(400℃)$ 的值。对于问题(2)，直接利用盖斯定律即可求算。问题(3)抓住 $4HCl(g)+O_2(g)\Longrightarrow 2Cl_2(g)+2H_2O(g)$ 的特点和平衡移动原理，很容易得出指定温度下提高 HCl 转化率的措施。问题(4)为电解制取 Cl_2 问题，核心在于抓住物料进出方向，进而确定电极反应并根据电子守恒作答。

第三节 技能性知识的考查内容与要求

研究物质进而认识、描述、创造物质是化学科学的核心任务。要研究(认识)物质、表征物质及创造物质,需要掌握相应的化学技能性知识,如开展物质性质及其变化的研究以认识物质,涉及化学实验相关技能;表征物质组成、性质及其反应,需要掌握化学结构式(结构简式)、化学方程式(离子方程式)书写等技能;而创造物质又将涉及物质的转化合成、分离提纯等相关技能。因此,化学技能性知识既是中学化学课程学习的重要内容,也是高考化学考查的重要内容。本节将结合高考典型试题分析化学技能性知识的考查要求。

一、描述表征物质及其变化的技能

描述与表征物质及其变化的技能,主要包括三个方面:一是描述物质组成与结构的化学式、分子式、结构简式、结构式、电子式等的书写以及简单有机物球棍模型、比例模型的绘制等技能;二是描述物质性质及其变化的化学方程式、离子方程式、电极方程式的书写等技能;三是描述化学变化中能量变化的热化学方程式的书写等技能。立足化学课程学习角度,这些都属于化学学习应当掌握的必备技能。学习时,不仅要掌握书写的规则与步骤,更应关注到相关模型、符号内隐的宏观或微观层面的意义,达成对物质及其变化的"宏观—微观—符号"三重表征的理解并实现自动化的关联与转化。从近年高考情况看,有机物同分异构体的书写及种类的判断,陌生情境下化学方程式尤其是氧化还原方程式的书写、离子方程式及电极反应式的书写与判断,结合盖斯定律开展热化学方程式的书写等成为热点考查内容。下面重点以化学方程式(离子方程式)、电极反应式和同分异构体为例加以论述。

1. 结合生产环保、实验探究等情境,在提取情境中关于无机物质性质及转化等信息基础上,基于"价类二维"思维、物质在水溶液中的行为等,依据氧化还原反应原理、离子反应的条件与规律等知识进行合理推断,正确书写相关反应的化学方程式(或离子方程式),或对给定反应的离子方程式做出正误判断。

例 5-34(2020-全国 I-26,节选) 钒具有广泛用途。黏土钒矿中,钒以 +3、+4、+5 价的化合物存在,还包括钾、镁的铝硅酸盐,以及 SiO_2、Fe_3O_4。采用图 5-22 所示的工艺流程可由黏土钒矿制备 NH_4VO_3。

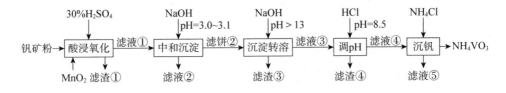

图 5-22

该工艺条件下,溶液中金属离子开始沉淀和完全沉淀的 pH 如下表所示:

金属离子	Fe^{3+}	Fe^{2+}	Al^{3+}	Mn^{2+}
开始沉淀 pH	1.9	7.0	3.0	8.1
完全沉淀 pH	3.2	9.0	4.7	10.1

回答下列问题:

(1) "酸浸氧化"中,VO^+ 和 VO^{2+} 被氧化成 VO_2^+,同时还有_____离子被氧化。写出 VO^+ 转化为 VO_2^+ 反应的离子方程式_____。

(2) "调 pH"中有沉淀生产,生成沉淀反应的化学方程式是_____

_____。

【答案】 (1) Fe^{2+} $VO^+ + MnO_2 + 2H^+ =\!=\!= VO_2^+ + Mn^{2+} + H_2O$

(2) $NaAlO_2 + HCl + H_2O =\!=\!= NaCl + Al(OH)_3 \downarrow$ 或 $Na[Al(OH)_4] + HCl =\!=\!= NaCl + Al(OH)_3 \downarrow + H_2O$

【解析】 试题以黏土钒矿制备 NH_4VO_3 的工艺流程创设生产环保情境,要求结合流程信息书写指定过程的离子方程式或化学方程式。解答问题(1),关键在于抓住如下信息:①VO^+ 被氧化为 VO_2^+;②加入的物质为 30% 的 H_2SO_4 和 MnO_2;③结合氧化还原反应原理,可推知 MnO_2 为氧化剂且被还原为 Mn^{2+};④本题要求书写离子方程式。明确这些内容,再根据电子得失守恒,很容易写出离子方程式。问题(2)的解答,则需要结合流程,明确"调 pH"步骤是将 pH>13 的滤液用 HCl 调节至 8.5 并获得滤渣,由金属离子沉淀的 pH 表格可知,pH>13 时,Fe^{2+}、Fe^{3+}、Mn^{2+} 均完全沉淀,且铝元素以 AlO_2^- 的形式存在,故加酸调节 pH=8.5 时,AlO_2^- 转化为 $Al(OH)_3$。抓住这些,即可顺利书写化学方程式。本题通过相关离子方程式与化学方程式的分析与书写,有利于检测学生化学技能性知识的掌握水平,还有利于学生感悟到化学知识在工业生产、物质制备中的应用,体现化学知识的应用价值。

2. 结合日常生活、生产环保、学术探索等相关情境,在辨析与理解相关电化学装置信息基础上,根据电化学原理正确书写电极反应方程式或对给定电极反应方程式的正误情况做出分析与判断,深化对化学反应中物质及能量变化的理解。

例 5-35(2018-全国Ⅱ-12)　我国科学家研发了一种室温下"可呼吸"的 Na-CO_2 二次电池(如图5-23),将 $NaClO_4$ 溶于有机溶剂作为电解液。钠和负载碳纳米管的镍网分别作为电极材料,电池的总反应为:$3CO_2+4Na \rightleftharpoons 2Na_2CO_3+C$,下列说法错误的是(　　)。

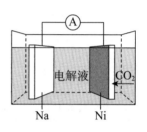

图 5-23

A. 放电时,ClO_4^- 向负极移动

B. 充电时释放 CO_2,放电时吸收 CO_2

C. 放电时,正极反应为:$3CO_2+4e^- = 2CO_3^{2-}+C$

D. 充电时,正极反应为:$Na^++e^- = Na$

【答案】　D

【解析】　试题以我国科学家研发的室温下"可呼吸"的 Na-CO_2 二次电池创设学术探索情境,要求学生在理解与辨析二次电池装置和相关信息基础上,对二次电池工作原理等进行分析与判断。解答的关键,在于抓住电极材料和电池总反应,结合电化学原理进行分析判断。试题体现对电化学相关知识的综合性、应用性考查,并帮助学生了解我国科研工作成果,感悟化学对解决能源与环保相关问题的重要价值。

3. 结合生产环保、学术探索等情境,在提取情境中有关有机物结构与性质、反应与条件等信息基础上,推断反应物的结构式(结构简式);或结合官能团转化的条件与规律书写化学方程式,或根据有机物结构与性质等限定条件书写指定的同分异构体。

例 5-36(2018-全国Ⅱ-36,节选) 以葡萄糖为原料制得的山梨醇(A)和异山梨醇(B)都是重要的生物质转化平台化合物。E 是一种治疗心绞痛的药物。由葡萄糖为原料合成 E 的路线如图 5-24 所示:

图 5-24

回答下列问题:

(1) C 的结构简式为_____。

(2) 由 D 到 E 反应的化学方程式为_____。

(3) F 是 B 的同分异构体,7.30 g 的 F 与足量饱和碳酸氢钠反应可释放出 2.24 L 二氧化碳(标准状况),F 的可能结构共有_____种(不考虑立体异构);其中核磁共振氢谱为三组峰,峰面积比为 3∶1∶1 的结构简式为_____

_____。

【答案】 (1)

(2)

(3) 9

【解析】 试题以葡萄糖为原料合成一种治疗心绞痛药物的合成路线为素材创设生产环保情境,要求根据流程信息(有机物的组成、反应和条件等)推断并书写有机物的结构、反应方程式,并根据有机物的性质和结构特征判断同分异构体的种类、书写指定结构特征的有机物的结构简式。推断 C 的结构,关键是抓住 C 的组成及酯化反应规律;书写 D→E 反应的化学方程式,一要抓住反应条件为"NaOH,H₂O",二要抓住 D 与 E 两者组成上的差异,三要结合 C 的结构简式和 C、D 组成上的差异。在综合分析基础上，便可确定 D→E 反应本质为酯的水解。推断 B 的同分异构体 F 的数目时，一要结合 7.30 g F 与足量饱和碳酸氢钠溶液反应产生 2.24 L CO_2 的信息，二要明确 F 的组成和 B 相同（其相对分子质量为 146），三要结合前述两个信息确定 F 含有两个—COOH。因此，F 相当于丁烷分子中的 2 个—H 被 2 个—COOH 所取代，再结合丁烷有正丁烷和异丁烷两种结构，可推知符合条件的异构体共有 9 种。由于指定结构的异构体中有三组核磁共振氢谱峰且峰的面积比为 3∶1∶1，很容易确定其结构中含有两个甲基、两个次甲基和 2 个羧基。试题涉及对有机物结构、性质、反应等相关知识的综合性、应用性考查，并让学生在解答过程中体会到化学知识在生产实践尤其是新物质合成中的应用。

二、定量处理物质及其变化的技能

定量处理物质及其变化的技能，主要包含以物质的量为中心的化学计算、化学反应能量计算，定量表征化学反应的速率与限度，利用化学反应原理定量分析反应（溶液）系统的组成，依据物质结构理论开展晶胞参数的确定及晶体密度的计算等技能。其中，化学反应能量计算、定量表征化学反应的速率与限度、定量分析反应（溶液）系统的组成、晶胞参数的确定及晶体密度的计算等技能，在理论性知识考查要求中已有分析，这里不再赘述。本节重点探讨以物质的量为中心的化学计算技能，该技能主要包括运用物质的量、摩尔质量、气体摩尔体积、物质的量浓度之间的相互关系进行简单计算的技能，以物质的量为中心的化学方程式计算等技能，以及基于实验测定结果的定量分析与处理等技能。

1. 结合日常生活、工业生产、实验探究等情境，开展以物质的量为中心的简单计算。在高考中，其主要内容包括物质的量、摩尔质量、气体摩尔体积、物质的量浓度之间的相互换算，基于物质的量进行微粒数目的推算等。

例 5-37（2020-全国Ⅲ-9）N_A 是阿伏加德罗常数的值。下列说法正确的是（　　）。

A. 22.4 L（标准状况）氮气中含有 $7N_A$ 个中子

B. 1 mol 重水比 1 mol 水多 N_A 个质子

C. 12 g 石墨烯和 12 g 金刚石均含有 N_A 个碳原子

D. 1 L 1 mol·L^{-1} NaCl 溶液含有 $28N_A$ 个电子

【答案】　C

【解析】　此类题型为高考常见的选择题。试题常以阿伏加德罗常数（N_A）为载体，要求对相关选项的正误做出分析与判断，体现以物质的量为中心、涉及各物质中所含微粒构成等知识点的基础性考查。解答的关键在于抓住物质的量、摩尔质量、气体摩尔体积、物质的量浓度等的换算关系。命题时，还常常融入化学键、氧化还原反应、弱电解质电离、盐类水解、可逆反应等知识的考查。

2. 结合日常生活、工业生产等情境，立足元素守恒、原子守恒、电子得失守恒等关系开展物质的量为中心的计算，求算反应物或产物的量、氧化剂与还原剂的物质的量之比、组成含量等相关量。

例 5 - 38（2020 - 山东 - 10）　微生物脱盐电池是一种高效、经济的能源装置，利用微生物处理有机废水获得电能，同时可实现海水淡化。现以 NaCl 溶液模拟海水，采用惰性电极，用图 5 - 25 所示装置处理有机废水（以含 CH_3COO^- 的溶液为例）。下列说法错误的是（　　）。

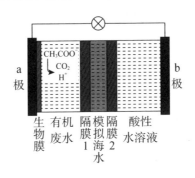

图 5 - 25

A. 负极反应为 $CH_3COO^- + 2H_2O - 8e^- \longrightarrow 2CO_2\uparrow + 7H^+$

B. 隔膜 1 为阳离子交换膜，隔膜 2 为阴离子交换膜

C. 当电路中转移 1 mol 电子时，模拟海水理论上除盐 58.5 g

D. 电池工作一段时间后，正、负极产生气体的物质的量之比为 2∶1

【答案】　B

【解析】　试题以微生物脱盐电池为载体创设生产环保情境，要求在识别原电池装置基础上利用电化学原理开展以物质的量为中心的计算。结合原电池原理及电极微粒转化情况，可知正极反应为 $2H^+ + 2e^- \longrightarrow H_2\uparrow$，负极反应为

$CH_3COO^- + 2H_2O - 8e^- == 2CO_2\uparrow + 7H^+$,其总反应为 $CH_3COO^- + 2H_2O + H^+ == 2CO_2\uparrow + 4H_2\uparrow$。当有 1 mol e^- 转移时,各有 1 mol Cl^-、Na^+ 分别向负极、正极移动,故可除盐 58.5 g。结合电解反应可知,正、负两极产生气体的物质的量之比为 2:1。

3. 结合实验探究、学术探索等情境,对研究探索过程所得的数据开展以物质的量为中心的计算,计算物质的含量、溶液的物质的量浓度、反应产率,或根据要求确定相关物质的组成等。

例 5-39(2020-山东-20,节选)　某 $FeC_2O_4 \cdot 2H_2O$ 样品中可能含有的杂质为 $Fe_2(C_2O_4)_3$、$H_2C_2O_4 \cdot 2H_2O$,采用 $KMnO_4$ 滴定法测定该样品的组成,实验步骤如下:

Ⅰ. 取 m g 样品于锥形瓶中,加入稀 H_2SO_4 溶解,水浴加热至 75℃。用 c mol·L^{-1} 的 $KMnO_4$ 溶液趁热滴定至溶液出现粉红色且 30 s 内不褪色,消耗 $KMnO_4$ 溶液 V_1 mL。

Ⅱ. 向上述溶液中加入适量还原剂将 Fe^{3+} 完全还原为 Fe^{2+},加入稀 H_2SO_4 酸化后,在 75℃ 继续用 $KMnO_4$ 溶液滴定至溶液出现粉红色且 30 s 内不褪色,又消耗 $KMnO_4$ 溶液 V_2 mL。

样品中所含 $H_2C_2O_4 \cdot 2H_2O(M = 126$ g·$mol^{-1})$ 的质量分数表达式为_____。下列关于样品组成分析的说法,正确的是_____(填标号)。

A. $V_1 : V_2 = 3$ 时,样品中一定不含杂质

B. V_1/V_2 越大,样品中 $H_2C_2O_4 \cdot 2H_2O$ 含量一定越高

C. 若步骤 Ⅰ 中滴入 $KMnO_4$ 溶液不足,则测得样品中 Fe 元素含量偏低

D. 若所用 $KMnO_4$ 溶液实际浓度偏低,则测得样品中 Fe 元素含量偏高

【答案】　$\dfrac{0.315c(V_1 - 3V_2)}{M} \times 100\%$　　B,D

【解析】　试题呈现用滴定法测 $FeC_2O_4 \cdot 2H_2O$ 样品中 $H_2C_2O_4 \cdot 2H_2O$ 含量的实验探究情境,要求根据实验原理和实验测得的数据,求算样品中所含 $H_2C_2O_4 \cdot 2H_2O$ 的量。解题的关键是根据电子得失守恒关系,建立 $KMnO_4$ 与 $H_2C_2O_4$、Fe^{2+} 的量的关系,然后开展物质的量的计算,并对氧化还原滴定误差进行分析。试题关注氧化还原反应及实验数据处理等知识与技能的综合性、应用性考查,凸显以物质的量为中心的定量处理在化学研究中的意义。

三、研究物质及其变化的实验技能

开展物质及其变化研究的实验技能,主要包括基本实验操作技能和综合实验探究技能。基本实验操作技能是服务于物质及其变化等研究的实验技能,是综合实验开展的前提与保障。这一技能主要包括仪器使用、药品取用、溶液配制、物质分离与提纯、物质检验与鉴别等方面,同时也包括实验观察记录、结果分析处理、异常事故处理与实验安全保障等技能。而综合实验技能,对应为开展物质性质研究、反应规律探索、物质制备合成与物质组成测定等综合实验与探究活动的技能组合,以及从事实现象出发提出问题和做出猜想假设、设计方案并开展活动、基于事实证据进行分析和推理从而达成实验目的的实验探究技能。化学是一门以实验为基础的科学,物质及其变化的实验探究技能无疑是高考考查的重点。

1. 结合实验探究或学术探索情境,基于基础性实验活动考查基本实验技能或对实验基本操作的正误情况做出判断,或对相关实验事实现象进行简单处理以得出实验结论。此类考查往往以选择题形式加以呈现。

例 5-40(2019-全国 I-9) 实验室制溴苯的装置如图 5-26 所示,关于实验操作或叙述错误的是( )。

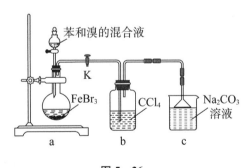

图 5-26

A. 向圆底烧瓶中滴加苯和溴的混合液前需先打开 K

B. 实验中装置 b 中的液体逐渐变为浅红色

C. 装置 c 中 Na_2CO_3 的作用是吸收 HBr

D. 反应后的混合液经稀碱溶液洗涤、结晶,得到溴苯

【答案】 D

【解析】 试题以制取溴苯的基础性实验为载体创设实验探究情境,要求学

生对实验操作要领、实验现象、装置作用和分离提纯方法的正确性进行判断,凸显对基本实验技能的综合性、应用性考查。试题难度不大,导向中学教学要重视基础实验的教学。

例 5 - 41(2020 - 全国Ⅱ - 8) 某白色固体混合物由 $NaCl$、KCl、$MgSO_4$、$CaCO_3$ 中的两种组成,进行如下实验:①混合物溶于水,得到澄清透明溶液;②做焰色反应,通过钴玻璃可观察到紫色;③向溶液中加碱,产生白色沉淀。根据实验现象可判断其组成为(   )。

A. KCl、$NaCl$ B. KCl、$MgSO_4$ C. KCl、$CaCO_3$ D. $MgSO_4$、$NaCl$

【答案】 B

【解析】 试题以检验混合物的组成为载体创设实验探究情境,要求根据实验进程中观察到的现象并结合元素化合物知识进行合理的分析判断,从而确定物质的具体组成,体现对物质检验实验结果(现象)分析处理基本技能的综合性、应用性考查,检测学生思维的缜密性与批判性,导向中学化学教学重视常见离子检验基础实验的教学。

2. 结合生产环保、实验探究等情境,根据生产需要或研究目的,综合运用基本实验技能和物质性质及其转化关系,开展物质的制备与纯化(分离与提纯)、物质组成与含量的测定等实验活动。

例 5 - 42(2019 - 全国Ⅰ - 27) 硫酸铁铵[$NH_4Fe(SO_4)_2 \cdot xH_2O$]是一种重要铁盐,为充分利用资源,变废为宝,在实验室中探究采用废铁屑来制备硫酸铁铵,流程如图 5 - 27:

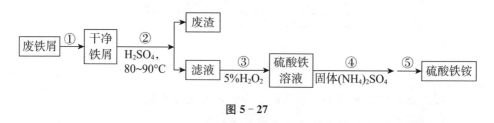

图 5 - 27

回答下列问题:

(1) 步骤①的目的是去除废铁屑表面的油污,方法是_____。

(2) 步骤②需要加热的目的是_____,温度保持 80～95℃,采用的合适加热方式是_____。铁屑中含有少量的硫化物,产生的气体需要净化处理,合适的装置为_____（填标号）。

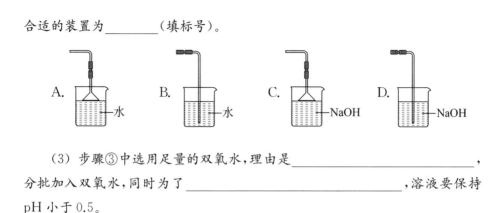

（3）步骤③中选用足量的双氧水，理由是_____，分批加入双氧水，同时为了_____，溶液要保持 pH 小于 0.5。

（4）步骤⑤的具体实验操作有_____，经干燥得到硫酸铁铵晶体样品。

（5）采用热重分析法测定硫酸铁铵晶体样品所含结晶水数，将样品加热到 150℃的时候，失掉 1.5 个结晶水，失重 5.6%，硫酸铁铵晶体的化学式为_____。

【答案】（1）碱煮水洗　（2）加快反应　热水浴　C　（3）将 Fe^{2+} 全部氧化为 Fe^{3+}，不引入杂质　防止（抑制）Fe^{3+} 的水解　（4）加热浓缩，冷却结晶，过滤（洗涤）　（5）$NH_4Fe(SO_4)_2 \cdot 12H_2O$

【解析】　试题以硫酸铁铵晶体的制备为载体创设实验探究情境，要求围绕硫酸铁铵制备的实验流程开展相关问题的分析与推测等活动，以及根据热重分析法测定结果开展确定晶体组成的活动，综合考查应用实验基本技能开展物质制备与纯化、实验结果分析与处理等的能力。试题总体难度不大。

3.结合实验探究、学术探索等情境，综合运用基本实验技能和实验探究技能，设计物质组成、性质及其变化规律的研究方案，或对相关实验事实现象进行处理，得出相关结论，或对给定探究方案的合理性、科学性进行评价或改进。

例 5-43（2018-全国Ⅲ-26，节选）　硫代硫酸钠晶体（$Na_2S_2O_3 \cdot 5H_2O$，$M=248\,g \cdot mol^{-1}$）可用作定影剂、还原剂。回答下列问题：

（1）已知：$K_{sp}(BaSO_4)=1.1 \times 10^{-10}$，$K_{sp}(BaS_2O_3)=4.1 \times 10^{-5}$。市售硫代硫酸钠中常含有硫酸根杂质，选用下列试剂设计实验方案进行检验：

试剂：稀盐酸、稀 H_2SO_4、$BaCl_2$ 溶液、Na_2CO_3 溶液、H_2O_2 溶液

实验步骤	现象
① 取少量样品,加入除氧蒸馏水	② 固体完全溶解得无色澄清溶液
③ _____	④ _____,有刺激性气体产生
⑤ 静置,_____	⑥ _____

(2) 利用 $K_2Cr_2O_7$ 标准溶液定量测定硫代硫酸钠的纯度。测定步骤如下:

① 溶液配制:称取 1.200 0 g 某硫代硫酸钠晶体样品,用新煮沸并冷却的蒸馏水在_____中溶解,完全溶解后,全部转移至 100 mL 的_____中,加蒸馏水至_____。

② 滴定:取 0.009 500 mol·L^{-1} 的 $K_2Cr_2O_7$ 标准溶液 20.00 mL,硫酸酸化后加入过量 KI,发生反应:$Cr_2O_7^{2-}+6I^-+14H^+\Longrightarrow 3I_2+2Cr^{3+}+7H_2O$。然后用硫代硫酸钠样品溶液滴定至淡黄绿色,发生反应:$I_2+2S_2O_3^{2-}\Longrightarrow S_4O_6^{2-}+2I^-$。加入淀粉溶液作为指示剂,继续滴定,当溶液_____,即为终点。平行滴定 3 次,样品溶液的平均用量为 24.80 mL,则样品纯度为_____%(保留 1 位小数)。

【答案】 (1)③加入过量稀盐酸 ④出现乳黄色浑浊 ⑤取上层清液,滴入 $BaCl_2$ 溶液 ⑥产生白色沉淀 (2)①烧杯 容量瓶 刻度 ②蓝色褪去 95.0

【解析】 试题以硫代硫酸钠中硫酸根杂质检验创设实验探究情境,要求结合硫代硫酸钠和硫酸根的性质、相关物质的 K_{sp} 设计实验方案进行检验活动,并根据氧化还原滴定实验结果计算样品的纯度。其中,实验方案设计,需要根据实验目的并结合相关信息在分析处理基础上确定思路,再综合利用相关知识与技能设计实验步骤、预测实验现象,体现对实验与探究技能的综合性、应用性考查。

例 5-44(2018-全国Ⅱ-27,节选) CH_4-CO_2 催化重整不仅可以得到合成气(CO 和 H_2),还对温室气体的减排具有重要意义。反应中催化剂活性会因积碳反应而降低,同时存在的消碳反应则使积碳量减少。相关数据如下表:

	积碳反应 $CH_4(g)\Longrightarrow C(s)+2H_2(g)$	消碳反应 $CO_2(g)+C(s)\Longrightarrow 2CO(g)$
$\Delta H/(kJ\cdot mol^{-1})$	75	172

（续表）

活化能/ （kJ·mol^{-1}）		积碳反应 $CH_4(g){=\!=\!=}C(s)+2H_2(g)$	消碳反应 $CO_2(g)+C(s){=\!=\!=}2CO(g)$
	催化剂 X	33	91
	催化剂 Y	43	72

（1）由上表判断，催化剂 X ＿＿＿＿＿ Y（选填"优于"或"劣于"），理由是＿＿＿＿＿＿
＿＿＿＿＿＿＿＿＿＿＿＿＿＿＿＿＿。
在反应进料气组成、压强及反应时间相同的情况下，某催化剂表面的积碳量随温度的变化关系如图 5－28 所示。升高温度时，下列关于积碳反应、消碳反应的平衡常数（K）和速率（v）的叙述正确的是＿＿＿＿＿（填标号）。

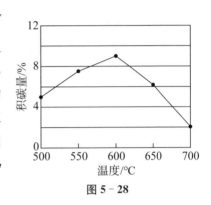

图 5－28

A. $K_积$、$K_消$ 均增加

B. $v_积$ 减小、$v_消$ 增加

C. $K_积$ 减小、$K_消$ 增加

D. $v_消$ 增加的倍数比 $v_积$ 增加的倍数大

（2）在一定温度下，测得某催化剂上沉积碳的生成速率方程为 $v=k\cdot p(CH_4)\cdot[p(CO_2)]^{-0.5}$（$k$ 为速率常数）。在 $p(CH_4)$ 一定时，不同 $p(CO_2)$ 下积碳量随时间的变化趋势如图 5－29 所示，则 $p_a(CO_2)$、$p_b(CO_2)$、$p_c(CO_2)$ 从大到小的顺序为＿＿＿＿＿＿＿＿。

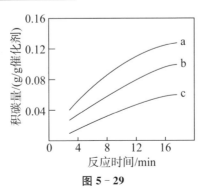

图 5－29

【答案】 (1)劣于 催化剂 X 较催化剂 Y,积碳反应时活化能低,反应速率快;消碳反应时活化能高,反应速率慢。综合考虑,催化剂 X 较催化剂 Y 更利于积碳反应,不利于消碳反应,会降低催化剂活性 A、D (2)$p_c(CO_2) > p_b(CO_2) > p_a(CO_2)$

【解析】 试题以 $CH_4 - CO_2$ 的催化重整反应中催化剂活性及其对反应的影响创设学术探索情境,要求结合实验测定结果,对不同催化剂的性能进行优劣对比,并根据催化剂表面的积碳量随温度的变化关系判断有关积碳反应、消碳反应的平衡常数和速率关系描述的正误,凸显对实验事实现象加工处理得出相关结论的实验探究能力的考查,引导学生在探究活动中感受化学对节能减排、变废为宝、保护环境的重要性。

第六章　评价体系指引下的复习备考

如何科学应对高考评价体系指引下的高考化学改革,有效做好高考化学复习备考工作,是广大高中化学教师应当直面的一个重要问题。从目前高考化学总复习教学调研情况看,不少教师由于教学惯性使然,复习教学因循守旧、墨守成规,仍然按照传统的复习备考套路、旧课程的教学要求开展高考化学复习备考工作,导致复习教学总体上存在效率不高、成效不好等问题。

实际上,正如前面几章分析指出,高考评价体系的提出,对高考化学的考查目标、考查内容以及考查要求甚至考试范围都带来了很大的变化。因此,高考改革背景下的化学总复习备考,应以高考评价体系为行动指南、高中化学课程标准为关键依据、高考化学试题为重要参考,立足评价体系、课程标准和高考试题规定或体现的高考内容要求与考查方式,紧紧围绕高考化学改革的目标追求与命题达成策略、中学化学课程内容的高考考查要求,优化化学总复习备考方式与行动策略,有效提升复习备考质量。

为此,本章将剖析目前复习备考存在的典型问题,并提出相应的改进要求与教学策略,同时对一轮复习进度安排与复习要求、二轮复习知识专题与题型专题设置与实施等进行介绍,旨在引导广大化学教师有效开展总复习备考教学。本章包括:

第一节　复习备考目标追求及行动策略

第二节　一轮复习教学安排与内容要求

第三节　二轮复习专题安排及教学实施

第一节 复习备考目标追求及行动策略

　　高中新课标(2017年版2020年修订)、新教材的推出,对高中化学课程目标及相应单元教学提出了新定位与新要求。为落实"一核四层四翼"的高考评价体系,高考评价理念和评价要求也发生了重大变化。此外,目前的新高考,对考试内容范围也作了一定程度的调整(如"物质结构与性质"及"有机化学基础"两个模块,原来为"2选1",后来改为两个模块均为学业水平等级考试的必考内容)。然而从目前调研情况看,当下的总复习教学还存在不适应高考改革要求的问题。因此,新课标及高考评价体系指引下的高考复习应做进一步的改进与优化。

一、复习教学的目标追求

　　前面已经指出,高考改革背景下的化学总复习备考,应以高考评价体系为行动指南、高中化学课程标准为关键依据、高考化学试题为重要参考,立足评价体系、课程标准和高考试题规定或体现的高考内容要求与考查方式,优化化学总复习备考方式与行动策略,从而提升复习备考的质量。立足于高考化学"以核心价值为引领,重点检测学生在'宏微结合''变化守恒'等思想观念指引下,基于问题解决过程与结果,评估学生证据推理、模型认知、科学探究与符号表征等能力素养状况以及科学态度、社会责任等个性品质与价值观念发展水平"的改革目标,结合学习规律,复习教学应达成如下方面的目标追求:

1.弥补知识缺漏

　　无疑,高中总复习涉及的学科内容,是学生在高一、高二乃至初中阶段学习的。高三总复习时,学生不可避免地存在知识遗忘、内容混淆、理解片面、缺乏深度等一个或多个方面的问题。因此,复习教学首要的任务便是补缺补漏,确保通过复习,纠正记忆和理解上存在的问题,确保知识清晰准确、理解到位,从而能够在解决陌生问题时有效地应用。

2. 内容关联整合

总体上看,中学化学课程内容按照螺旋上升方式安排。因此,复习教学要立足知识主题的视角,将跨课时、跨章节甚至跨模块、跨学段的相关内容按照内在逻辑加以关联整合,从而优化知识结构、完善知识联系。复习中的整合,其核心任务是指导学生采用特定角度与思路建立系统化、网络化的知识结构,从而便于在解决问题过程中有效地提取与迁移。

3. 能力素养提升

高考关注学生在"宏微结合""变化守恒"思想指导下开展证据推理、模型认知、科学探究与符号表征等相关活动,因此复习教学最为关键的目标追求是建立与完善相应的学科思维,从而助力学生面对陌生情境下的复杂问题时,能够在学科思想指导下立足特定角度、采取特定思路有效开展问题分析与解决活动。因此,复习教学应帮助学生建立起思考问题、解决问题的思维框架,以便自觉调用所掌握的知识,并按一定的程序与路径去有效地思考、分析与解答。

4. 强化价值引领

高考评价体系将"核心价值"作为"四层"考查内容的一个关键方面,因此复习教学必须通过优化情境创设与任务设置,实现在内容关联整合、能力素养提升的基础上,注重从"坚定立场思想、弘扬化学价值、强化理性精神、激励实践探索"等四个方面体现与落实价值引领,从而建立正确的学科价值观念,自觉践行社会主义核心价值观。这是高考评价体系对复习教学提出的新要求。

对于复习教学的四层次目标追求,"弥补知识缺漏"最容易实现,它只需学生自己或在教师指导下重温相关知识便可达成。而"内容关联整合"与"能力素养提升",靠简单的知识重复、"炒旧饭"式的复习是不可能达成的,需要教师优化复习教学行动策略,在赋予旧知识以新的内涵的基础上,通过确定合适的主题、选择恰当的素材、安排有效的活动,从而帮助学生有效实现知识建模和思维建模,最终达成相应目标。而"强化价值引领",则需要优化复习教学情境与任务的设置,发挥情境的教育价值,以问题解决过程促进学生内化、感悟学科社会价值与应用价值等,是复习教学实现育人目标的一个关键所在。

二、当前复习教学存在的问题

从专题调研情况看,目前许多地方的复习教学普遍存在因循守旧、墨守成规的问题。虽然高考改革在不断推进,高考目标追求发生很大的变化,但复习教学还是采用多年来形成的老套路,总体上存在"重于知识、强于训练、弱于思维、疏于情感价值"的现状,导致复习教学缺失目标高度(没有关注学科思想方法和学科价值层次的目标)、缺乏情境创设(导致复习教学失去核心价值承载、关键能力培养的有效载体)、缺乏深度思考(复习教学内容过于饱满并快速推进,导致学生缺乏高阶思维训练)等,难以取得好的复习效果。究其原因,主要在于如下四个方面:

1. 忽视教学内容要求的新变化

目前的高考,根据高中化学课标(2017 年版 2020 年修订)要求,注重检测学生的化学学科素养与学业要求水平。如"常见无机物及其应用"主题,更加强调立足元素视角和"价类二维"思维审视物质性质及其转化,更加关注物质性质及其转化的价值等,凸显"宏观辨识与微观探析""变化观念与平衡思想"等学科核心素养的要求。但从复习教学看,不少学校复习并没有关注并落实新课程、新高考提出的新定位。

2. 忽视教学内容范围的新变化

高中化学新课程立足化学学习与研究的需要,更加强调培育学生证据推理与模型认识等能力素养,并结合具体的课程内容提出相应的培育要求。如《化学反应原理》模块,提出了"能用一定的理论模型说明外界条件改变对化学反应速率的影响"的新要求,强调帮助学生认识化学反应的历程、认识基元反应活化能对化学反应速率的影响等。由于一些教师没有深入开展新课标的研究,没有关注到这一新变化,复习教学时没能很好地落实这样的复习要求。

3. 忽视高考考查要求的新变化

"一核四层四翼"的高考评价体系,确立了"价值引领、素养导向、能力为重、知识为基"的评价新理念,提出了"考查内容、考查要求与考查载体"相融合的考查要求。高考新理念和新要求,意味着复习教学不仅要关注知识的掌握与能力的培养,还应发展学生的学科素养、培育学生正确的价值观念;强调复习教学不能仅仅关注知识的回顾总结,更要强调引导学生结合具体情境任务开展问题解决活动,关注知识、能力、素养与价值观念的融合培育。显然,不少教师并没有关注到这些变化,未能在复习时加以有效地落实。

4. 无法把握命题追求的新变化

新课程背景下的化学高考,立足核心素养考查的要求,其总体趋势发生了新的变化。具体要求为：在正确价值观念指引下，立足宏微结合、变化平衡视角，分析、解决真实情境下的具体问题，以此考查学生证据推理、模型认知、科学探究与符号表征等能力，以及检测科学态度与社会责任的价值水平。这就强调，复习教学要积极开展"基于情境、问题导向、深度思维、高度参与"的教学。由于大部分教师没能把握这一高考新定位，复习备考显然难以达到相应的目标要求。

三、强化高考改革关键问题研究

为解决当下的复习问题，有效提升复习教学质量，无疑要聚焦高考改革的目标与方向。前面已经指出：近年来，教育部全面推进高考评价改革以助力高质量教育体系的建设。"一核四层四翼"高考评价体系的提出，凸显高考由单纯考试评价向立德树人重要载体和素质教育关键环节的教育功能转变，由传统"知识能力立意"评价向"价值引领、素养导向、能力为重、知识为基"综合测评的评价理念转变，由主要基于考查内容评价向"考查内容、考查要求、考查载体'三位一体'"的评价模式转变。为此，化学教师应该聚焦高考改革关键问题的研究，以期把握改革方向、优化复习教学。对于高考改革的研究，至少应聚焦如下八个方面的关键问题。

1. 化学学科高考命题如何体现"一核四层四翼"的考试评价要求，从而确保高考凸显正确的政治方向和价值取向、落实德智体美劳全面发展的要求？这些要求，在高考化学试题中如何贯彻落实、通过怎样的命题手法来达成？

2. 基于高考凸显"价值引领、素养导向、能力为重、知识为基"综合评价、强调"核心价值、学科素养、关键能力、必备知识"的全面考核，日常的复习教学，如何实现将知识复习、能力培养、素养提升与价值引领有机融合？

3. 根据高考融合考查内容、考查要求、考查载体"三位一体"评价要求，如何结合复习专题内容与目标要求，精心创设教学情境、设计问题任务、优化教学活动，从而有效开展"基于情境、问题导向、深度思维、高度参与"的日常复习教学？

4. 复习教学时，如何根据"素养取向"的高考命题改革，有针对性地结合复习内容要求和情境问题，加强对学生基于"宏微结合""变化守恒"等学科思想指导下的证据推理、模型认知、科学探究、符号表征等分析与解决问题活动的指导？

5. 和传统的学科试题相比，结构不良试题、任务驱动型试题等在命题立意、呈现方式、命题策略、考查要求上有何新特点和新追求？如何基于试题特点、命题策略和考查要求,有效指导学生完成此类试题的作答?

6. 如何依据课程标准和高考改革要求,立足不同阶段的复习目标任务做好复习的总体规划?复习教学时,如何充分挖掘学科育人素材,有效融合理想信念、家国认同、爱国情怀、求真务实、勇于探索、追求真理等必备品格的培养?

7. 基于全面发展的要求,高考试题在突出价值引领、素养导向基础上,如何有效融合体美劳的考查和引导?复习教学时,如何精选情境素材、设置问题任务、创新题型设计等,从而增强应用性、探究性和创新性,有效融合体、美、劳等方面的考查?

8. "3+1+2"高考模式的实施,选考化学学科的学生群体与传统高考大文大理相比发生了重大改变。面对这样的变化,总复习备考教学时,如何优化教学策略、注重因材施教,更好地让不同群体的学生都能得到较好的发展?

四、优化复习备考的基本策略

1. 深入课标研究,把握复习要求

应深入开展《普通高中化学课程标准(2017年版2020年修订)》的学习研究工作,认真对比《普通高中化学课程标准(实验)》,准确把握新版课程标准对相关内容提出的新要求、新定位;应深入研究新版课程标准各教学主题"学业要求"和高中"学业质量水平",并根据主题"学业要求"和"学业质量水平",制定主题内容复习目标要求。在此基础上,将主题复习目标要求分解到各个课时,确保复习有效开展。

2. 加强高考研究,明晰考改方向

应加强高考评价体系、全国高考试卷和本省自主命制的学业水平等级考试卷等的学习研究,准确理解"一核四层四翼"的学科内涵,科学把握高考命题如何落实"价值引领、素养导向、能力为重、知识为基"的评价理念及"考查内容、考查要求和考查载体"相融合的命题追求。特别要关注高考化学命题如何落实核心价值的引领、学科思维的凸显,以及证据推理、模型认知、科学探究与符号表征等关键能力的考查。

3. 科学规划复习,确保完成任务

应根据高考改革方向和复习教学要求,科学规划高三总复习计划。复习教学的规划,应基于高考考查要求与本校学生实际,综合考虑内容安排顺序、模块统整要求、教学专题设置、复习所用课时、单元目标建构、课时目标分解、复习资源开发、教学活动开展等方面。同时,还应协调好复习教学、考试训练、试卷讲评、自主学习反思等的整体安排,杜绝复习安排前期松、后期紧的现象。

4. 优化教学模式,提升复习质量

根据"价值引领、素养导向、能力为重、知识为基"的高考评价理念,复习教学时,应在课时复习目标指引下,积极探索"基于情境、问题导向、深度思维、高度参与"的教学模式,引导学生基于学科视角审视情境任务,引导学生开展分类与概括、证据与推理、模型与解释、符号与表征等具有学科特质的学习活动,实现证据推理、模型认知、科学探究与符号表征等能力素养的提升与科学态度、社会责任的培育。

5. 做好复习监控,及时调控教学

复习教学时,要灵活运用活动表现、纸笔测试等多样化评价方式,监测学生复习目标达成情况,并及时调控复习教学进度和目标要求。一方面,在日常复习教学中,采用课堂提问、当堂训练以及课后作业等方式,了解学生课时复习目标达成情况;另一方面,在单元复习结束后,安排相应的单元训练或测试,检测学生学业质量达标水平。此外,还应安排适量的综合性考试,开展结果性评价。考试训练后,应根据学生复习目标达成情况及时调整教学方案。

6. 科学安排训练,提高应试技能

总复习阶段,必须安排适量的考试训练。考试训练应结合复习任务和学校实际情况,科学命制试题,重点关注主干知识和通性通法的考查、学生答题质量与速度的训练。考试训练后应及时做好讲评工作,突出试题情境理解、考查要求剖析、解答思路揭示、答案要素逻辑等的深入剖析,帮助学生理解命题意图、梳理整合知识、建构解题思维。同时,还应引导学生做好错题的分类整理,及时总结考试心得,做好补缺补漏等工作。

7. 关注薄弱环节,做好专题突破

从考试训练情况看,无法正确书写专业术语、规范使用化学符号(含化学式或有机物的结构简式、化学方程式或离子方程式等)、富有逻辑地有序表述等,是学生非智力因素失分的关键。复习及讲评教学时,要结合具体的问题与任务,引导学生回扣教材,通过阅读教材、书写表达等活动,强化规范要求。此外,还应收集整理学生答题常见的错误并附上科学规范要求,引导学生做好考前强化记忆。

8. 关注特殊学生，精准帮扶施策

总复习阶段，学校应摸清各类上线边缘生、体育艺术特长生的学习掌握情况，有针对性地制定工作规划，做好精准帮扶、提优补短等相关工作。教学实践中，可围绕各类学生存在的问题、立足重点关键内容，尝试开展分层、分类检测及个性化辅导等工作。一方面，通过测试暴露学生问题；另一方面，围绕暴露的问题建立个性化辅导方案，开展个性化辅导工作，争取逐一过关。此外，还应加强特殊学生的心理与情感交流，鼓舞学生士气。

五、抓实最后阶段的指导调适

高考前半个月左右的时间，大部分学校均会安排学生自主梳理反思与教师下班辅导等工作。从调研情况看，不少教师认为这段时间基本无事可干。事实上，如果学校能够抓好最后阶段的指导与调适，对高考备考很有意义。这一阶段，教师重点应开展如下工作：

1. 加强学情研究。教师应做好高三下期开展的考试训练的总结分析工作，分类梳理考试中暴露出来的双基知识遗漏、应试技巧欠缺、答题表述不规范等方面的普遍性问题，准确把握考试失分的高频点和关键点，以便在最后阶段开展辅导点拨。

2. 引导回归教材。最后阶段回归教材是实现温故知新、精准记忆等的必由之路。教师可结合考试热点、易错易混等内容，立足内容背景、研究思路、内涵要素、适用条件及记忆方法等方面编制适量导读题，引导学生重温教材，而不是简单重读一遍教材。

3. 指导错题分析。错题整理研究是冲刺阶段高效复习的一种有效方法，教师要指导学生结合日常积累的错题集，开展试题归类、错因探析等活动，进而引导学生回扣教材、重读教材，纠正错误认识、找到课本原型、归纳思路方法等，逐一突破存在的问题。

4. 调适应试心理。越临近高考，学生心理越容易出现问题，如果不能很好地调适，容易影响高考的发挥。为此，教师一方面要教给学生一些心理减压与疏导的小技巧，指导学生自我疏解压力、保持良好状态；另一方面，可以通过谈心、聊天甚至小娱乐等方式，帮助学生合理宣泄情绪。

第二节　一轮复习教学安排与内容要求

从目前看,教师们普遍重视一轮复习,并大致利用一个学期的时间来开展。从调研情况看,不少地方的高三第一轮复习,总体按"分册走章"的方式来开展。复习时,总体按照《化学 1》《化学 2》《化学反应原理》《有机化学基础》《物质结构与性质》的顺序并依据教材章节来展开。为帮助教师们更好地开展一轮复习教学,下面从几个方面来加以阐述。

一、一轮复习的教学追求

采用"分册走章"模式开展的复习教学,不能简单用"行"或"不行"来加以评判。但是,如果一轮复习教学只注重"知识的罗列"或"知识的简单解析",则肯定不行。要知道,通过复习帮助学生清晰明了知识、开展缺漏弥补是一轮复习最基础的功能,而更为重要的是,应在知识清晰明了、补缺补漏基础上,强化知识关联整合、学科思维训练等。否则,一轮复习就变为"炒旧饭"了。这样的复习,肯定难以激发学生的学习兴趣,难以取得好的效果。

对于一轮复习教学,其核心任务在于解决"有什么知识及其关联、知识有何用、知识怎么用"的问题。通过解决"有什么知识及其关联"的问题,帮助学生巩固基础、系统掌握必备知识;通过解决"知识有何用、知识如何用"的问题,才能帮助学生感悟知识价值、建构学科思维、训练分析问题与解决问题的能力,从而与高考评价体系提出的"核心价值""学科素养"与"关键能力"相对应。因此,一轮复习教学,应立足高考"四层"的要求,确定教学的目标追求。

二、复习教学的实施模式

为落实弥补缺漏、整合知识、提升能力、强化价值的目的,有教师尝试使用"四段七步"的模式开展复习教学,不失为一种较为有效的模式。其流程及操作如下:

第一阶段:感知要求——解决复习目标与内容要求的问题。

【目标导入】向学生呈现"学业要求"及近年高考考查情况,帮助学生明确复习目标与考试要求,从而引导学生将注意力集中到复习要求中来。

第二阶段:基础回扣——解决"有什么知识及其关联"的问题。

【基础诊断】呈现紧扣考点、覆盖本课重点的基础性思考题,让学生思考并作答,从而增进复习目标理解并诊断学情,为后续知识归纳整合奠定基础。

【反馈归纳】针对"诊断训练"完成情况,通过师与生、生与生交流的形式来开展查缺补漏、归纳整合知识等工作。

第三阶段:探究提升——解决"有何用、怎么用"的问题。

【范例探究】其思路通常为:呈现范例—学生分析解答—教师纠正点拨—师生提炼总结。借助范例的分析与解答,引导学生认识相关内容可以解决哪些相关问题,以及解题思路与方法、应答策略与步骤等。

【变式训练】设置变式习题供学生课堂练习。变式的目的在于引导学生将前一步骤总结的规律性知识迁移到新情境试题解答之中,加深学生对知识规律的认识。

第四阶段:小结反思——总结"有什么知识及其关联、有何用、怎么用"。

【归纳小结】引导学生或师生共同针对二、三阶段的教学,对本节知识、解题等相关内容进行整体式、网络式的小结。

【自我反思】在归纳小结的基础上,给学生少量的时间,对本节教学的相关内容及学习过程进行消化与反思,并对存在的问题寻求教师、同学的帮助。

三、复习主题设置及课时安排建议

"分册走章"模式的一轮复习教学,总体上按照教材及其章节顺序展开。根据教育部《普通高中学校办学质量评价指南》关于"严格按照课程标准实施教学,健全学校教学管理规程,统筹制定教学计划;不存在随意增减课时、改变难度、调整进度等问题,严禁高三上学期结束前结课备考"的要求,一轮复习教学时间将大大压缩。下面提出一轮复习主题设置及课时安排的建议,供复习规划时参考。

复习主题	主要内容	建议课时
基本概念、理论	元素与物质分类、电离与离子反应、氧化还原反应、物质的量等	1.5 周
常见无机物	金属及其化合物（钠、铁等）、非金属及其化合物（氯、硫、氮等）	1.5 周
物质结构、元素周期律	原子结构、化学键、元素周期表、元素周期律及其应用等	1 周
化学反应原理	化学反应与能量、化学反应速率与化学平衡、水溶液的离子平衡等	2 周
化学实验	化学实验基本操作，物质的检验、分离与提纯，常见物质的制备，化学实验方案设计与评价等	2 周
物质结构与性质	原子结构、化学键与分子间作用力、物质的聚集状态与物质性质等	1.5 周
有机化学基础	有机物的组成与结构、有机物的性质与应用、有机物的转化与合成（必修内容融入其中）	2 周

四、主题复习目标与教学要求

为更好地帮助教师们在指导复习教学时准确把握复习目标、优化教学策略，笔者在研究《普通高中化学课程标准（2017 年版 2020 年修订）》中"内容标准""学业要求"等基础上，提出如下各主题的"复习教学目标"和"重点应关注的问题"，供复习教学参考：

1. 基本概念与理论

（1）物质分类及胶体

复习目标要求	重点关注问题
• 能够从不同角度对物质进行分类； • 能依据物质类别列举某种元素的典型代表物及其典型化学性质； • 能立足类属视角预测陌生物质的化学性质及其转化； • 能够鉴别某一分散系是否为胶体。	• 帮助学生认识各分类方法依据的标准，认识到分类标准的确立在于方便物质研究； • 指导学生根据物质组成对物质进行分类，预测物质的性质，理解开展物质分类研究的意义。

（2）电离与离子反应

复习目标要求	重点关注问题
• 能用电离方程式表示电解质电离,能根据电离分析酸、碱、盐的性质与反应; • 理解离子方程式意义,能用离子方程式表示典型物质的主要化学性质,正确书写常见反应的离子方程式; • 能利用电离、离子反应等概念对常见反应进行分类和分析说明; • 能根据离子反应的条件与特征,设计物质制备、分离、提纯、检验方案。	• 增进离子反应本质的理解并掌握离子方程式书写技能、归纳常见错误类型,关注溶液介质环境、后续反应、与量有关的离子方程式等重难点问题; • 掌握 Fe^{3+}、NH_4^+、CO_3^{2-}、Cl^-、SO_4^{2-} 等常见离子的检验方法; • 归纳离子不能大量共存的几种情形:复分解、氧化还原、双水解、络合,同时注意题干的限制条件。

（3）氧化还原反应

复习目标要求	重点关注问题
• 理解氧化还原反应的特征和实质,正确判断氧化还原反应,能根据化合价升降或电子得失守恒配平氧化还原方程式; • 了解常见氧化剂和还原剂,会比较物质氧化性、还原性的强弱,能根据电子得失守恒进行简单的计算; • 能利用氧化还原反应原理预测陌生物质的化学性质和转化,分析陌生反应系统中物质及其变化,指导物质转化路径的设计。	• 建构氧化还原反应中有关物质及其反应的概念系统,总结氧化反应的相关规律,并能灵活加以应用; • 掌握陌生氧化还原反应方程式的书写技巧,关注生产环保、实验探究情境中氧化还原反应方程式的书写; • 能够利用氧化还原原理分析陌生反应系统中的物质及其变化,能正确书写化学方程式并进行简单计算。

（4）物质的量

复习目标要求	重点关注问题
• 能理解物质的量、阿伏加德罗常数、摩尔质量、气体摩尔体积、物质的量浓度等物理量之间的关系,并能进行简单的换算; • 能够根据生产生活需要,配制一定物质的量浓度的溶液,并能对误差产生的原因进行分析与解释; • 能运用生产生活、实验探究情境中的真实数据,开展基于物质的量的计算分析,推断物质的组成、物质转化中的定量关系。	• 指导学生建构物质的量与其他量的换算关系,掌握物质的量为中心的简单计算的基本技能; • 梳理涉及 N_A 考查的陷阱,正确使用阿伏加德罗定律及推论,尤其注意物质的量与体积换算的使用对象和条件; • 关注定量实验规范操作的意义,改变学生只关注简单步骤记忆的现状,强调定量分析的高阶思维的培养。

2. 常见无机物及其应用

复习目标要求	重点关注问题
• 能准确复述含钠、铁、氯、氮、硫等元素的常见无机物的重要物理性质及其主要化学性质,记住重要反应的实验现象; • 能从不同视角对典型物质及其主要变化进行分类。能用"价类二维图"表述常见无机物的转化关系,理解转化的条件及规律,能用化学(离子)方程式表述物质间的转化; • 能根据常见无机物性质和反应,立足类别和价态转化的角度,设计常见物质制备、分离、提纯、检验等简单任务的方案; • 能从类别、价态角度,预测陌生物质的化学性质和变化,设计实验方案、获取证据加以验证,并能分析、解释有关实验现象; • 结合生产工艺,能从类别、价态角度分析无机物转化的条件与路径;或根据需要,立足类别和价态视角、"绿色化学"理念设计物质制备方案; • 能基于物质转化规律、"绿色化学"理念评价与优化物质制备方案、分析常见问题,并能分析评估物质转化过程对环境和资源利用的影响。	立足类别和价态视角审视物质的化学性质和变化、转化的条件与规律,以及转化在物质制备、分离与检验、环境问题解决中的应用与价值,是复习教学的重点内容。复习时应注意: • 创设陌生物质性质与转化的情境,巩固类属、价态研究物质性质及其转化的思路,完善"价类二维"思维,建构常见无机物知识体系; • 注重发挥电离、离子反应、氧化还原反应、元素周期律等概念理论性知识的作用,指导元素化合物的化学性质及其转化的研究,理解物质转化的条件与规律; • 结合工业生产工艺、资源综合利用、物质分离检验、环境污染防治等真实情境与任务开展常见无机物复习,指导学生在问题解决中巩固常见物质性质及转化的理解,完善"价类二维"思维,提升证据推理、模型认知与科学探究等能力。

3. 物质结构、元素周期律

复习目标要求	重点关注问题
• 能根据原子核外电子排布规律画出 1—20 号元素原子结构示意图; • 能以第三周期元素以及碱金属和卤族元素为例说明原子结构的变化规律,并能利用原子结构关系解释元素性质及其递变规律; • 能根据元素在周期表中位置和原子结构,分析、预测、比较元素及其化合物的性质; • 能结合典型实例理解离子键和共价键的形成,能判断简单化合物中的化学键类型,能基于化学键解释某些化学反应的热效应。	• 抓住"位、构、性"三位一体的结构化认识思路,认识原子结构、元素性质以及元素在周期表中位置的关系,突出结构对性质的解释价值; • 结合相关数据、资料、实验事实说明元素周期律(表)在认识元素化合物性质及指导科学研究中的意义; • 能根据陌生情境中的原子结构、元素在周期表中的位置和物质结构与性质等,开展物质组成元素的推断。

4. 化学反应与能量

复习目标要求	重点关注问题
• 能辨识化学反应中的能量转化形式,认识吸热反应与放热反应,理解反应体系能量改变与化学键的断裂和形成有关; • 能理解燃烧热、中和热的含义,能根据盖斯定律进行焓变的简单计算,能用热化学方程式表示反应中的能量变化; • 能从氧化还原反应的角度理解原电池、电解池的构成及其工作原理,能正确书写电极反应式和总反应方程式,并开展相关计算; • 理解电解原理在氯碱工业、精炼铜、电镀、电冶金等方面的应用,能根据特定目的要求设计简单的原电池和电解池; • 能用电化学原理分析金属腐蚀原因、解释金属腐蚀现象,能解释或设计防护措施; • 能综合考虑化学变化中的物质和能量变化,分析、解决海水淡化、废水处理、大气污染处理等问题,实现资源综合利用及开发等。	• 从键能、盖斯定律、活化能的角度计算焓变,掌握热化学方程式的书写; • 理解活化能与反应热关系,能开展不同类型反应历程中能垒或相对能量的判断及应用; • 运用氧化还原原理指导电化学研究,立足微粒定向移动及相互作用建立电化学过程物质及能量变化分析模型; • 注重选择新型燃料电池、新型可逆电池等素材开展分析与训练,建构、完善电化学系统分析思路; • 关注多池连接的分析;了解离子交换膜分类及特点,理解离子交换膜的作用,掌握电化学综合计算; • 结合煤炭综合利用、新型电池开发等情境任务开展复习,提升证据推理、模型认知等能力。

5. 化学反应的方向、限度和速率

复习目标要求	重点关注问题
• 理解化学平衡状态的特征,能理解平衡常数表达式并进行平衡常数、转化率的简单计算,能利用平衡常数和浓度商的关系判断化学反应是否达到平衡及平衡移动的方向; • 能理解外界条件对化学平衡的影响,能运用浓度、压强、温度对化学平衡影响的规律推测平衡移动方向及浓度、转化率等量的变化,能讨论反应条件的选择和优化; • 能进行化学反应速率的简单计算,能运用变量控制方法探究反应速率影响因素,能从活化分子(过渡态)、中间产物(中间体)的角度解释活化能对化学反应速率的影响; • 能理解外界条件对反应速率的影响,能运用温度、浓度、压强和催化剂对反应速率的影响规律解释生产生活、实验探究的实际问题,能讨论化学反应条件的选择和优化; • 针对典型案例,综合运用外界条件对化学反应速率与限度影响的规律,对化学反应和化工生产条件进行综合分析。	• 应用化学平衡常数定量分析外界条件对化学平衡的影响,推导平衡移动方向及浓度、转化率等变化规律; • 结合新成果、碳达峰、碳中和、污染防治等情境设置任务,引导学生开展化学反应限度和速率的复习,提升证据推理、模型认知等能力; • 能结合分子碰撞、速率方程、催化机理等理论模型说明外界条件改变对化学反应速率的影响; • 开展压强平衡常数计算、反应机理分析、模型图像的识别与分析、多步反应和动态平衡的分析等(近年考试的热点和难点); • 结合具体典型的生产与科研案例,引导学生立足反应方向、速率和限度等开展综合研究,从而优化生产工艺并提升生产效益等。

6. 水溶液中的离子反应与平衡

复习目标要求	重点关注问题
• 能用电离方程式表示弱电解质的电离平衡,能正确表示电离平衡常数并进行计算,认识条件对电离平衡的影响; • 能理解盐类水解的本质与条件,能用水解方程式表示盐的水解,能开展水解的简单计算,认识条件对盐类水解平衡的影响; • 能正确表达难溶物质的沉淀溶解平衡,能分析沉淀溶解平衡的建立并进行简单计算; • 能从电离、离子反应、化学平衡的角度分析溶液的性质,能进行溶液 pH 的简单计算,能调控溶液的酸碱性,综合分析、解决生产与生活中有关电解质溶液的实际问题。	• 建立微粒的来源、种类及其相互作用的视角分析水溶液中的离子反应与动态平衡,是复习教学的核心; • 综合运用电离、水解、沉淀溶解等平衡常数,从定量的角度分析溶液中各微粒的浓度及分布系数; • 指导学生建立分析真实溶液问题的一般思路,学会开展溶液中多平衡体系的微粒和平衡的研究; • 基于真实情境的图像分析、通过工业生产条件控制实现物质转化与分离,是复习必须强化训练的关键。

7. 化学实验

复习目标要求	重点关注问题
• 能描述中学化学中常用的物质组成及结构实验方法,并能列出实验所需仪器和试剂,说明操作步骤和原理;能基于实验数据或图表推断物质的组成、结构、含量; • 能在真实且复杂情境中,设计有关物质制取、纯化、性质应用等的综合实验方案; • 能运用变量控制法探究化学反应规律,确定最佳反应条件,达成实验目的; • 能用多种方式阐述实验证据(如现象、图形、图表、数据、文字、符号等),并依据实验证据进行分析或推理,得出实验结论; • 对于给定的实验方案及对应的过程和结果,能做出科学合理的评价并提出改进意见或进一步探究的方案。	• 结合基础实验,培育学生基本实验技能及规范开展实验的能力; • 选择真实、合适的实验探究情境与任务,培养信息获取能力、分析推理能力及科学探究等能力; • 以微项目或主题实验为抓手,帮助学生构建不同类型化学实验(如物质制取实验、物质性质探究、物质组分检测等)及探究活动的核心思路与基本方法,强调高阶思维能力的培养; • 强化根据实验目的要求开展实验方案设计与评价,实验结果分析并得出结论的能力。

8. 原子结构与元素的性质

复习目标要求	重点关注问题
• 掌握能量最低原理、泡利不相容原理和洪特规则，能够正确书写 1—36 号元素基态原子的核外电子排布和轨道表示式； • 能从电子排布的角度解释元素原子半径、第一电离能、电负性等的变化规律，能利用电负性判断元素金属性与非金属性的强弱，推测化学键极性； • 能从原子价电子数和价电子排布的角度解释元素周期表的分区、周期和族的划分。	• 正确书写 1—36 号元素基态原子的核外电子排布式和轨道表示式，并能解释电子排布的原因； • 引导学生探究反映元素性质的相关数据，建构元素周期表（律）的模型，并用于解释与预测元素的性质； • 精选生产环保、学术研究等情境，开展新材料组成元素及原子的分析，理解组成结构、性质性能的关系。

9. 微粒间的相互作用与物质的性质

复习目标要求	重点关注问题
• 能说明不同类型微粒间作用的类型、本质与特征，能比较各类作用的联系与区别，能结合具体情境说明物质所含的化学键； • 能根据分子结构特点、化学键模型、分子间作用力等解释说明、分析预测物质的熔沸点、溶解性等典型性质及其影响； • 能根据给定信息，利用杂化轨道理论、VSEPR 模型等分析和解释简单分子的空间结构，能根据分子结构和键的极性判断分子的极性并解释分子的一些典型性质及应用。	• 重视在真实情境中应用物质结构的多个视角（构成微粒、微粒间的相互作用、分子的空间构型）对物质性质进行解释的能力，掌握"宏微结合"的重要学科思维； • 突出"结构决定性质，性质反映结构"观念的建构，并在这一过程中发展学生"证据推理"意识，培养从微观结构到宏观性质的推理，或从宏观性质到微观结构的推理的方法。

10. 晶体的结构与性质

复习目标要求	重点关注问题
• 能说出晶体与非晶体的区别，能结合实例描述晶体中微粒排布的规律性变化，了解晶体特性与晶体微粒排布的关系； • 能认识常见的晶胞类型，能开展晶胞构成微粒及其数目及晶胞棱长等的计算，能用分数坐标描述晶胞中微粒的空间排布； • 能借助分子晶体、共价晶体、离子晶体、金属晶体等模型认识晶体的结构特点（构成微粒、微粒相互作用、微粒空间分布），并能解释各类晶体典型性质差异的原因。	• 重视创设生产环保与学术探索等情境，结合新材料组成与结构的分析，认识构成微粒及其相互作用； • 根据晶体构成的微粒及其相互作用，解释或预测晶体的相关性质，并能开展晶胞的构成、晶体的密度、密堆积等相关量的计算； • 利用分数坐标，表达构成晶体微粒的空间分布情况。

11. 有机化合物的组成与结构

复习目标要求	重点关注问题
• 认识常见有机物结构,能辨识分子中碳骨架以及官能团,能判断碳原子饱和度、键的类型及极性; • 能依据官能团对有机物进行分类,能对简单有机物进行命名;理解官能团间转化的条件和本质,掌握常见官能团的鉴别方法; • 能依据化学键、官能团、键的极性等分析简单有机物的某些性质; • 能辨识同分异构现象,正确判断指定有机物同分异构体数目并书写符合特定结构的同分异构体,举例说明立体异构现象; • 了解有机物分子式的确定方法,了解测定有机物分子结构的常用仪器分析方法,能据核磁共振氢谱分析有机分子结构。	• 巩固"组成、结构决定性质"的基本观念,形成基于官能团、化学键与反应类型认识有机化合物的一般思路; • 根据碳四价和官能团结构正确书写有机物的结构简式; • 掌握碳链异构、位置异构和官能团异构等,分析、判断同分异构体数目并书写指定结构的同分异构体; • 学会根据有机物核磁共振氢谱分析氢原子类型,并能根据核磁共振氢谱分析有机物分子的结构。

12. 有机物的性质与应用

复习目标要求	重点关注问题
• 能根据结构特征识别各类烃及其衍生物,能识别各类有机物的官能团、简单代表物的结构简式和名称; • 能描述各类典型有机代表物的主要性质和重要反应,能书写相应的化学方程式; • 能基于官能团、化学键和反应规律,分析常见烃及其衍生物间的相互转化,能判断相应反应的类型、书写化学方程式; • 能根据有机物的结构与性质关系,推测陌生有机物的性质或结构,并能用相关反应式、结构式(结构简式)加以表示; • 能综合应用有机物的组成与结构、性质与反应等知识推断陌生有机物并加以检验; • 能从有机物及其性质角度对有关能源、材料、饮食、健康、环境等问题进行分析评价;能妥善保存、合理使用有机化学品; • 了解化石能源(煤、石油、天然气)的开发与利用,树立清洁低碳、绿色环保意识,建立可持续发展意识和绿色化学观念。	• 认识有机物的多样性,并对有机物进行分类;能从不同角度认识烃的组成、结构、性质和变化; • 具有证据意识,能基于证据对烃的组成、结构及其变化提出可能的假设;能运用有关模型解释化学现象,揭示现象的本质和规律; • 结合具体情境和相关信息,分析有机物的转化,并能用化学方程式加以表示; • 立足 STSE 视角,结合当下热点问题,分析有机化学品在能源、环境、健康、材料等方面的应用,认识有机化合物转化对促进社会可持续发展的意义,建立节能环保等方面的意识。

13. 有机物的转化与合成

复习目标要求	重点关注问题
• 能分析常见有机反应类型(加成反应、取代反应、消去反应、氧化反应)的特点与规律,了解有机反应类型与有机物结构特点的关系; • 能理解加聚反应与缩聚反应的特点、规律与条件,能写出典型加聚反应和缩聚反应的化学方程式,能对单体和高分子进行互推; • 能依据有机物反应的特点、官能团转化规律分析高分子的合成路线,或设计有机物的合成路线等。	• 立足化学键断裂和生成的角度,分析有机反应及官能团转化的特点、规律,是复习重点,应做好专题突破; • 结合有机物转化与合成的真实情境,有效获取信息、分析有机物结构、设计合成路线是高考考查的重点与关键,必须予以强化。

第三节 二轮复习专题安排及教学实施

从总复习教学实践看,大部分学校用约一个半月(六周)左右的时间并安排高频考查的知识专题(8—10 个)和高考常考的题型专题(4—6 个)两类专题开展二轮复习。复习时,往往精选与改编近年高考典型试题,通过师生共同分析研究,帮助学生清晰准确地认识与理解高考"考什么、怎么考""答什么、怎么答"等关键问题,从而提升学生分析、解答高考试题的技巧与能力、速度与质量。下面立足二轮复习的目标追求、知识专题与题型专题的设计与教学实施来进行分析,帮助教师们有效开展二轮复习、提升备考效益。

一、二轮复习总体要求与实施策略

1. 复习的总体要求

如何有效实施二轮复习,从而帮助学生提升高考试题解答的技巧与能力、速度与质量? 这就要强调在高考二轮复习时,结合典型试题的分析,帮助学生实现必备知识结构化、认识思路系统化、迁移应用自动化、结果表达规范化等。

(1) 必备知识结构化

中学化学必备知识主要包括物质转化与应用、反应变化与规律、物质结构与性质、化学语言与概念、实验原理与方法等五个方面。通过二轮复习教学,将进一步打通模块内章节之间、不同模块之间、不同学科之间的知识联系,达到构建结构化知识的目标。知识结构化可以从内化与外化两个维度来构建。对于知识结构的内化,强调实现系统化(将与某一核心概念或原理相关联的知识,按照一定逻辑形成一个知识体系)、语言化(将核心概念的内涵用正确的化学语言进行表征)和方法化(发挥知识的认知功能,将知识转化为审视问题的角度与思路以及解决问题的工具);而知识结构的外化,强调善于将所学知识与技能从熟悉情境迁移到新颖情境、从简单情境迁移到复杂情境、从封闭情境迁移到开放情境。

（2）认识思路系统化

为提高高考试题解答的技巧与能力、速度与质量，二轮复习教学必须帮助学生建立问题解决的思维模型，即强调结合知识专题或题型专题，建立起分析与解决问题的系统化认识思路（对应为分析解决问题的基本程序）。例如，通过"物质在水溶液中行为"的二轮专题复习，帮助学生建构如下分析思路：每种溶液中存在哪些离子？各微粒物质的量之比为多少？存在哪些离子平衡？两种或多种溶液混合后，哪些离子会发生反应，产物是什么？哪些平衡会发生移动，平衡移动结果如何？如何对反应结果进行有效表征？……又如，在"同分异构体的分析及书写"专题复习，需要建构如下的分析程序：依据有机物的结构式、键线式或分子式计算其不饱和度；依据不饱和度和题中其他信息分析推理同分异构体可能具有的官能团及对应官能团数目；固定官能团种类和数目，依次分析碳架异构数目、位置异构数目；分析类别异构数目，计算同分异构体总数目。建立这样的思路程序，学生就能够坦然应对陌生、复杂的有机问题。

（3）迁移应用自动化

建构系统化的认识思路后，还需结合具体问题的解决活动，促进学生达成迁移应用自动化的目标。即学生在面对不同情境与任务时，能及时、准确调用解决问题的基本思路，并自动化、程序化地加以执行，从而正确分析与解决相关问题。如定量实验专题复习，在帮助学生建立起系统化的认识思路后，应设置相关的生产环保、实验探究等情境，安排学生开展酸碱中和滴定、氧化还原反应滴定数据处理等问题任务，从而训练学生解决定量处理实验类问题的"情境分析→酸碱中和滴定→利用 $n(H^+)=n(OH^-)$ 列出定量关系→列等式→求解""情境分析→氧化还原滴定→利用电子得失守恒列出定量关系→列等式→求解"自动化水平。

（4）结果表达规范化

强化规范作答，是解决当下不少学生甚至是优秀学生考试时"会而不对""对而不全"的失分问题的关键。因此，二轮复习一个重要任务是训练学生对解题结果的规范化表达。这就强调，学生必须依据答题规范，将思维过程、结果使用规范的文字、用语等准确表达出来。对于规范化的答题要求，强调文字表达要符合逻辑、条理清晰、书写工整，强调化学符号表达符合书写规范要求、精准、不遗漏等（如化学方程式的反应条件、沉淀符号、气体符号、配平等），强调化学用语要科学规范、使用专有名词或特定符号、不写错别字（如反应类型、官能团名称等必须按课本要求，不能有错字、别字等；元素的化合价包含数值和正负两个维度；碳碳双键、叁键必须用 $C=C$、$-C\equiv C-$ 表示等）。

2. 教学设计与实施策略

（1）精准定位教学目标

确定每一节课的教学与评价目标，是提高教学效率的前提。因此，二轮复习的每一专题教学，都应该在充分研读高考评价体系、高考试题评价报告、高中化学课程标准等相关文件资料基础上，结合学生实际确定教学目标。立足高考评价体系的"四层"内容，复习目标应包含核心价值、学科素养、关键能力和必备知识等四个方面，并以融合的方式来加以呈现，从而利于专题复习的系统开展、目标的全面达成。

（2）精选教学情境素材

教学情境素材具有激发学习兴趣、凸显价值引领、落实素养培育的重要价值。因此，复习教学必须精选并依托真实的情境，将核心概念、原理、学科思想融入具体的情境问题之中，并引导学生在陌生情境中分析与解决问题，从而建立正确价值观念、发展核心素养。情境素材可来源于课程标准中的"情境素材"，也可以选取最新科研成果、新发明、期刊文献、高考试题中的情境等。

（3）任务驱动主动构建

毫无疑问，知识结构化、认知系统化、迁移自动化是需要学生自主参与才能达成的。因此，二轮复习务必改变传统的"教师讲、学生听"的灌输式教学，而要充分发挥学生的主体作用，通过问题导向、任务驱动，促使学生深度思考、高度参与，在教师与同学帮助下跳出具体情境，主动构建知识结构和问题解决的思路。教师不要包办代替，方能达到事半功倍。

（4）迁移应用评价反馈

当知识结构、问题解决思路形成后，必须选择有针对性的、体现高阶思维水平的问题，引导学生开展实践、巩固学习成果。在此基础上，教师给定相应评价任务，诊断和发展学生的素养水平。最后，还需向学生提供适当的问题或活动提纲，引导学生结合专题复习内容、学习过程与结果开展深入的反思与总结活动，实现在反思与总结活动过程中进一步完善、整合与内化。

二、二轮复习知识专题安排与复习建议

（一）从物质的量视角认识物质的组成和变化

1. 高考试题特点与考查要求

高考试题通常以具体物质的组成、结构、变化（如反应、电离、得失电子等）为情境，分析宏观物理量（如质量、物质的量、气体体积、溶液体积等）与微观粒子（分子、离子、原子、电子、化学键等）数量的关系，要求学生判断正误，做出选择。主要考查考生对概念的理解与辨析、信息获取与解读的能力，借助物质的量概念正确换算宏观物理量与微观粒子数量的技能；同时检测学生从物质的量视角正确分析物质的组成、结构、变化的能力，也对宏观辨识与微观探析、变化观念与平衡思想等素养进行考查。

2. 典型试题及分析

例 6 - 1（2021 - 全国甲 - 8）　N_A 为阿伏加德罗常数的值。下列叙述正确的是（　　）。

A. 18 g 重水（D_2O）中含有的质子数为 10 N_A

B. 3 mol 的 NO_2 与 H_2O 完全反应时转移的电子数为 4 N_A

C. 32 g 环状 S_8（⌬）分子中含有的 S—S 键数为 N_A

D. 1 L pH＝4 的 0.1 mol · L^{-1} $K_2Cr_2O_7$ 溶液中 $Cr_2O_7^{2-}$ 离子数为 0.1 N_A

【答案】　C

【解析】　本题四个选项宏观量分别为质量、物质的量、质量、溶液体积，换算涉及质子、电子、化学键、离子等微观粒子的数量；涉及物质的组成（D_2O）、反应（NO_2 与 H_2O 反应；$Cr_2O_7^{2-}$ 与水的反应及平衡关系）、结构（S_x、化学键）等的理解。无论哪种考查，基本思路都是先求出分析对象的物质的量，再依据物质的组成、变化、结构等确定微观粒子数目。具体分析如下：A. 重水与普通水区别在于氢原子，一个重氢（D）原子含有一个质子和一个中子，所以一个重水分子中含有 10 个质子和 10 个中子，且重水摩尔质量为 20 g · mol^{-1}。本选项提示教学中要明确同位素原子之间的区别与联系或异同点（定性、定量视角）。B. NO_2 与 H_2O 反应过程中，N 元素发生歧化反应，分别转化为 NO 和 HNO_3，依据氧化还原反应规律可知其物质的量之比为 1∶2，据此做出回答。本选项提示教学中要保证教材中常见的中学化学反应掌握到位。C. 依据 S_8 的结构示意图，可知每个硫原子与周围 2 个 S 原子分别形成共价键，但是每个共价键又被 2

个 S 原子共享,依据均摊法可知每个 S 原子相当于可以形成 1 个 S—S 共价键。

D. $Cr_2O_7^{2-}$ 能与水发生反应,部分转化为 CrO_4^{2-}。

3. 学生应试存在的典型问题

该类型试题是常规考试题,出现概率很高,但答对率却很不理想。主要原因在于一方面学生对物质的量等概念的内涵与外延理解不到位,或在真实情境中无法正确理解和应用;另一方面是学生对试题中有关物质组成、结构、变化等基础知识掌握不到位,从而产生错误的分析思路或结果。此外,学生还经常忽视条件与状态的影响,导致在进行物质的量与体积换算时出现错误。

4. 专题复习目标与复习策略

要让学生能在真实情境中准确理解与辨析物质的量、摩尔质量、气体摩尔体积、物质的量浓度的概念内涵与外延;掌握宏观物理量与微观粒子数目的换算关系并用于真实情境中解决问题;养成自觉从定性、定量视角掌握常见物质的组成、结构、变化等的基本思路;体验物质的量在认识物质组成、结构、变化等方面的价值。复习教学中,应始终以真实情境为素材,精心设计问题,在情境中理解、辨析、应用概念,同时也要关注物质的组成、结构、变化等方面的知识是否掌握到位。

(二) 有机化学基础

1. 高考试题特点与考查要求

试题通常以具有重要用途的有机物(如药物、材料、原料等)的结构简式或键线式为情境素材(也可能以某种有机物合成路线为情境),考查有机物的物理性质、键线式与分子组成的关系、官能团的辨认与性质、反应类型判断、分子中各原子空间位置关系、同分异构、各种反应物与生成物之间的定量关系等的认识水平。主要考查考生对概念的理解与辨析、信息获取与解读的能力,分析与预测物质性质的能力,以及宏观辨识与微观探析学科素养水平,同时体现化学学科在生产生活、人类健康、社会发展中的核心价值。

2. 典型试题与分析

例 6－2(2021－全国乙－10) 一种活性物质的结构简式如图 6－1:

下列有关该物质的叙述正确的是( )。

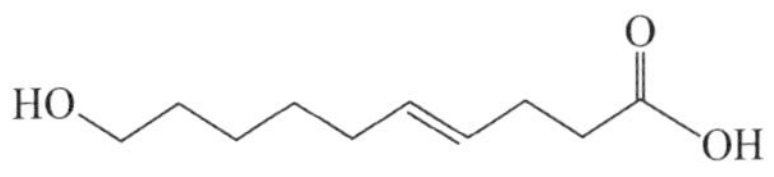

图 6－1

A. 能发生取代反应,不能发生加成反应

B. 既是乙醇的同系物也是乙酸的同系物

C. 与 互为同分异构体

D. 1 mol 该物质与碳酸钠反应得 44 g CO_2

【答案】 C

【解析】 本题以某种活性物质的键线式为情境,要求考生通过观察,快速分析物质所含的官能团、碳原子数目、氧原子数目,联想已学的有机化学基础知识,依据结构决定性质的学科思想,对四个选项依次做出分析判断。A 选项考查定性预测物质性质及判断对应反应类型,由于活性物质中含有饱和碳原子上的氢、羟基、羧基等官能团,因此推测能发生取代反应,含有碳碳双键,可以推测能发生加成反应。B 选项重点考查同系物概念。同系物必须符合不饱和度相同且官能团的种类和数目也相同的条件,据此分析可知该选项不符合题意。C 选项考查同分异构体概念。同分异构体之间的关系是分子式相同而结构不同。依据图示结构可以判断其结构肯定不同。快速判断分子式相同的关键要素是不饱和度要相同,仔细观察两者键线式可知其不饱和度是相同的(均为 2),再分析 C、O 原子数目也相等,据此可以确定符合同分异构体的条件。D 选项考查学生从物质的量视角定量认识化学反应的能力。反应物、生成物之间的定量关系为:$CO_3^{2-} \sim 2H^+ \sim CO_2$,但 1 mol 上述活性物质最多只能提供 1 mol H^+,而碳酸钠转化为 1 mol CO_2 则需要 2 mol H^+,据此判断该选项不符合题意。

3. 学生应试存在的典型问题

学生应试存在的主要问题有:一是基本概念与基础知识掌握不牢,如反应类型、同系物、键线式等概念,碳四价结构特点,各类有机物的性质等;二是缺乏从定性与定量的视角认识各种官能团结构特点、性质等的意识与能力;三是迁移应用能力不足,在真实情境中不能将所学知识与方法顺利迁移并分析问题和解决问题;四是不能熟练利用不饱和度的概念判断有机物可能具有的结构或计算分子中 H 原子数目。

4. 专题复习目标与复习策略

要让学生能熟练掌握重要的有机基础知识,包括有机物结构特点,常见反应类型,常见官能团的结构及典型化学性质,同分异构体与同系物等;形成分析问题的基本方法,包括利用不饱和度计算分子式或推测物质可能的官能团,定量视角认识有机化学反应,同分异构体分析的基本程序,分子中各原子之间的空间位置关系等。复习教学应创设真实情境,在情境中设置有关重要概念的理解与应用、基本方法的迁移等问题,先由学生独立思考,分析归纳基本思路,最后师生共同总结提炼,形成基本知识结构与分析问题的基本方法,再设置迁移应用的任务,巩固、诊断和发展学生的能力与素养。

(三) 简单实验设计与评价

1. 高考试题特点与考查要求

试题通常以具体物质的制取或混合物的分离为主题,考查试剂选择、仪器选用、装置原理、物质制取与分离原理、操作步骤与规范、现象预测等基本技能以及绿色化学思想;或提供相互独立的四个选项,涉及物质制备与分离、溶液配制、分离提纯、实验原理设计等,考查化学实验基础知识和基本技能,以及简单的化学实验方案设计与评价、分析与归纳、预测现象等关键能力;同时检测学生科学探究与创新意识、科学态度与社会责任等素养。

2. 典型试题及分析

例 6 - 3(2017 -全国 I -10)　实验室用 H_2 还原 WO_3 制备金属 W 的装置如图 6 - 2(Zn 粒中往往含有硫等杂质,焦性没食子酸溶液用于吸收少量氧气)。下列说法中正确的是(　　)。

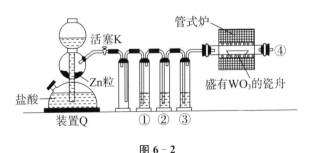

图 6 - 2

A. ①、②、③中依次盛装 $KMnO_4$ 溶液、浓 H_2SO_4、焦性没食子酸溶液

B. 管式炉加热前,用试管在④处收集气体并点燃,通过声音判断气体纯度

C. 结束反应时,先关闭活塞 K,再停止加热

D. 装置 Q(启普发生器)也可用于二氧化锰与浓盐酸反应制备氯气

【答案】 B

【解析】 本题以实验室用 H_2 还原 WO_3 制备金属 W 的装置为情境,考查仪器作用、装置原理、分离提纯、实验操作、实验安全、气体制取原理、试剂选择等化学实验基础知识;同时考查信息获取与解读、实验方案设计与评价等关键能力以及科学探究与创新意识等学科素养。选项 A 注重考查信息获取与解读能力、实验方案设计与评价能力、迁移创新能力。通过题干阅读,学生应明确装置 Q 中逸出的气体含有 H_2O、O_2、H_2S 等杂质气体,这些气体又会干扰主反应或造成安全问题,必须予以除去。依据题中信息和已学知识判断焦性没食子酸溶液可以除去 O_2,$KMnO_4$ 溶液可以除去 H_2S,浓 H_2SO_4 可以除去水蒸气,因此试剂选择没有问题,但是还需考虑三种试剂使用的先后顺序,因为气体通过焦性没食子酸溶液、$KMnO_4$ 溶液之后必定含有水蒸气,因此可判断这两种溶液应出现在浓硫酸之前,据此判断 A 选项不符合题意。选项 B 主要检测学生能否安全使用可燃气体以及化学实验的安全意识掌握情况,符合题意。选项 C 则主要检测学生实验操作设计能力(操作先后顺序)。为了防止金属钨单质被氧气氧化,必须冷却后才能停止通入氢气,选项 C 不符合题意。选项 D 考查仪器装置的适用范围以及物质之间反应条件的认识水平。利用二氧化锰与浓盐酸反应制取氯气的反应条件是加热,但是启普发生器不能加热,故选项 D 不符合题意。

3. 学生应试存在的典型问题

在解答此类问题时,暴露出如下两个方面的问题:一是难以准确分析气体发生装置中产生的混合气体杂质的成分,包括各类物质的基本性质及应用、分析杂质成分的基本思路两个方面。二是迁移应用能力差。学生在熟悉的问题情境中能很顺利地完成相关任务,但是当情境变得陌生或复杂时,常常显得束手无策,胡乱作答。错误的原因在于:(1)学生信息获取与解读能力不足;(2)缺乏分析问题、解决问题的基本思路,最终无法将知识、方法统一起来并迁移到新情境中解决问题。

4. 专题复习目标与复习策略

要让学生能熟练掌握化学实验涉及的基础知识、基本技能,包括常见物质的性质、常用仪器的辨认与使用、常见分离提纯的方法及其适用条件、溶液配制、控制变量法、化学反应原理等;培养化学实验的关键能力与素养,包括信息获取与解读能力、实验方案设计与评价能力、分析归纳能力、预测实验现象能力,以及证据推理与模型认知、科学探究与创新意识等化学学科素养。复习时,应认真研究近年高考试题,分析考试内容与考试要求,列出其所要求的必备知识、关键能力与核心素养在考题中的呈现方式及解题思路,结合学生实际,选择真实问题情境,设置相关的具体任务,构建知识网络,形成解决问题的基本思路并加以迁移应用。

(四) 化学能与电能相互转化

1. 高考试题特点与考查要求

试题通常以陌生且复杂的新型原电池或电解池装置示意图为情境,综合考查电能与化学能相互转化的基本原理,主要包括电极上物质变化(定性、定量视角)及其表达式(含电极反应式、电池总反应式)、能量变化方式、带电粒子迁移方向、电解质溶液组成及变化(定性定量视角)等基础知识,同时考查信息获取与解读、分析推理、处理转化数据、符号表征等关键能力,并对宏观辨识与微观探析、证据推理与模型认知、变化观念与平衡思想等学科核心素养进行考查。通过试题阅读与分析,学生进一步体验化学学科在能源利用、环境保护、物质制备等方面的重要价值。试题通常要求学生判断电极反应类型、电极反应式书写正误、离子(或电子)迁移方向、电流流向、溶液中离子浓度变化、电路上电量与物质变化量之间的关系等。

2. 典型试题及分析

例 6 - 4(2020 - 全国 I - 12,改编) 科学家近年发明了一种新型 $Zn - CO_2$ 水介质电池。电池示意图如图 6 - 3,电极为金属锌和选择性催化材料,放电时,温室气体 CO_2 被转化为储氢物质甲酸等,为解决环境和能源问题提供了一种新途径。下列说法错误的是( )。

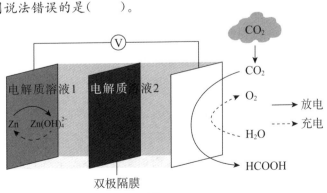

图 6 - 3

A. 放电时,负极反应为 $Zn-2e^-+4OH^-\!\!=\!\!=\!\!=Zn(OH)_4^{2-}$

B. 放电时,1 mol CO_2 转化为 HCOOH,转移的电子数为 2 mol

C. 充电时,电池总反应为 $2Zn(OH)_4^{2-}\!\!=\!\!=\!\!=2Zn+O_2\uparrow+4OH^-+2H_2O$

D. 充电时,正极溶液中 OH^- 浓度不变

【答案】 D

【解析】 本题以科学家近年发明的新型 Zn‐CO_2 水介质电池的示意图为背景,考查化学能与电能相互转化的基本原理,检测化学学科关键能力和核心素养,体现化学在解决环境和能源问题中的重要价值。试题要求考生有较好的信息获取与解读能力,尤其是能看懂装置图中的物质变化关系,从而推断两极发生的反应种类(氧化或还原)。同时明晰装置图右侧充电、放电时发生的反应不是互逆的:放电时,右侧电极上 CO_2 转化为甲酸,可判断右侧电极上发生还原反应,为正极;充电时,右侧电极上 H_2O 转化为 O_2,发生氧化反应,为阳极。

选项 A 要求分析负极上电极反应式正误,由题中信息(题干、图示)可以看出,放电时右侧发生还原反应($CO_2\longrightarrow HCOOH$),故左侧锌发生氧化反应,且转化为 $Zn(OH)_4^{2-}$,据此还能推测电解质溶液必须为碱性,结合电荷守恒和元素守恒,不难判断该电极反应式是正确的。选项 B 要求从定量视角分析物质的变化量与电子转移量的关系。依据反应前后碳元素化合价变化进行推理,该选项的判断是正确的。选项 C 要求判断充电电池总反应式的书写是否正确。基本思路是将充电时两极的电极反应式分别写出,依据两极电子得失相等原理将两式加和,即可得电池总反应式。充电时,阳极反应式为 $2H_2O-4e^-\!\!=\!\!=\!\!=$ $O_2\uparrow+4H^+$,阴极反应式为 $2Zn(OH)_4^{2-}+4e^-\!\!=\!\!=\!\!=2Zn+8OH^-$,两式相加得 $2Zn(OH)_4^{2-}\!\!=\!\!=\!\!=2Zn+O_2\uparrow+4OH^-+2H_2O$。D 选项要求分析充电时正极溶液中 $c(OH^-)$ 的变化趋势。分析浓度变化趋势应该考虑三种因素:电极反应消耗或生成的离子浓度、溶液中后续反应消耗或生成的离子浓度、溶液中迁移的离子浓度,综合分析得出溶液中离子浓度最终变化趋势。充电时正极反应式为 $2H_2O-4e^-\!\!=\!\!=\!\!=O_2\uparrow+4H^+$,当电路中通过 4 个电子时,阳极产生了 4 个 H^+,同时从双极隔膜向阳极迁移 4 个 OH^-,它们正好结合成 4 个 H_2O,所以右侧溶液中实际变化为增加 2 个 H_2O 分子,浓度发生改变。

3. 学生应试存在的典型问题

总体上看,学生答题存在如下五个方面的问题:(1)没有形成完整正确的电化学认识模型,也无法用电化学模型去准确、全面地分析陌生情境中有关问题。(2)信息获取与解读能力不足,不能从图示的信息中提取有效信息,并结合已有知识进行分析和解读,最终用于分析和解决问题。例如不能从两极提供的物质转化关系中,分析推理元素化合价变化,进一步确定电池的电极种类。(3)对电极上的反应原理理解错误,也没有掌握用符号表征电极反应的基本规范和基本思路。(4)不能建立两极物质变化与电路中转移电子的量的定量关系,因而不能很好地解决有关定量问题。(5)分析溶液中离子浓度变化的认识角度不足,不能从整体视角分析溶液中离子浓度的变化。

4. 专题复习目标与复习策略

要让学生能从电极材料、电极反应物、离子导体、电子导体等视角深度理解电化学(原电池、电解池)工作原理以及相关的基本概念,熟练掌握书写电极反应式的基本技能,掌握构建"电路中电子转移量与两极物质变化的定量关系"的基本思路。在情境中由学生独立思考、自主构建原电池与电解池工作原理的认识模型,总结判断电极类型的基本视角(如化合价视角、离子或电子移动视角、物质变化视角、反应类型视角,等等),切实重视信息获取与解读能力的培养。复习教学时,不宜直接由教师归纳知识和方法,应该发挥学生学习的主体作用,真正实现学生自我构建,帮助学生在不同情境中自如地运用知识与方法分析和解决问题。

（五）原子结构与元素周期律

1. 高考试题特点与考查要求

通常给出多种元素的原子结构部分信息、周期表中位置的部分信息、部分元素单质或化合物的性质以及陌生物质结构式等,要求学生先判断出具体的元素,然后设置问题让考生判断正误。主要包括微粒半径比较、元素性质(金属性、非金属性及其衡量指标)递变性分析、物质结构特征、化学性质以及用途等。要求学生在陌生且真实的情境中,综合利用原子结构(构成原子的各微粒之间相互关系、核外电子排布规律)信息、元素周期表结构信息、元素周期律信息、物质结构信息等推断出题给的未知元素,再分析或推理有关原子结构、物质的结构、性质递变性和应用等问题。在检测基础知识和基本技能的同时,主要考查学生分析预测、归纳推理、信息获取等关键能力,对证据推理与模型认知、宏观辨识与微观探析等学科素养进行深度考查。

2. 典型试题及分析

例6-5(2019-全国Ⅰ-13)　科学家合成出了一种新化合物(如图6-4所示),其中 W、X、Y、Z 为同一短周期元素,Z 核外最外层电子数是 X 核外电子数的一半。下列叙述正确的是(　　)。

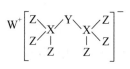

图6-4

A. WZ 的水溶液呈碱性

B. 元素非金属性的顺序为 X>Y>Z

C. Y 的最高价氧化物的水化物是中强酸

D. 该新化合物中 Y 不满足8电子稳定结构

【答案】　C

【解析】　本题题干给出的主要信息有:周期表位置信息——W、X、Y、Z 为同一短周期元素;原子结构信息——Z 的核外最外层电子数是 X 核外电子数的一半;物质结构信息——物质结构式。要求考生依据这些信息,结合已学基础知识和基本技能,经过综合分析推理,确定四种未知元素,再结合元素周期律、物质性质、分子结构等知识,综合判断四个选项的正误,从而选出符合题意的选项。根据"W、X、Y、Z 为同一短周期元素,Z 核外最外层电子数是 X 核外电子数的一半"的信息以及化合物的结构可知,Z 只形成一个共价键,应为第ⅦA族元素,最外层7个电子,故 X 为 Si;再结合阴、阳离子结构,可推知 Y 为 P,W 为 Na。

3. 学生应试存在的典型问题

一是无法通过观察物质的结构式获取充足且有效的信息(如本题,该物质由阴、阳离子构成,推测其属于离子化合物;由每一种元素形成的化学键数目推断出其原子的最外层电子数,进而确定其所处主族族数;结合阴离子带有一个电荷和 Y 元素形成的共价键数目,推断出 Y 原子最外层电子数或主族族数等),无法判断题给的各种元素分别属于什么元素。二是对元素周期律内容理解不准确,对元素金属性、非金属性的衡量指标不熟悉,无法将元素的金属性或非金属性与物质的性质建立联系。三是未能构建对分子结构中各原子最外层是否符合8电子结构的判断思路,也无法迁移应用到新情境中去分析问题、解决问题。

4. 专题复习目标与复习策略

结合典型高考试题和素材,引导学生明晰高考考查的主要内容和要求,自主构建原子结构(原子构成、同位素、核素、核外电子排布规律)、元素周期表(周期、主族、副族及其确定方法)与元素周期律(核外电子、原子半径;金属性、非金属性及其衡量指标)等有关概念的相互关系,且能准确迁移到具体的元素或原子中。复习时,应基于典型试题的分析,建构从物质的结构式中获取有效信息的视角和方法,并有效迁移与应用。

(六) 化学反应类型

1. 高考试题特点与考查要求

化学反应类型可以有多种分类方法,高考重点考查对离子反应、氧化还原反应两种类型反应的认识及其应用。试题通常以真实情境中的一个或多个化学反应为载体,考查离子反应与氧化还原反应发生的条件、反应过程与本质、反应的符号表征等基本技能,以及氧化还原反应电子转移方向、数目与反应物或产物的定量关系;同时还检测利用离子反应、氧化还原反应基本原理分析解决实际问题等关键能力,充分考查宏观辨识与微观探析、证据推理与模型认知等学科核心素养。考查要求通常是在陌生且真实情境中,判断离子之间能否大量共存、离子反应方程式与反应本质或宏观表现是否一致;判断氧化还原反应中氧化剂、还原剂、电子转移方向与数目;综合分析题给信息,从定性或定量视角推测氧化产物、还原产物等。

2. 典型试题及分析

例 6 - 6(2021 -全国乙- 9,改编)　下列过程中的化学反应,相应的离子方程式正确的是(　　　)。

A. 用碳酸钠溶液处理水垢中的硫酸钙:$CO_3^{2-} + CaSO_4 \Longrightarrow CaCO_3 + SO_4^{2-}$

B. 过量铁粉加入稀硝酸中:$Fe + 4H^+ + NO_3^- \Longrightarrow Fe^{3+} + NO\uparrow + 2H_2O$

C. 滴有酚酞的 Na_2CO_3 溶液中滴入盐酸至红色恰好褪去:$CO_3^{2-} + 2H^+ \Longrightarrow H_2O + CO_2\uparrow$

D. 氯化铜溶液中通入硫化氢:$Cu^{2+} + S^{2-} \Longrightarrow CuS\downarrow$

【答案】　A

【解析】　从形式上看,四个选项都要求判断离子方程式是否正确,如果仅从离子方程式书写规范(如是否符合电子得失守恒、电荷守恒、元素守恒等)去分析,则上述四个离子方程式都符合题意。实质上离子反应考查的核心主要集中在物质存在形式(电离情况,决定了用化学式还是离子符号表示该物质)、离子之间反应条件(能否反应)、反应产物及反应程度等方面。只有综合考虑这些因素,结合离子方程式书写规范,方能做出精准判断。选项 A,水垢中的硫酸钙属于微溶的固体,没有全部解离成自由移动的离子,只能用化学式表示,产物碳酸钙属于难溶于水的物质,也应该写成化学式,溶液中钠离子未参与反应,硫酸根离子是溶液中新生成的,结合离子方程式书写规范可判断本选项符合题意。选项 B,过量铁粉能与 Fe^{3+} 反应转化为 Fe^{2+},故反应产物不符合实际。选项 C,滴有酚酞的 Na_2CO_3 溶液中滴入盐酸至过量时,依次发生如下反应:$CO_3^{2-}+H^+ \rule[0.5ex]{1.5em}{0.4pt} HCO_3^-$ 和 $HCO_3^-+H^+ \rule[0.5ex]{1.5em}{0.4pt} CO_2\uparrow+H_2O$,但当溶液红色恰好褪去时,溶液中 CO_3^{2-} 恰好完全转化为 HCO_3^-,所以本选项不符合题意。选项 D,硫化氢溶于水得到弱酸溶液,只有少部分电离,故不能写成离子符号,不符合题意。

3. 学生应试存在的典型问题

一是对氧化还原反应与离子反应等的内涵、本质理解不够深刻,无法实现"宏—微—符"三重表征的有效转化。二是对相关概念的内涵、本质理解不透彻,未能正确掌握书写与配平等相关技能。三是对陌生反应体系的分析不精准,无法厘清反应物或生成物。四是忽视了溶液体系(环境)对反应的影响等。如例 6-6 试题,不少学生存在如下三个方面问题:一是靠死记硬背"离子方程式正误判断规则",生搬硬套,导致解题错误。二是没有从离子反应的本质去分析,离子反应结果与符号表征结果脱节,例如错选了选项 C。三是基础知识和技能不熟练,不能科学准确地分析或预测化学反应的结果,例如错选了选项 B。

4. 专题复习目标与复习策略

要求学生能从电离的视角准确分析电解质在水溶液中存在形态及电离方程式的表征方法,熟练判断常见离子之间反应的条件、反应比例及反应产物(复分解反应、氧化还原反应视角),学会离子方程式书写的基本规范;在实际反应中,能准确判断氧化剂、还原剂、氧化产物、还原产物,正确表征电子转移方向和数目,从定量视角认识电子转移与反应物、产物的关系;构建物质在水溶液中行为的认识思路,并能综合利用平衡理论分析相关问题。专题复习时,应以教材中有关生产、生活及科学探究中常见的反应为情境,设置相关问题,构建基础知识与基本技能、基本方法和基本思路,切勿罗列知识或方法让学生死记硬背或采取题海战术。

(七) 物质转化与应用

1. 高考试题特点与考查要求

通常以物质制备或纯化的部分工艺流程为情境,体现物质转化的价值。试题考查元素化合物转化条件、转化产物、反应类型等知识,以及信息获取、分析推理、预测现象、符号表征、分离提纯方案设计与评价等关键能力,同时也检测宏观辨识与微观探析、变化观念与平衡思想、科学态度与社会责任等学科核心素养。考查时,要求学生在陌生且真实的情境中,依据题给信息,结合已学知识,从物质类别、化合价预测物质性质、反应产物或反应现象,判断反应类型;从定量视角分析物质转化的宏观与微观之间的定量关系,同时还考查题中涉及的各种物质的物理性质、化学性质的比较或应用(如检验、纯化等)等方面的知识技能。

2. 典型试题与分析

例 6-7(2021-福建-4)　明代《徐光启手迹》记载了制备硝酸的方法,其主要流程(部分产物已省略)如图 6-4:

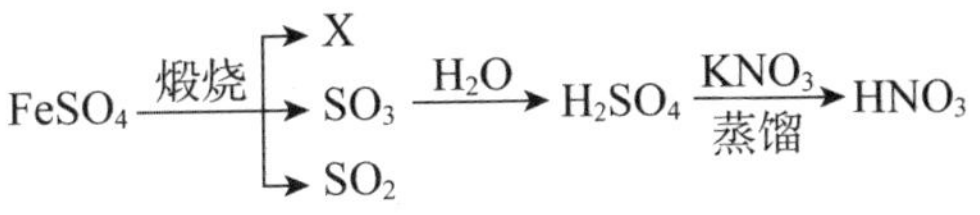

$$FeSO_4 \xrightarrow{煅烧} \begin{cases} X \\ SO_3 \\ SO_2 \end{cases} \quad SO_3 \xrightarrow{H_2O} H_2SO_4 \xrightarrow[蒸馏]{KNO_3} HNO_3$$

图 6-4

下列说法错误的是(　　)。

A. $FeSO_4$ 的分解产物 X 为 FeO　　　　B. 本流程涉及复分解反应

C. HNO_3 的沸点比 H_2SO_4 的低　　　　D. 制备使用的铁锅易损坏

【答案】　A

【解析】　本题以流程图的形式呈现古籍中所记载的 HNO_3 制备方法,考查学生对氧化还原反应规律的应用,化学反应类型的判断,化学反应发生条件、物质基本性质等化学知识的理解和应用。同时考查了信息获取能力、证据推理与模型认知学科核心素养;弘扬了我国古代在化学方面取得的成就,具有爱国主义教育的价值。从题中的流程图可知,$FeSO_4$ 煅烧后一部分硫元素化合价降低了,依据氧化还原反应规律,反应过程中必定有元素化合价升高,若 X 为 FeO,则将违背上述反应规律,故 A 选项符合题意。流程中涉及三个反应,"煅烧"属于分解反应,SO_3 与水反应属于化合反应,$H_2SO_4+KNO_3$ 制备 HNO_3 属于酸与盐的反应,题中给出一种产物为 HNO_3(酸),另一产物为 $KHSO_4$ 或 K_2SO_4,均属于盐,依据复分解反应特征可判断该反应为复分解反应。依据高沸点酸制取低沸点酸原理可判断硫酸沸点高于硝酸,也可以从物质结构角度(分子间作用力)比较两种酸的沸点。由于整个过程都处于酸性环境中,金属铁易与酸反应,因此铁锅容易损坏。综上所述只有选项 A 符合题意。

3. 学生应试存在的典型问题

学生解答此类试题时,主要存在如下问题:(1)信息获取与理解辨析能力不足,特别是以文言文或诗歌形式描述化学变化过程时,问题尤为突出。(2)模型认知及推测分析能力薄弱,不能应用物质类别或氧化还原反应规律预测物质性质、反应产物、反应类型等。(3)应试心理存在问题,遇到陌生物质或反应时变得慌乱,无法正确应对。此外,学生还存在对物质性质及其转化掌握不够牢固而无法有效迁移应用的问题。

4. 专题复习目标与复习策略

要让学生能熟练且较为完整地构建常见元素的"价类二维"图,并能利用"价类二维"思维分析物质的性质,设计物质转化方案;形成依据物质性质分析物质用途、制备、检验方法的认识思路;能从物质分类、元素价态视角分析陌生物质的性质及转化条件,预测反应产物及反应现象;能用化学用语正确表示物质的转化关系。复习时,应引导学生自主独立建构"价类二维"思维。教师给定真实情境,并设置相关任务(如制取方案设计与评价、预测性质等),要求学生利用"价类二维"思维分析解决问题,形成解决问题的基本思路,培养规范表达化学反应的能力。另外,可以适当选取优秀传统文化中的化学成就素材,提高学生科技类文言文阅读能力,更好适应考试要求。

(八) 化学与 STSE

1. 高考试题特点与考查要求

通常以生产生活中常见的物质或材料为素材,或以环境保护与治理相关的主题为情境,考查化学与 STSE 的紧密关系,体现化学学科在不同领域的价值。试题主要考查常见物质或材料的组成、性质、制备原理、制备原料以及对环境的影响等方面的基本知识,检测学生信息获取能力、分析推理能力,以及宏观辨识与微观探析、变化观念与平衡思想、科学态度与社会责任等素养水平。

2. 典型试题及分析

例 6-8(2021-全国乙-7)　我国提出争取在 2030 年前实现碳达峰,2060年实现碳中和,这对于改善环境、实现绿色发展至关重要。碳中和是指 CO_2 的排放总量和减少总量相当。下列措施中对促进碳中和最直接有效的是(　　)。

A. 将重质油裂解为轻质油作为燃料

B. 大规模开采可燃冰作为新能源

C. 通过清洁煤技术减少煤燃烧污染

D. 研发催化剂将 CO_2 还原为甲醇

【答案】　D

【解析】　以我国提出的碳达峰、碳中和目标为主题,让学生感受到大国担当精神,又对学生进行了爱国主义教育。试题要求判断四项措施中哪种属于能实现碳中和的措施。首先要求学生明白碳中和的两种措施——减少二氧化碳排放量、增加二氧化碳消耗量;在此基础上,逐项分析各项措施是否能实现减少CO_2 排放量或增加 CO_2 消耗量,以判断能否实现碳中和。将重质油裂解为轻质油,不能减少 CO_2 排放量,A 选项不符合题意。大规模开采可燃冰,可燃冰的主要成分为 CH_4,燃烧仍然产生大量 CO_2,B 选项不符合题意。清洁煤技术只能减少 SO_2 排放,不能减少 CO_2 排放量,C 选项不符合题意。研发催化剂将 CO_2还原为甲醇,相当于增加了 CO_2 消耗量,对实现碳中和是有效的措施,D 选项符合题意。

3. 学生应试存在的典型问题

信息视野不够开阔,应试心理不够成熟,信息获取与分析解释、推论预测等能力较为薄弱,是学生解答此类问题的主要障碍。具体表现在:一是不够重视生产生活中常见物质的性质及应用的原理,对常见元素及其化合物的使用对环境影响的相关知识较为陌生。二是理论脱离实际,无法建立具体物质的性质与真实情境中的化学问题之间的关联。三是对生活中常见物质组成、性质、应用、检验等掌握不到位,知其然不知其所以然。

4. 专题复习目标与复习策略

加强理论联系实际、突出知识迁移应用、提升信息获取与论证解释等能力的培养是复习的关键。复习教学时,应特别强调将元素化合物知识与生产生活、环境保护等情境紧密关联。应高度重视常见的生产生活中的物质、影响环境的物质,以及常见材料等的性质和应用原理,如陶瓷、合成材料、生活中吃穿用相关的材料;中华优秀传统文化中涉及的化学物质及其变化、应用;工业上含氮物质、含硫物质、二氧化碳等对环境的影响及其防治措施等,把握化学学科在问题解决中的核心价值。在自然界中碳循环、氮循环、硫循环中学习相关元素单质及化合物的性质、用途。

(九) 溶液中的离子平衡

1. 高考试题特点与考查要求

以溶液中的离子平衡为情境素材,通过直角坐标图形给出自变量与因变量的关系曲线,要求从定性、定量等视角分析、解决有关离子平衡问题。离子平衡包括电解质电离平衡(含水的电离平衡)、盐类水解平衡、沉淀溶解平衡等。重点考查外界条件(如温度、溶液 pH、浓度)改变时,有关平衡的移动方向、变化趋势或结果(如离子浓度、分子浓度、分布系数、平衡常数等),并要求从定性、定量角度进行解释、求解结果或符号表征。考查要求主要包括各种平衡的建立过程、变化限度、平衡移动影响因素、平衡移动结果的定性定量表征等基本知识和基本技能;信息获取、识别有效证据、科学推理论证、处理转化数据、推断反应结果等关键能力,同时考查宏观辨识与微观探析、变化观念与平衡思想、证据推理与模型认知等学科素养。

2. 典型试题及分析

例 6 - 9(2021 - 全国乙 - 13)
HA 是一元弱酸,难溶盐 MA 的饱和溶液中 $c(M^+)$ 随 $c(H^+)$ 而变化,M^+ 不发生水解。实验发现,298 K 时 $c^2(M^+) - c(H^+)$ 为线性关系,如图 6 - 5 中实线所示。

下列叙述错误的是( )。

A. 溶液 pH = 4 时,$c(M^+) <$
3.0×10^{-4} mol·L^{-1}

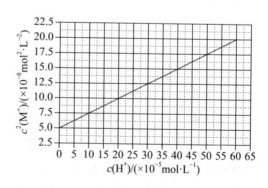

图 6 - 5

B. MA 的溶度积 $K_{sp}=5.0\times10^{-8}$

C. 溶液 pH=7 时，$c(M^+)+c(H^+)=c(A^-)+c(OH^-)$

D. HA 的电离常数 $K_a\approx2.0\times10^{-4}$

【答案】 C

【解析】 试题以难溶盐 MA 的饱和溶液中 $c^2(M^+)$ 随 $c(H^+)$ 而变化的直角坐标图为载体，考查沉淀溶解平衡、盐类水解平衡、水的电离平衡等基础知识，重点考查各种平衡随外界条件改变而移动的方向、结果以及平衡之间相互影响关系。当溶液 pH=4 时，溶液中 $c(H^+)=10\times10^{-5}$ mol·L^{-1}，依图中信息可知，纵坐标对应 $c^2(M^+)=7.5\times10^{-8}$ mol^2·L^{-2}，即 $c(M^+)=\sqrt{7.5\times10^{-4}}$ mol·$L^{-1}<3.0\times10^{-4}$ mol·L^{-1}，选项 A 不符合题意。求解 K_{sp}(MA)需要分别知道饱和溶液中 $c(M^+)$ 和 $c(A^-)$。从坐标中虽可求得 $c(M^+)$，但由于存在以下平衡 $A^-+H_2O\rightleftharpoons HA+OH^-$，导致溶液中 $c(M^+)\neq c(A^-)$，而且又不知道 K(HA)，因此无法求得 $c(A^-)$。此时应转换思维方式：如果 $c(M^+)=c(A^-)$，则 K_{sp}(MA)$=c^2(M^+)$，上式成立的条件就是 A^- 不水解，依据水解平衡可知，只有当溶液中 $c(OH^-)$ 足够大时，水解反应几乎不发生，此时溶液中 $c(H^+)\approx0$，再依据坐标可以求得 K_{sp}(MA)$=c^2(M^+)=5.0\times10^{-8}$，选项 B 不符合题意。观察 C 选项表达式，容易想到应该依据溶液中离子电荷守恒规律进行分析。依据题意可知，A^- 发生水解导致 MA 溶液显碱性，欲使溶液显中性，必须另加酸溶液进行调节，又由于"298 K 时 $c^2(M^+)-c(H^+)$ 为线性关系"，所以不能利用 HA 调节溶液 pH，只能外加其他酸调节溶液 pH。所以题给等式右边缺少了外加酸的酸根离子，不符合电荷守恒原理，故可知选项 C 中的等式不成立，所以选项 C 符合题意。依据 K_a(HA)表达式可知，当溶液中 c(HA)$=c(A^-)$ 时，K_a(HA)$=c(H^+)$。若 c(HA)$=c(A^-)$，可得出 $c(M^+)=2c(A^-)$，K_{sp}(MA)$=c(M^+)\times c(A^-)=c(M^+)\times\dfrac{1}{2}c(M^+)=\dfrac{1}{2}c^2(M^+)=5.0\times10^{-8}$，整理得：$c^2(M^+)=2\times5.0\times10^{-8}=10\times10^{-8}$，依据坐标图找到此时溶液中 $c(H^+)=20\times10^{-5}=2\times10^{-4}$，即 HA 的 K_a(HA)$=2\times10^{-4}$，故选项 D 不符合题意。

3. 学生应试存在的典型问题

此类试题往往具有情境陌生、信息量大、较为综合的特点，学生因信息获取能力弱,无法提取有效信息解题,甚至坐标的单位都难以准确把握,这是解答此类试题的首要障碍。二是未准确掌握 K_{sp}、K_a 表达式书写方法及含意,也无法利用特殊条件下(如酸分子浓度等于酸根离子浓度)的微粒之间定量关系求解 K_{sp}、K_a。三是缺乏分析溶液中多个离子平衡同时存在时物质在水溶液中行为的一般思路,未能建立溶液中微粒之间的定量关系。此外,一些学生的计算(数据处理)能力也相对较弱,无法准确求算并得出相关结果。

4. 专题复习目标与复习策略

要求学生掌握电离平衡、水解平衡、沉淀溶解平衡的建立过程及平衡移动影响因素和影响结果;学会定量表征离子平衡、溶液中微粒之间关系的方法;构建认识物质在水溶液中行为的思路,学会从微观、变化与平衡、符号表征维度认识溶液中离子平衡的思想方法。复习过程中引导学生从溶液中存在微粒种类、微粒来源、微粒之间存在的平衡入手,理解物质在水溶液中的行为;以典型高考试题为素材,经改编并设置多个独立又相互关联的问题,经过独立思考、交流研讨,跳出情境,构建必备知识、认识思路,形成认识离子平衡的基本观念。尤其应该让学生明白以直角坐标表征的变化信息,均属于自变量与因变量的关系,其关键是搞清自变量的含义及关联因素、因变量的含义及关联因素,以及自变量与因变量的定性与定量关系。同时要克服恐惧心理,方能较为顺利地解决问题。

(十)化学反应速率与限度

1. 高考试题特点与考查要求

以科学研究或真实生产中的相关材料作为情境素材,以图形、图表或数据等形式呈现关键信息,考查反应速率概念、计算、影响因素的掌握情况,或考查化学平衡建立与表征、影响平衡移动因素、平衡移动的结果分析等基础知识和基本技能。要求学生应用反应速率、化学平衡的核心知识分析、解决真实情境中的化学问题。重点检测学生信息获取能力、分析推理能力、数据转化能力,同时检测变化观念与平衡思想、证据推理与模型认知学科素养。考查难点是巧妙利用速率方程、平衡常数特征解决问题。

例 6-10(2021·河北·13)室温下,某溶液初始时仅溶有 M 和 N 且浓度相等,同时发生以下两个反应:①M+N=X+Y;②M+N=X+Z。反应①的速率可表示为 $v_1=k_1c^2(M)$,反应②的速率可表示为 $v_2=k_2c^2(M)$ (k_1、k_2 为速率常数)。反应体系中组分 M、Z 的浓度随时间变化情况如图 6 - 6,下列说法错误的是(　　)。

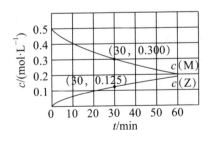

图 6 - 6

A. 0~30 min 时间段内,Y 的平均反应速率为 $6.67×10^{-3}$ mol·L^{-1}·min^{-1}

B. 反应开始后,体系中 Y 和 Z 的浓度之比保持不变

C. 如果反应能进行到底,反应结束时 62.5% 的 M 转化为 Z

D. 反应①的活化能比反应②的活化能大

【答案】　A

【解析】　试题要求分析溶液中两个平行反应的速率及反应结果,同时还给出反应速率方程,要求能推理出反应速率只与 $c(M)$ 和速率常数有关,又因为两个反应在同一溶液中发生,故任何时候 $c(M)$ 均相同,因此速率不同均由速率常数不同引起。从图中可知,30 min 时,$c(M)=0.300$ mol·L^{-1},则 $\Delta c(M)=0.200$ mol·L^{-1},由于 M 分别转化为 Z 和 Y,依据反应计量数之比可得 $\Delta c(M)=\Delta c(Y)+\Delta c(Z)$,所以 30 min 时 $\Delta c(Y)=0.075$ mol·L^{-1},可以求得 0~30 min时间段内,Y 的平均反应速率为 0.002 5 mol·L^{-1}·min^{-1},选项 A 符合题意。依据反应速率方程和反应计量数关系,可以推断得出体系中 Y 和 Z 的浓度之比等于反应速率之比,也等于反应速率常数之比,速率常数不随时间改变,选项 B 不符合题意。30 min 时,$c(Z)$ 为 0.125 mol·L^{-1},M 消耗量为 0.200 mol·L^{-1},转化为 Z 的百分比 = 0.125 mol·L^{-1} ÷ 0.200 mol·L^{-1} = 62.5%。因两者反应速率比不变,故转化率也不变,选项 C 不符合题意。基于以上分析可知,反应①的速率小于反应②的速率,依据反应速率与活化能关系可知反应①的活化能比反应②的活化能大,选项 D 不符合题意。

例 6 - 11(2021-湖南-11)　已知:A(g)+2B(g)$\Longleftrightarrow$3C(g)　$\Delta H<0$

向一恒温恒容的密闭容器中充入 1 mol A 和 3 mol B 发生反应,t_1 时达到

平衡状态 Ⅰ,在 t_2 时改变某一条件,t_3 时重新达到平衡状态 Ⅱ,正反应速率随时间的变化如图 6-7 所示。下列说法正确的是(   )。

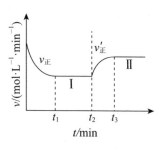

图 6-7

A. 容器内压强不变,表明反应达到平衡

B. t_2 时改变的条件:向容器中加入 C

C. 平衡时 A 的体积分数 φ:φ(Ⅱ)$>\varphi$(Ⅰ)

D. 平衡常数 K:K(Ⅱ)$<K$(Ⅰ)

【答案】 B、C

【解析】 试题以反应速率-时间关系图为载体,考查化学平衡本质特征、化学平衡常数、平衡移动方向与结果等基础知识和应用,在此基础上检测信息获取能力、分析推理能力以及变化观念与平衡思想、证据推理与模型认知等学科素养。A(g)+2B(g)$\rightleftharpoons$3C(g) 属于反应前后气体分子总数不改变的反应,容器内压强任何时候均保持不变,因此不能作为反应达到平衡的依据,A 选项不符合题意。t_2 时改变条件后,t_2 时 $v_{正}$ 瞬间不变,平衡过程中不断增大,则说明反应向逆反应方向移动,不可能是改变温度、压强、催化剂等因素引起的,只可能是向容器中加入 C,平衡逆向移动,反应物浓度增大,正反应速率加快,B 选项符合题意。最初加入体系中的 A 和 B 的物质的量之比为 1∶3,当向体系中加入 C 时,平衡逆向移动,最终 A 和 B 各自物质的量增加的比例为 1∶2,因此平衡时 A 的体积分数 φ(Ⅱ)$>\varphi$(Ⅰ),C 选项符合题意。平衡常数 K 只与温度有关,因该反应在恒温条件下进行,所以 K 保持不变,D 选项不符合题意。

3. 学生应试存在的典型问题

此类试题和"溶液中的离子平衡"图像分析题一样,也具有情境陌生、信息量大、较为综合的特点。学生信息获取能力弱,无法准确有效地理解与提取图像中的有效信息,是解答此类试题的关键障碍。同时,试题还需综合应用化学反应速率、化学平衡移动等相关知识分析解决问题,甚至还需要开展平衡常数、转化率的定量处理,以及结合速率方程对反应速率的定量处理,学生难以有效解答。此外,一些体系中还可能存在多个平衡,学生更难以有效进行分析。而且,不少学生的计算(数据处理)能力也相对较弱,无法准确求算并得出相关结果。

4. 专题复习目标与复习策略

要让学生构建有关概念的结构化认识，主要包括：①化学反应速率概念、表示方法、适用条件、计算方法、影响因素；②化学平衡建立过程、限度表征方式、化学平衡移动方向判断依据、平衡移动结果分析、平衡常数种类及计算方法等；③化学反应速率、化学平衡原理在优化工业条件过程中的应用思路；④催化剂与反应历程、催化剂与活化能等。复习教学时，应引导学生结合平衡体系，充分理解物质的量、体积分数、总压、分压概念及相互之间的换算关系，以及用于解决反应速率、化学平衡问题的有关计算；掌握从物质的量、压强视角分析气体反应中的速率、平衡问题的基本技能；构建充分利用平衡常数的不变、会变（仅温度变）分析平衡移动结果的基本思路。

三、二轮复习题型专题安排与复习建议

（一）化学实验与探究

1. 高考试题特点与考查要求

非选择题化学实验与探究试题通常以"物质制备、物质组分检测、物质性质探究"三种类型为主线，设置相关问题（包括仪器辨认与使用、实验原理、方案设计、基本操作、分离提纯、数据转化等），检测学生化学实验与探究能力以及科学探究与创新意识的素养水平。无论哪种试题，都要求考生在"实践化学实验的一般过程"情境中分析问题、解决问题，展示化学实验在研究物质性质、实现物质转化等方面的核心价值。物质制备为主线的试题通常包含物质制取的可能途径与优化选择、仪器装置选用、实验试剂准备、反应条件控制、分离提纯原理与方法选用、操作步骤及顺序、实验数据分析等。物质组分检测包括常见离子或分子检测方法、排除干扰原理、检测先后顺序、推理检测结果等定性实验考查；还有物质组分含量测定原理、试剂准备、操作要领、误差控制、处理实验数据等定量实验考查。物质性质探究为主线的试题，包括探究未知物质的性质、已知物质的未知反应、外界条件对物质性质影响规律等，常常涉及控制变量实验的设计、评价，依据实验现象推测探究结果，预测实验现象等关键能力考查。

2. 典型试题及分析

例 6-12(2021-全国乙-27) 氧化石墨烯具有稳定的网状结构，在能源、材料等领域有着重要的应用前景，通过氧化剥离石墨制备氧化石墨烯的一种方法如下（装置如图 6-8 所示）：

Ⅰ. 将浓 H_2SO_4、$NaNO_3$、石墨粉末在 c 中混合，置于冰水浴中，剧烈搅拌下，分批缓慢加入 $KMnO_4$ 粉末，塞好瓶口。

Ⅱ. 转至油浴中，35℃搅拌 1 小时，缓慢滴加一定量的蒸馏水。升温至 98℃并保持 1 小时。

Ⅲ. 转移至大烧杯中，静置冷却至室温。加入大量蒸馏水，而后滴加 H_2O_2 至悬浊液由紫色变为土黄色。

Ⅳ. 离心分离，稀盐酸洗涤沉淀。

Ⅴ. 蒸馏水洗涤沉淀。

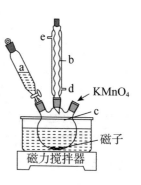

图 6-8

Ⅵ. 冷冻干燥，得到土黄色的氧化石墨烯。

回答下列问题：

(1) 装置图中，仪器 a、c 的名称分别是_____、_____，仪器 b 的进水口是_____（填字母）。

(2) 步骤Ⅰ中，需分批缓慢加入 $KMnO_4$ 粉末并使用冰水浴，原因是_____。

(3) 步骤Ⅱ中的加热方式采用油浴，不使用热水浴，原因是_____。

(4) 步骤Ⅲ中，H_2O_2 的作用是_____（以离子方程式表示）。

(5) 步骤Ⅳ中，洗涤是否完成，可通过检测洗出液中是否存在 SO_4^{2-} 来判断。检测的方法是_____。

(6) 步骤Ⅴ可用 pH 试纸检测来判断 Cl^- 是否洗净，其理由是_____。

【答案】(1)滴液漏斗　三颈烧瓶　d　(2)反应放热，防止反应过快 (3)反应温度接近水的沸点，油浴更易控温　(4)$2MnO_4^- + 5H_2O_2 + 6H^+ === 2Mn^{2+} + 8H_2O + 5O_2\uparrow$　(5)取少量洗出液，滴加 $BaCl_2$，没有白色沉淀生成 (6)H^+ 与 Cl^- 电离平衡，洗出液接近中性时，可认为 Cl^- 洗净

【解析】　试题考查常见仪器辨认、名称、用途及使用方法(滴液漏斗、三颈烧瓶、球形冷凝管)；加热方式及特点(油浴、水浴)；SO_4^{2-} 检验方法；离子方程式书写技能等必备知识。检测在真实情境中选择加热方式、分析条件控制的目的

（试剂添加、温度控制）、理解物质纯化试剂的具体作用、评价实验方案等关键能力。非常强调科学探究与创新意识（利用 pH 试纸判断 Cl^- 是否洗净）、宏观辨识与微观探析（从离子视角分析溶液紫色褪去变为土黄色发生哪些变化）、证据推理与模型认知（书写离子方程式、氧化还原反应原理推测反应产物）等学科素养水平的检测。

3. 学生应试存在的典型问题

首先是对实验原理或实验方案的解读不到位，无法理解实验在做什么或为什么要这么做，导致答题混乱。其次，在真实且陌生的情境中选择正确的基本操作或仪器装置的能力不足。再次，表达能力弱，无法精准、规范表达思维过程或思维结果。从能力角度看，发现证据、证据推理、数据转化能力明显不足。

4. 专题复习目标与复习策略

要让学生了解化学实验常用仪器辨认、用途、使用方法及适用范围；掌握化学实验基本操作原理、适用范围、操作方法；培养学生在真实情境中，基于宏观辨识与微观探析、证据推理与模型认知、科学探究与创新意识、科学态度与社会责任等观念下，快速准确获取信息并解读、理解实验原理或方案，评价或设计实验方案，预测或解释实验现象，分析解决有关问题，并能规范表达思维过程或结果的能力。教师可选择真实且陌生的情境作为复习载体，依据化学实验全过程要求，设计相应的真实问题，让学生构建必备知识、培养关键能力、发展学科素养、形成科学思想，达到会应用、能迁移、精表述的目的。教师可分别选取"物质制备、组分检测、性质探究"三个专题进行复习，体验不同实验的全过程所必需的知识技能、关键能力和核心素养，同时展示化学实验与探究的价值。

（二）化学工艺流程

1. 高考试题特点与考查要求

通常以矿物、废渣、废液等原料制备有价值的物质的工艺流程图为情境，考查物质转化与应用、转化条件控制、物质纯化等主干知识，考查预测物质性质、推理反应产物、信息获取与解读、处理转化数据等关键能力；同时考查宏观辨识与微观探析、变化观念与平衡思想、证据推理与模型认知、科学态度与社会责任等学科素养水平，展示化学在物质制备、环境保护与治理等方面与STSE 的紧密关系。试题通常要求考生通过阅读素材（文字、图形、符号、数据、表格、装置、流程图)，获取相关信息，在此基础上从物质类别或氧化还原视角分析与推理各步转化的结果、评价或确定转化条件(定性、定量视角)、选用分离提纯方法、处理数据、确定各种元素走向等，同时还常常从绿色化学视角设置有关问题。

2. 典型试题及分析

例 6-13(2021-全国乙-26) 磁选后的炼铁高钛炉渣，主要成分有 TiO_2、SiO_2、Al_2O_3、MgO、CaO 以及少量的 Fe_2O_3。为节约和充分利用资源，通过如图 6-9 工艺流程回收钛、铝、镁等。

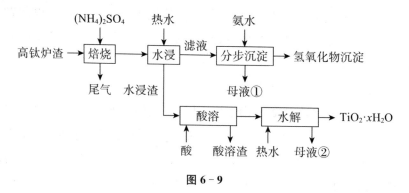

图 6-9

该工艺条件下，有关金属离子开始沉淀和沉淀完全的 pH 见下表。

表 2-1

金属离子	Fe^{3+}	Al^{3+}	Mg^{2+}	Ca^{2+}
开始沉淀的 pH	2.2	3.5	9.5	12.4
沉淀完全($c = 1.0 \times 10^{-5}$ mol·L^{-1})的 pH	3.2	4.7	11.1	13.8

回答下列问题：

(1) "焙烧"中，TiO_2、SiO_2 几乎不发生反应，Al_2O_3、MgO、CaO、Fe_2O_3 转化为相应的硫酸盐，写出 Al_2O_3 转化为 $NH_4Al(SO_4)_2$ 的化学方程式 _____

_____。

(2) "水浸"后"滤液"的 pH 约为 2.0，在"分步沉淀"时用氨水逐步调节 pH 至 11.6，依次析出的金属离子是 _____。

(3) "母液①"中 Mg^{2+} 浓度为 _____ mol·L^{-1}。

（4）"水浸渣"在 160℃"酸溶"，最适合的酸是_____。"酸溶渣"的成分是_____、_____。

（5）"酸溶"后，将溶液适当稀释并加热，TiO^{2+} 水解析出 $TiO_2 \cdot xH_2O$ 沉淀，该反应的离子方程式是_____。

（6）将"母液①"和"母液②"混合，吸收尾气，经处理得_____，循环利用。

【答案】 （1）$Al_2O_3 + 4(NH_4)_2SO_4 \xrightarrow{\text{焙烧}} 2NH_4Al(SO_4)_2 + 6NH_3\uparrow + 3H_2O\uparrow$ （2）Fe^{3+}、Al^{3+}、Mg^{2+} （3）1.0×10^{-6} （4）硫酸 SiO_2 $CaSO_4$

（5）$TiO^{2+} + (x+1)H_2O \xrightarrow{\triangle} TiO_2 \cdot xH_2O\downarrow + 2H^+$ （6）$(NH_4)_2SO_4$

【解析】 试题考查铵盐性质（热分解）、各类氧化物的通性（氧化铝、氧化镁、氧化铁、氧化钙）、硫酸和氨气化学性质；离子（Al^{3+}、Mg^{2+}、Ca^{2+}、Fe^{3+}）转化为氢氧化物沉淀的条件、硫酸盐溶解性；盐酸、硝酸物理性质（易挥发）；离子方程式书写技能等必备知识。检测信息获取与解读能力，依据物质类别和核心元素价态预测反应过程和结果、处理转化数据（利用沉淀溶解平衡原理和溶液 pH 计算 Mg^{2+} 浓度），识别有效证据并进行科学推理论证（如离子方程式书写时产物判断）等关键能力。强调宏观辨识与微观探析（酸溶渣成分判断）、证据推理与模型认知（书写离子方程式）、变化观念与平衡思想（Mg^{2+} 浓度计算）等核心素养考查。试题以废渣处理回收金属为情境，体现化学不但能治理环境，还能变废为宝，在节约和充分利用资源方面有重要贡献。

3. 学生应试存在的典型问题

信息获取与解读能力弱，对化学工艺流程的表达方式不够了解，导致无法准确获取反应物、产物的信息；不能从物质类别和中心元素价态预测物质发生的变化及变化所需条件；不能从微粒视角分析电解质溶液中发生的反应；不能利用图示信息将已学知识或原理相关联，分析推理反应过程或反应结果；化学用语（尤其是化学方程式或离子方程式）表达能力差，缺乏规范意识和规范技能；定量分析物质转化的条件（沉淀形成或溶解）能力较弱。

4. 专题复习目标与复习策略

要让学生学会对常见物质进行分类（组成与性质视角、元素价态视角），熟悉各类物质化学通性并能通过化学用语准确表征；能构建常见元素的"价类二维"图,并应用"价类二维"图推测物质性质、寻找制取路径;能从物质类别或价态视角预测或解释陌生物质的化学性质并正确表征;能结合化学反应原理与物质性质控制反应条件,实现物质转化、分离和提纯;能从绿色化学视角评价或优化工艺条件。深刻领悟化工工艺流程考查目标,在此基础上制定科学的复习目标;选择真实陌生的情境(矿物为原料、废渣回收处理、废液回收利用)作为复习载体,从化学工艺流程各环节(如原料预处理、多种元素分离、目标产品形成、产品纯化、速率与平衡控制、反应条件控制、绿色化学要求)设置问题,经过思考交流、研讨,自我构建结构化知识和分析化工工艺流程各环节的基本思路;构建分析物质在水溶液中行为的基本思路,能从微粒视角预测溶液中反应的结果。

（三）化学反应原理

1. 高考试题特点与考查要求

通常以工业生产或科学研究中典型反应为情境,考查化学反应与能量转化、反应方向及条件控制、反应速率及影响因素、反应限度及影响因素等基础知识;检测通过对不同形式的信息(文字、符号、数据、图表、图像、陌生反应与装置等)的获取与解读,结合相关必备知识分析解决化学反应能量变化、化学反应的调控等有关问题的能力,如盖斯定律应用、速率计算与调控方法、平衡移动措施选择与移动结果分析、转化率与平衡常数相关计算等;考查宏观辨识与微观探析、变化观念与平衡思想、证据推理与模型认知、科学态度与社会责任等学科素养;展现化学在控制化学反应、优化反应条件方面的关键作用。

2. 典型试题及分析

例 6-14(2021-全国乙-28) 一氯化碘(ICl)是一种卤素互化物,具有强氧化性,可与金属直接反应,也可用作有机合成中的碘化剂。回答下列问题:

（1）历史上海藻提碘中得到一种红棕色液体,由于性质相似,Liebig 误认为是 ICl,从而错过了一种新元素的发现,该元素是_____。

（2）氯铂酸钡($BaPtCl_6$)固体加热时部分分解为 $BaCl_2$、Pt 和 Cl_2,376.8℃时平衡常数 $K_p = 1.0 \times 10^4 Pa^2$,在一硬质玻璃烧瓶中加入过量 $BaPtCl_6$,抽真空后,通过一支管通入碘蒸气(然后将支管封闭),在 376.8℃,碘蒸气初始压强为

20.00 kPa。376.8℃平衡时,测得烧瓶中压强为 32.5 kPa,则 p_{ICl} = _____ kPa,反应 $2ICl(g) \Longrightarrow Cl_2(g) + I_2(g)$ 的平衡常数 K = _____ (列出计算式即可)。

(3) McMorris 测定和计算了在 136～180℃ 范围内下列反应的平衡常数 K_p。

$2NO(g) + 2ICl(g) \Longrightarrow 2NOCl(g) + I_2(g)$ K_{p1}

$2NOCl(g) \Longrightarrow 2NO(g) + Cl_2(g)$ K_{p2}

得到 $\lg K_{p1} - \dfrac{1}{T}$ 和 $\lg K_{p2} - \dfrac{1}{T}$ 均为线性关系,如下图 6-10 所示:

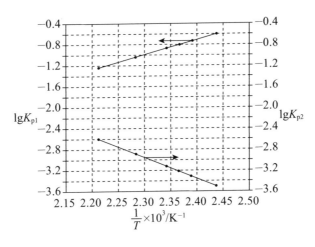

图 6-10

① 由图可知,NOCl 分解为 NO 和 Cl_2 反应的 ΔH _____ 0(填"大于"或"小于")

② 反应 $2ICl \Longrightarrow Cl_2(g) + I_2(g)$ 的 K = _____(用 K_{p1}、K_{p2} 表示);该反应的 ΔH _____ 0(填"大于"或"小于"),写出推理过程:_____。

(4) Kistiakowsky 曾研究了 NOCl 光化学分解反应,在一定频率(v)光的照射下机理为:$NOCl + hv \longrightarrow NOCl^*$ $NOCl + NOCl^* \longrightarrow 2NO + Cl_2$。其中 hv 表示一个光子能量,$NOCl^*$ 表示 NOCl 的激发态。可知,分解 1 mol 的 NOCl 需要吸收_____ mol 光子。

【答案】 (1)溴(或 Br)   (2)24.8 $\dfrac{100 \times (20 \times 10^3 - 12.4 \times 10^3)}{(24.8 \times 10^3)^2}$

(3)①大于　②$K_{p1} \cdot K_{p2}$　大于　设 $T' > T$，即 $\frac{1}{T'} < \frac{1}{T}$，由图可知：$\lg K_{p2}$ $(T') - \lg K_{p2}(T) > |\lg K_{p1}(T') - \lg K_{p1}(T)| = \lg K_{p1}(T) - \lg K_{p1}(T')$，移项整理可得：$\lg [K_{p2}(T') \cdot K_{p1}(T')] > \lg [K_{p2}(T) \cdot K_{p1}(T)]$，即 $K(T') > K(T)$，因此该反应正反应为吸热反应，即 ΔH 大于 0　　(4)0.5

【解析】　试题考查物质颜色与状态、K_p 概念与相关计算、气体分压计算、浓度平衡常数（K）概念与计算、焓变及其与平衡移动方向的关系、化学反应历程与能量变化等必备知识。检测获取信息与解读能力（文字、数据、符号、图形、陌生反应）；辨析基本概念能力（气体分压、压强平衡常数、浓度平衡常数、焓变）；科学推理论证能力[推理反应 $2ICl(g) \rightleftharpoons Cl_2(g) + I_2(g)$ 的焓变符号]；处理转化数据能力（计算分压、计算光子的量、计算 K）等关键能力。关注宏观辨识与微观探析（计算分压需从反应前后分子数变化入手）、证据推理与模型认知（计算 K、分析反应焓变符号等模型或思路）、变化观念与平衡思想（如平衡移动与焓变符号的关系）等核心素养考查。

3. 学生应试存在的典型问题

核心概念的理解不完整、不精确，如压强平衡常数、分压、总压、平衡转化率与非平衡转化率等概念的含义模糊不清；无法快速准确找到气体分压、总压强与气体物质的量或气体物质的量分数的定量关系，导致计算错误；定量分析推理能力弱，不能依据题中数据信息和已学知识分析推理获得结果；证据推理与模型认知的素养水平低，在真实情境中不能准确应用有效模型分析问题、解决问题。

4. 专题复习目标与复习策略

要让学生理解重要概念的内涵与外延，如：盖斯定律、反应速率表征方法及其影响因素、化学平衡建立与表征、化学平衡移动因素及移动结果、气体反应中分压与总压、催化剂与反应历程等主干知识或技能；认识化学反应速率和化学平衡的综合调控在生产、生活和科学研究中的重要作用；知道催化剂可以改变反应历程，对调控化学反应速率具有重要意义；能从调控反应速率、提高反应转化率等方面综合分析反应的条件，提出有效控制反应条件的措施；能依据化学变化中能量转化的原理，提出利用化学变化实现能量储存和释放的有实用价值的建议；认识反应条件对化学反应速率和化学平衡的影响，能运用化学反应原理分析影响化学变化的因素。

组织复习教学时,应在真实且复杂的情境中,设置问题,通过独立思考、交流反思,实现核心概念相关知识结构化。构建分析解决化学反应与热效应、反应速率、化学反应限度的认识思路或认识模型。如从浓度商视角认识化学平衡建立过程、平衡移动方向及移动结果的模型;化学平衡计算的基本模型;判断焓变与化学平衡移动方向的分析模型;压强与气体物质的量转化模型等。另外,提升数据处理与运算能力,提高计算结果准确性也是复习的目标之一。

(四) 物质结构与性质

1. 高考试题特点与考查要求

试题通常以新材料、新发现或新科技成果等为情境,较为全面地考查原子核外电子排布及表征方法、元素第一电离能的递变规律及其原因分析、化学键与分子间作用力概念及其类型判断、原子杂化轨道形式、价层电子对互斥理论、晶体结构与性质之间关系等核心知识,检测获取信息、分析推理、判断物质结构、推测物质性质、语言表达等关键能力,考查宏观辨识与微观探析、证据推理与模型认知、科学态度与社会责任等化学学科素养水平。同时也展现了化学工作者在创造新物质、发现新用途、推进社会进步等方面的巨大努力与贡献。

2. 典型试题及分析

例 6-15(2018-新课标Ⅰ-35) Li 是最轻的固体金属,采用 Li 作为负极材料的电池具有小而轻、能量密度大等优良性能,得到广泛应用。回答下列问题:

(1) 下列 Li 原子电子排布图表示的状态中,能量最低和最高的分别为_____、_____(填标号)。

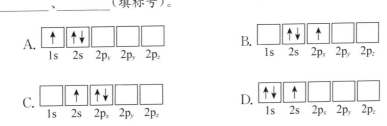

(2) Li^+ 与 H^- 具有相同的电子构型,$r(Li^+)$ 小于 $r(H^-)$,原因

是_____。

（3）$LiAlH_4$ 是有机合成中常用的还原剂，$LiAlH_4$ 中的阴离子空间构型是_____，中心原子的杂化形式为_____。$LiAlH_4$ 中存在_____（填标号）。

A. 离子键　　　B. σ键　　　C. π键　　　D. 氢键

（4）Li_2O 是离子晶体，其晶格能可通过图（a）的 Born-Haber 循环计算得到。

图（a）　　　　　　　　　　　　图（b）

可知，Li 原子的第一电离能为_____ kJ·mol^{-1}，O=O 键键能为_____ kJ·mol^{-1}，Li_2O 晶格能为_____ kJ·mol^{-1}。

（5）Li_2O 具有反萤石结构，晶胞如图（b）所示。已知晶胞参数为 0.466 5 nm，阿伏加德罗常数的值为 N_A，则 Li_2O 的密度为_____ g·cm^{-3}（列出计算式）。

【答案】　（1）D　C　（2）Li^+ 核电荷数较大　（3）正四面体　sp^3　A、B

（4）520　498　2 908　（5）$\dfrac{8\times7+4\times16}{N_A(0.466\ 5\times10^{-7})^3}$

【解析】　试题考查原子核外电子排布规律及其表征方法（轨道表示式）、微粒半径不同的原因（结构决定性质）、价层电子对互斥理论判断离子的空间构型、中心原子轨道杂化形式判断、分析指定微粒中存在的化学键类型、定量视角理解核心概念（第一电离能、键能、晶格能）、晶胞空间结构及密度计算（晶胞参数、原子在空间分布、均摊法应用等）等必备知识和基本技能。重点考查获取信息与解读能力（文字、数据、符号、图形）、辨析基本概念能力；判断物质结构能力（AlH_4^- 空间构型、杂化方式、化学键种类）、科学推理论证能力（价层电子对互斥理论应用）；处理转化数据（计算第一电离能、键能、晶格能、晶体密度）等关键能力。关注宏观辨识与微观探析(如从电子排布分析金属原子能量的高低)、证据推理与模型认知(确定离子空间结构、杂化方式、计算密度等)等核心素养水平的检测。

3. 学生应试存在的典型问题

学生的核心概念理解停留在浅层水平,通常知其然但不知其所以然,尤其忽视从定量视角理解概念的内涵;文字表述、化学用语表达不规范导致错误;不同单位的物理量之间换算错误;晶体空间结构想象能力不足;不能从物质结构视角解释物质性质,没有形成"结构决定性质,性质反映结构"的基本学科思想;证据推理与模型认知素养水平也较低,在真实情境中不能选择正确的模型分析解决问题。

4. 专题复习目标与复习策略

要让学生全面、准确、深刻理解物质结构与性质中涉及的重要概念和基本原理,如原子结构与元素性质的关系、化学键与分子结构的关系、分子间作用力与物质性质的关系、晶体结构与物质性质的关系,并能顺利将这些理论迁移到真实情境中,分析、解释或解决相关问题。能根据物质的类别和组成、微粒的结构、微粒间作用力等说明或预测物质的性质,评估所做说明或预测的合理性;能利用常见认知模型预测物质结构;能从宏观与微观、定性与定量等角度对物质变化中的能量转化进行分析和表征。从定性定量视角深度理解核心概念,包括各级电离能、电负性、键能、晶格能、晶胞参数、原子分数坐标等,并能用化学用语正确表征。能构建常见问题解决的思维模型,并迁移到真实复杂情境中,分析解决问题,如核外电子排布的表示方式、化学键类型判断及表征、中心原子杂化轨道判断模型、配位键判断及表征、解释物质性质(熔沸点差异)模型、配位数判断模型、晶胞有关计算模型等。学会同一物理量的不同单位之间换算方法,提升数据处理与运算能力,提高文字表述的精确性。

(五) 有机化学基础

1. 高考试题特点与考查要求

试题通常以新材料、新发现或新药物合成路线为情境,考查有机物中常见官能团的辨认、结构、性质、转化及转化条件等基础知识,以及同系物、同分异构、键线式、结构式、有机物命名、反应类型等核心概念理解与辨识水平;利用有机物的性质进行鉴别、检验、分离、提纯、合成指定有机物的路线设计等技能;检测信息获取能力、分析推理能力、化学用语表达能力、创新能力等,同时考查宏观辨识与微观探析、证据推理与模型认知、创新意识等素养,展示化学在材料、医药等方面的成就。

2.典型试题及分析

例6-16(2021-全国乙-36)卤沙唑仑W是一种抗失眠药物,在医药工业中的一种合成方法如图6-11:

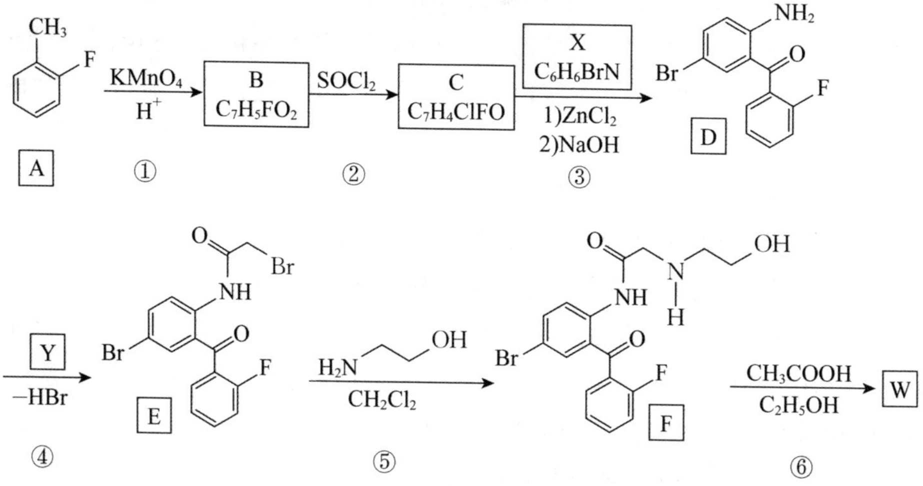

图6-11

已知:

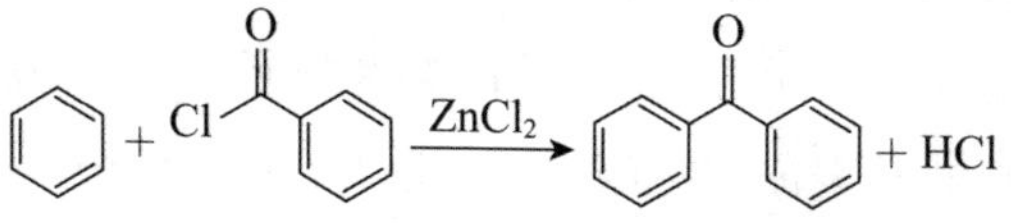

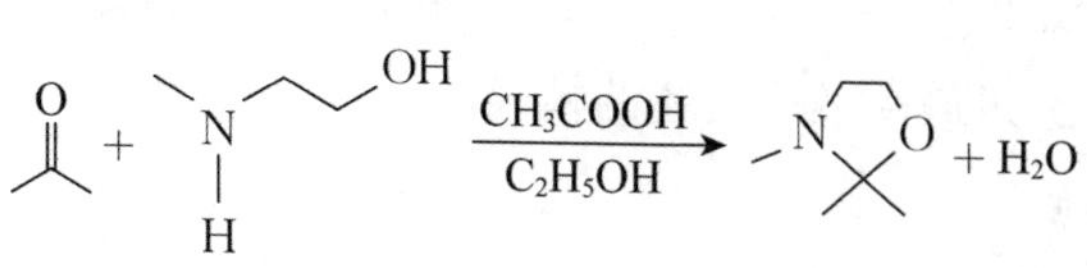

回答下列问题:

(1) A的化学名称是_____。

(2) 写出反应③的化学方程式_____。

(3) D具有的官能团名称是_____。(不考虑苯环)

(4) 反应④中，Y的结构简式为＿＿＿＿＿＿＿＿＿＿。

(5) 反应⑤的反应类型是＿＿＿＿＿＿＿＿＿。

(6) C的同分异构体中，含有苯环并能发生银镜反应的化合物共有＿＿＿＿＿种。

(7) 写出W的结构简式＿＿＿＿＿＿＿＿＿。

【答案】

(1) 2-氟甲苯(或邻氟甲苯)

(2)

(3) 氨基、羧基、卤素原子(溴原子、氟原子)

(4)

(5) 取代反应

(6) 10

(7)

【解析】　试题考查简单有机物命名、反应的化学方程式及结构简式的书写、官能团辨认与名称、反应类型判断、同分异构体数目判断、官能团的性质、官能团转化及转化条件等必备知识。重点检测信息获取与解读能力(文字、符号、路线图、新反应等)；辨析基本概念能力；分析推理能力(依据反应前后物质结构变化确定反应条件、依据反应条件确定物质结构、正向推理、逆向推理、综合推理)；化学用语表达等关键能力。强调宏观辨识与微观探析(依据官能团预测物质性质)、证据推理与模型认知(依据反应前后产物结构变化推断反应类型、判断同分异构体数目)等核心素养。

3. 学生应试存在的典型问题

专有名词书写错误，如官能团名称、结构表征等不符合要求或出现错误；缺乏模型认知的思维方法或没有构建认识模型；没有形成通过比较反应物、产物前后结构差异推测反应类型或反应条件的思路；信息获取能力不足；缺乏解读新反应的角度；结构简式书写常常出错，尤其是原子之间连接次序和方式表征不明确，无法判断每个碳原子上连接的 H 原子数目；没有标注反应条件或标注有误。同分异构体数目判断、合成路线设计等则是多数考生的难点。

4. 专题复习目标与复习策略

要让学生牢固掌握有机化合物的组成与结构、烃及其衍生物的性质与应用、生物大分子及合成高分子等相关的核心概念、官能团性质、有机物相互转化条件及结果、常见反应类型、简单有机物命名等基础知识和基本技能。综合应用以上知识，培养在真实情境中辨认官能团、预测物质性质、推断反应结果、识别反应条件、判断反应类型、分析陌生物质同分异构体数目、设计合成指定结构的有机物的路线等关键能力。构建结构决定性质（依据官能团预测有机物的性质）、性质反映结构的学科思想方法，建立基于模型（如同分异构体分析模型、合成路线设计模型）分析解决化学问题的思路，发展创新思维能力。提升化学用语规范表达的意识和技能，也是专题复习的重点内容。

图书在版编目（CIP）数据

评价体系指引下的高考化学命题改革与复习备考 /
杨梓生著. — 上海：上海教育出版社，2022.10
ISBN 978-7-5720-1636-3

Ⅰ.①评… Ⅱ.①杨… Ⅲ.①中学化学课－教学研究
－高中 Ⅳ.①G633.82

中国版本图书馆CIP数据核字(2022)第192051号

责任编辑　严　岷　李玉婷
封面设计　郑　艺

评价体系指引下的高考化学命题改革与复习备考
杨梓生　吴菊华　赖增荣　著

出版发行　上海教育出版社有限公司
官　　网　www.seph.com.cn
地　　址　上海市闵行区号景路159弄C座
邮　　编　201101
印　　刷　常熟市华顺印刷有限公司
开　　本　700×1000　1/16　印张 13.75　插页 1
字　　数　217 千字
版　　次　2022年10月第1版
印　　次　2022年10月第1次印刷
书　　号　ISBN 978-7-5720-1636-3/G·1512
定　　价　39.00 元

如发现质量问题，读者可向本社调换　电话：021-64373213